Der neue Schneidewind

89

Lohnsteuer sparen

Lohnsteuerjahresausgleich 1988
Lohnsteuerermäßigung 1989

Von Rechtsanwalt Günther Schneidewind,
Fachanwalt für Steuerrecht, München,
unter Mitwirkung von
Ltd. Regierungsdirektor Dr. Rudolf Jäger,
Vorsteher des Finanzamts Passau

Mosaik Verlag

Nutzen Sie konsequent grundsätzlich jede Möglichkeit der Steuer-ersparnis! Fangen Sie bei diesem Buch an: Lassen Sie sich beim Kauf einen Beleg geben und beachten Sie den Hinweis unter Nummer 174.

Von Günther Schneidewind gibt es zwei Ratgeber für den Bereich Einkommensteuer/Lohnsteuer:

»1989 Lohnsteuer sparen« ist für den typischen Arbeitnehmer gedacht, der seine steuerlichen Interessen im Lohnsteuerjahresausgleich und eventuell auch mit einem Antrag auf Lohnsteuerermäßigung wahrnimmt, der aber jedenfalls keine Einkommensteuererklärung abgeben muß.

»1989 Einkommensteuer sparen« (ebenfalls im Mosaik Verlag erschienen) ist für diejenigen Arbeitnehmer vorgesehen, die zur Einkommensteuer veranlagt werden (z. B. weil ihr Jahresarbeitslohn oder ihre Nebeneinkünfte bestimmte Grenzen überschreiten, weil sie eine Rente beziehen, weil sie Hausbesitzer sind oder weil sie Einkünfte aus Kapitalvermögen haben).

Der Mosaik Verlag ist ein Unternehmen der Verlagsgruppe Bertelsmann.

© 1988 Mosaik Verlag GmbH, München / 5 4 3 2
Satz: Filmsatz Schröter GmbH, München
Druck und Bindung: Elsnerdruck, Berlin
Einbandgestaltung: Heidrun Nawrot
Alle Rechte vorbehalten · Printed in Germany
ISBN 3-570-03160-8

Bitte lesen!

Wer die Pflicht hat, Steuern zu zahlen,
hat auch das Recht, Steuern zu sparen.

»Wir wissen, daß es leider viele Arbeitnehmer versäumen, ihr Steuer-
konto nach Ablauf des Jahres abzurechnen, d. h. einen Antrag auf
Lohnsteuerjahresausgleich zu stellen. Dadurch erzielt der Staat zwar
Einnahmen; an diesen kann ich aber keine Freude finden, denn sie
gehören nicht in die staatlichen Kassen, sondern in die Brieftaschen
der Arbeitnehmer.«

Dies sagte der Bundesfinanzminister vor wenigen Jahren, und es gilt
nach wie vor: Für die allermeisten Arbeitnehmer in der Bundesrepublik
lohnt es sich wirklich, sich ein wenig um die Steuer zu kümmern.
Dieses Buch gibt Ihnen die Möglichkeit, jeden denkbaren Steuervorteil
mit Sicherheit und in kürzester Zeit ausfindig zu machen.

Das verblüffend einfache System dieses Buches besteht darin, daß
Sie zunächst nur eine Checkliste durchzulesen brauchen. Damit erzielen Sie zwei wesentliche Vorteile:

● Auf der Suche nach Ihren persönlichen Steuervorteilen müssen Sie
  nicht das ganze Buch von vorn bis hinten durchlesen. Denn Sie
  haben anhand der Checkliste schnell und ohne Mühe festgestellt,
  was gerade für Sie wichtig ist.

● Wenn Sie die Checkliste gründlich durchgelesen und die für Sie
  zutreffenden Fragen angekreuzt haben, kann Ihnen kaum ein Steuervorteil entgehen. So ermöglicht es dieses Verfahren, den höch-
  sten Betrag an Lohnsteuer zu sparen.

Der Darstellung liegen zugrunde: das Einkommensteuergesetz, die
Lohnsteuer-Durchführungsverordnung, die Lohnsteuerrichtlinien,
Anordnungen der Finanzverwaltung und Entscheidungen der Steuer-
gerichte. Die Texte sind mit Quellenangaben versehen. Die Informationen können mitunter aus Platzgründen nur als knapp gefaßte Anre-
gung verstanden werden. In solchen Fällen ist es empfehlenswert,
dem Problem anhand der angegebenen Fundstellen nachzugehen.

Dieses Buch ist für alle Lohnsteuerzahler gedacht, die keine Einkommensteuererklärung abgeben müssen. Für diejenigen Arbeitnehmer,
die zur Einkommensteuer veranlagt werden (z. B. weil ihr Jahresar-

beitslohn bestimmte Grenzen überschreitet, weil sie eine Rente beziehen, weil sie Hausbesitzer sind oder weil sie Einkünfte aus Kapitalvermögen haben), ist das Buch »Einkommensteuer sparen« vorgesehen.

Ein Wort noch zur bevorstehenden Steuerreform, von der seit vielen Monaten die Rede ist: sie wird mit den meisten Änderungen erst ab Anfang 1990 wirksam. Einen Überblick über die wichtigsten Details finden Sie unter Nr. 235.

München, im August 1988   Günther Schneidewind

Inhaltsübersicht

Termine

Bis 31. Januar 1989 sollte der Antrag auf Lohnsteuerermäßigung für 1989 gestellt werden (siehe »Was muß man wissen?« unter 3.).

Bis 30. September 1989 muß ein Antrag auf Wohnungsbau- oder Sparprämie für 1988 gestellt werden (vgl. Nrn. 230 und 231).

Bis 31. Oktober 1989 muß die Gemeindebehörde die Lohnsteuerkarten für 1990 ausgehändigt haben.

Bis 30. November 1989 können Änderungen und Ergänzungen der Lohnsteuerkarte für 1989 beantragt oder der Antrag auf Lohnsteuerermäßigung für 1989 gestellt werden (siehe »Was muß man wissen?« unter 2. und 3.).

Bis 31. Dezember 1990 kann man einen Antrag auf Durchführung des Lohnsteuerjahresausgleichs für 1988 stellen. Bis 31. Mai 1989 muß gegebenenfalls eine Einkommensteuererklärung für 1988 abgegeben werden (siehe »Was muß man wissen?« unter 5.). Die Frist für die Abgabe der Einkommensteuererklärung kann vom Finanzamt auf Antrag verlängert werden.

Checkliste

Die in dieser Checkliste gestellten Fragen ermöglichen es Ihnen, alle wichtigen Steuervorteile, die Sie persönlich beanspruchen können, sicher und schnell zu ermitteln. Wir empfehlen Ihnen, vorab diese Fragen gründlich durchzulesen und sie anzukreuzen, wenn sie auf Ihre eigenen Verhältnisse zutreffen. Die Auskünfte zu den einzelnen Fragen finden Sie dann jeweils unter den gleichen Nummern im Anschluß an die Checkliste. Sie brauchen also auf keinen Fall das ganze Buch von vorn bis hinten durchzulesen, um die für Sie wichtigen Informationen herauszufinden. Unser Checklist-System ermöglicht Ihnen optimale Steuerersparnis bei geringstem Zeitaufwand.

Lohnsteuer, Lohnsteuerkarte

Hier können Sie sich zunächst einen Überblick über die steuerliche Situation der Arbeitnehmer verschaffen. Es geht vor allem um die richtigen Eintragungen auf Ihrer Lohnsteuerkarte, um den Antrag auf Lohnsteuerermäßigung für das bevorstehende Jahr und um den Antrag auf Lohnsteuerjahresausgleich für das abgelaufene Jahr.

○ **1.** Wollen Sie sich über den Unterschied zwischen Einkommensteuer und Lohnsteuer informieren?

○ **2.** Wollen Sie wissen, welche Lohnsteuerklasse für Sie in Frage kommt?

○ **3.** Interessiert es Sie, was sonst noch auf der Lohnsteuerkarte eingetragen wird?

○ **4.** Allgemeine oder besondere Lohnsteuertabelle?

○ **5.** Wollen Sie einen Antrag auf Lohnsteuerermäßigung stellen?

○ **6.** Haben sich Merkmale Ihrer Lohnsteuerkarte zu Ihren Gunsten geändert?

○ **7.** Wollen Sie einen Antrag auf Lohnsteuerjahresausgleich stellen?

○ **8.** Hat Ihr Arbeitgeber einen Lohnsteuerjahresausgleich durchgeführt?

○ **9.** Was Sie nach Ablauf eines Jahres unbedingt tun sollten!

○ **10.** Wollen Sie wissen, in welchen Fällen ein Arbeitnehmer zur Einkommensteuer veranlagt werden muß?

○ **11.** Wollen Sie sich gegen Ihren Steuerbescheid zur Wehr setzen?

○ **12.** Wollen Sie gegen eine Einspruchsentscheidung gerichtlich vorgehen?

Die persönlichen Verhältnisse

Wichtig für Ihre Besteuerung sind Ihre persönlichen Verhältnisse: ob Sie verheiratet sind, ob Sie Kinder haben und wie alt Sie sind.

○ **13.** Beziehen Sie und auch Ihr Ehegatte Arbeitslohn?

○ **14.** Wurde Ihre Ehe aufgelöst?

○ **15.** Sind Sie verwitwet?

○ **16.** Haben Sie Ihren Wohnsitz im Ausland?

○ **17.** Haben Sie Kinder?

○ **18.** Sind Sie alleinstehend und haben Sie Kinder?

○ **19.** Haben Sie nicht das ganze Jahr gearbeitet?

○ **20.** Wünschen Sie eine Nettlohnvereinbarung?

○ **21.** Haben Sie mehr als ein Arbeitsverhältnis oder erhalten Sie Versorgungsbezüge und daneben noch Arbeitslohn aus einem Dienstverhältnis?

○ **22.** Arbeiten Sie als Aushilfskraft?

Steuerfreie Einnahmen, sonstige Vergünstigungen

Prüfen Sie anhand der folgenden Fragen, welche Ihrer Einnahmen überhaupt nicht erst steuerpflichtig sind und von welchen sonstigen Vergünstigungen Sie Gebrauch machen können.

○ **23.** Gibt es überhaupt steuerfreie Einnahmen?

○ **24.** Dürfen Sie einen Firmenwagen privat nutzen?

○ **25.** Erhalten Sie freie oder verbilligte Verpflegung oder Unterkunft?

○ **26.** Werden im Betrieb unentgeltliche oder verbilligte Mahlzeiten gewährt oder Essensmarken ausgegeben?

○ **27.** Werden im Betrieb Getränke oder Genußmittel gereicht?

○ **28.** Bietet Ihnen der Arbeitgeber Annehmlichkeiten im Betrieb?

O **29.** Erhalten Sie vom Arbeitgeber Gelegenheitsgeschenke z. B. zum Geburtstag usw.?

O **30.** Haben Sie ein Dienstjubiläum?

O **31.** Hat Ihre Firma ein Geschäftsjubiläum?

O **32.** Ist Ihr Arbeitgeber bei Betriebsveranstaltungen großzügig?

O **33.** Wohnen Sie in einer Werkswohnung oder Dienstwohnung?

O **34.** Stellt Ihnen der Arbeitgeber Arbeitskleidung zur Verfügung?

O **35.** Benützen Sie im Betrieb Ihr eigenes Werkzeug und erhalten Sie dafür eine Entschädigung?

O **36.** Erhalten Sie eine Beihilfe in Krankheits- oder Unglücksfällen?

O **37.** Gibt Ihnen Ihr Arbeitgeber ein verbilligtes Darlehen?

O **38.** Gibt Ihnen Ihr Arbeitgeber für den Bau oder Kauf einer selbstgenutzten Wohnung ein günstiges Darlehen?

O **39.** Zahlt Ihr Arbeitgeber Beiträge für Ihre Zukunftssicherung?

O **40.** Erhalten Sie Heimarbeiterzuschläge?

O **41.** Erhalten Sie Zuschläge für Sonntags-, Feiertags- oder Nachtarbeit?

O **42.** Sind Sie im Kassendienst beschäftigt und erhalten Sie eine Fehlgeldentschädigung?

O **43.** Bekommen Sie Trinkgelder?

O **44.** Erhalten Sie eine Heiratsbeihilfe?

O **45.** Erhalten Sie eine Geburtsbeihilfe?

O **46.** Bekommen Sie Leistungen nach dem Mutterschutzgesetz?

O **47.** Erhalten Sie als Pflegeeltern Erziehungsgelder?

O **48.** Müssen Sie Ihr Kind während der Arbeit in einen Betriebskindergarten geben?

O **49.** Wird bei Ihnen der Weihnachts-Freibetrag berücksichtigt?

O **50.** Ersetzt Ihnen der Arbeitgeber die Kosten für Ihre Fahrten zur Arbeit?

O **51.** Zahlt Ihnen der Arbeitgeber Zuschüsse für den Mehraufwand beim Einsatz an wechselnden Arbeitsstellen?

O **52.** Haben Sie aus beruflichen Gründen lange Abwesenheiten von Ihrer Wohnung?

○ **53.** Erhalten Sie als Berufskraftfahrer vom Arbeitgeber Zuschüsse wegen Verpflegungsmehraufwand?

○ **54.** Wird Ihnen der Mehraufwand bei doppelter Haushaltsführung vom Arbeitgeber ersetzt?

○ **55.** Bekommen Sie einen Zuschuß für den Einsatz an wechselnden Stellen und können Sie nicht täglich nach Hause zurückkehren?

○ **56.** Werden Ihnen die Reisekosten vom Arbeitgeber ersetzt?

○ **57.** Werden Ihnen Umzugskosten vom Arbeitgeber ersetzt?

○ **58.** Erhalten Sie von Ihrem Arbeitgeber Beträge, um sie für Ihn auszugeben?

○ **59.** Erhalten Sie von Ihrem Arbeitgeber Zehrgelder?

○ **60.** Sind Sie Mitglied der Freiwilligen Feuerwehr (einer Werksfeuerwehr)?

○ **61.** Erhalten Sie Aufwandsentschädigungen aus einer öffentlichen Kasse?

○ **62.** Kennen Sie die wichtigsten Arten solcher Entschädigungen?

○ **63.** Erhalten Sie als Betriebsratsmitglied eine Entschädigung?

○ **64.** Erhalten Sie eine Entschädigung aus einem privaten Ehrenamt?

○ **65.** Haben Sie eine Abfindung wegen einer vom Arbeitgeber veranlaßten oder gerichtlich ausgesprochenen Auflösung des Dienstverhältnisses erhalten?

○ **66.** Haben Sie ein Übergangsgeld oder eine Übergangsbeihilfe wegen Entlassung aus einem Dienstverhältnis erhalten?

○ **67.** Beziehen Sie Arbeitslosengeld, Kurzarbeitergeld, Schlechtwettergeld, Arbeitslosenhilfe, Unterhaltsgeld, Konkursausfallgeld oder sonstige Leistungen nach dem Arbeitsförderungsgesetz?

○ **68.** Erhalten Sie Wohngeld?

○ **69.** Stellen Sie sich als medizinischer Proband zur Verfügung?

○ **70.** Erhalten Sie versorgungshalber Bezüge als Wehrdienstbeschädigter, Zivildienstbeschädigter oder Hinterbliebener, als Kriegsbeschädigter, Kriegshinterbliebener usw.?

○ **71.** Erhalten Sie Leistungen von einer Versicherung?

○ **72.** Sind Sie Angehöriger der Bundeswehr, des Bundesgrenz-schutzes oder einer Polizei?

○ **73.** Leisten Sie als Wehrpflichtiger Ihren Wehrdienst?

○ **74.** Sind Sie als Entwicklungshelfer tätig?

○ **75.** Erhalten Sie ein Stipendium?

○ **76.** Erhalten Sie eine Beihilfe aus öffentlichen Mitteln für Zwecke der Erziehung oder Ausbildung oder für Zwecke der Wissen-schaft oder Kunst?

○ **77.** Erhalten Sie Zuwendungen als Künstler?

○ **78.** Arbeiten Sie im Druckereigewerbe?

○ **79.** Arbeiten Sie im Ausland?

○ **80.** Zahlt Ihnen Ihr Arbeitgeber bei einer Auslandstätigkeit einen Kaufkraftausgleich?

○ **81.** Beziehen Sie Einkünfte in der DDR oder in Ost-Berlin?

Werbungskosten

In diesem Kapitel erhalten Sie die wichtigsten Steuertips für Ihren beruflichen Bereich. Gemeint sind damit die einzelnen Positionen Ihrer Werbungskosten. Das sind Beträge, um die Ihr Arbeitslohn oder Gehalt gekürzt werden, bevor der endgültige Steuerbetrag für ein Jahr festgesetzt wird.

○ **82.** Wollen Sie sich darüber informieren, was man unter Wer-bungskosten versteht?

○ **83.** Wollen Sie die Anschaffungskosten eines Wirtschaftsguts als Werbungskosten absetzen?

○ **84.** Müssen Sie von Ihrer Wohnung zur Arbeit fahren?

○ **85.** Fahren Sie zu ständig wechselnden Einsatzstellen?

○ **86.** Hatten Sie auf der Fahrt zur Arbeit einen Unfall?

○ **87.** Hatten Sie außergewöhnliche Kosten (z. B. Austauschmotor) für Ihr Auto?

○ **88.** Sind Sie an einer Fahrgemeinschaft beteiligt?

○ **89.** Arbeiten Sie an ständig wechselnden Einsatzstellen und keh-ren Sie nicht täglich nach Hause zurück?

○ **90.** Sind Sie aus beruflichen Gründen regelmäßig mehr als 12 Stunden täglich von Ihrer Wohnung abwesend?

○ **91.** Sind Sie Berufskraftfahrer?

○ **92.** Werden Ihnen Kosten für Dienstreisen oder Dienstgänge im privaten Dienst vom Arbeitgeber nicht oder nicht vollständig ersetzt?

○ **93.** Sind Sie beruflich außerhalb Ihrer Arbeitsstelle tätig, und zwar länger als fünf Stunden, aber weniger als 15 km entfernt?

○ **94.** Wurden Sie als Soldat zur Ausbildung usw. außerhalb Ihres Standorts tätig?

○ **95.** Haben Sie Umzugskosten?

○ **96.** Haben Sie zusätzliche Kosten wegen doppelter Haushaltsführung?

○ **97.** Haben Sie Kosten für Berufskleidung?

○ **98.** Benützen Sie in der eigenen Wohnung ein Arbeitszimmer?

○ **99.** Benützen Sie Ihr Telefon auch zu beruflichen Zwecken?

○ **100.** Benützen Sie Geräte Ihres Haushalts zu beruflichen Zwecken?

○ **101.** Haben Sie Führerscheinkosten?

○ **102.** Verwenden Sie bei der Arbeit eigenes Werkzeug oder sonstige Arbeitsmittel?

○ **103.** Haben Sie sich aus beruflichen Gründen einen Computer angeschafft?

○ **104.** Haben Sie Fachbücher oder Fachzeitschriften gekauft?

○ **105.** Zahlen Sie Beiträge zu einem Berufsverband?

○ **106.** Haben Sie aus beruflichen Gründen besondere Repräsentationskosten?

○ **107.** Hatten Sie Aufwendungen für beruflich veranlaßte Bewirtung oder Geschenke?

○ **108.** Haben Sie im beruflichen Interesse Schmiergelder gezahlt?

○ **109.** Haben Sie beruflich bedingte Kontoführungsgebühren?

○ **110.** Suchen Sie eine Anstellung?

○ **111.** Haben Sie einen Kredit im Zusammenhang mit Ihrer Berufstätigkeit aufgenommen?

○ **112.** Zahlen Sie Versicherungsprämien aus beruflichen Gründen?

O **113.** Sind Sie im Kassendienst beschäftigt und erhalten Sie keine Fehlgeldentschädigung?

O **114.** Sind Sie im Forstdienst tätig?

O **115.** Müssen Sie Ihrem Arbeitgeber Schadenersatz leisten?

O **116.** Müssen Sie Prozeßkosten zahlen?

O **117.** Haben Sie eine Geldbuße oder eine Geldstrafe für eine beruflich bedingte Rechtsverletzung bezahlt?

O **118.** Zahlen Sie Steuerberatungskosten?

O **119.** Haben Sie Rentenberatungskosten gezahlt?

O **120.** Haben Sie Arzt- oder Kurkosten wegen einer in Ausübung des Berufs erlittenen Gesundheitsschädigung?

O **121.** Haben Sie etwas für Ihre berufliche Fortbildung getan?

O **122.** Haben Sie an Fortbildungsveranstaltungen Ihres Berufsstandes, Ihres Berufsverbandes oder Ihrer Gewerkschaft teilgenommen?

O **123.** Haben Sie an einer Auslandsgruppenreise oder einem Auslandskongreß teilgenommen?

O **124.** Lernen Sie als ausländischer Arbeitnehmer die deutsche Sprache?

O **125.** Sind Sie zur Ausbildung in einem Dienstverhältnis und beziehen Sie Arbeitslohn?

O **126.** Haben Sie Kosten für eine Prüfung?

O **127.** Haben Sie promoviert?

O **128.** Haben Sie Aufwendungen als Betriebsratsmitglied?

O **129.** Sind Sie Arbeitnehmervertreter im Aufsichtsrat?

O **130.** Haben Sie Kosten für Ihren Wahlkampf?

O **131.** Haben Sie ein Ehrenamt mit Rücksicht auf Ihre Berufsstellung übernommen?

O **132.** Sind Sie Journalist?

O **133.** Sind Sie Parlaments-Journalist?

O **134.** Sind Sie Bühnenangehöriger?

O **135.** Sind Sie hauptberuflich tätiger Musiker?

O **136.** Sind Sie nebenberuflich Musiker?

O **137.** Sind Sie nebenberuflich Kirchenmusiker?

○ **138.** Sind Sie Artist?

○ **139.** Sind Sie in Heimarbeit tätig?

○ **140.** Sind Sie Lehrer?

○ **141.** Sind Sie Sportlehrer?

○ **142.** Sind Sie Musiklehrer?

○ **143.** Sind Sie Geistlicher?

○ **144.** Üben Sie eine nebenberufliche Lehr- oder Prüfungstätigkeit aus?

○ **145.** Sind Sie für Film oder Fernsehen tätig?

○ **146.** Sind Sie nebenberuflich Trainer oder Erzieher?

○ **147.** Sind Sie Verwaltungsangehöriger im Außendienst?

○ **148.** Sind Sie ehrenamtlich für das Technische Hilfswerk, den Bundesluftschutzverband, den Luftschutzhilfsdienst, den Luftschutzwarndienst oder Luftschutzsanitätsdienst tätig?

Sonderausgaben

Stellen Sie anhand der folgenden Fragen fest, in welcher Höhe Sie den Betrag Ihrer steuerpflichtigen Bezüge um Sonderausgaben mindern können?

○ **149.** Wollen Sie sich allgemein über Sonderausgaben informieren?

○ **150.** Wollen Sie wissen, wie Ihre Versicherungs- oder Bausparbeiträge (Vorsorgeaufwendungen) steuerlich berücksichtigt werden?

○ **151.** Kommen Sie mit den übrigen Sonderausgaben über den Pauschbetrag?

○ **152.** Zahlen Sie Beiträge zur gesetzlichen Sozialversicherung?

○ **153.** Zahlen Sie Beiträge an die Bundesanstalt für Arbeit (Arbeitslosenversicherung)?

○ **154.** Zahlen Sie freiwillige Beiträge zur gesetzlichen Rentenversicherung?

○ **155.** Zahlen Sie Beiträge zu einer privaten Krankenversicherung?

○ **156.** Zahlen Sie Prämien für eine Unfallversicherung?

O **157.** Haben Sie eine Insassenunfallversicherung abgeschlossen?

O **158.** Zahlen Sie Beiträge für eine Versicherung auf den Erlebens- oder Todesfall (private Lebensversicherung)?

O **159.** Zahlen Sie Beiträge zu einer Sterbekasse?

O **160.** Zahlen Sie Beiträge zu einer Witwen- oder Waisenkasse?

O **161.** Zahlen Sie Prämien für eine Ausbildungs- oder Aussteuer- versicherung?

O **162.** Haben Sie einen Lebensversicherungsvertrag übernommen, der von einem anderen abgeschlossen wurde?

O **163.** Zahlen Sie Prämien für eine Haftpflichtversicherung?

O **164.** Zahlen Sie Prämien für eine Kraftfahrzeughaftpflichtversiche- rung?

O **165.** Haben Sie eine Rechtsschutzversicherung abgeschlossen?

O **166.** Haben Sie eine Brandversicherung oder eine sonstige Sach- versicherung abgeschlossen?

O **167.** Haben Sie eine Kaskoversicherung abgeschlossen?

O **168.** Zahlen Sie Beiträge an eine Bausparkasse?

O **169.** Zahlen Sie eine Rente?

O **170.** Zahlen Sie dauernde Lasten?

O **171.** Zahlen Sie Unterhaltsleistungen an den geschiedenen oder getrennten Ehegatten?

O **172.** Findet zwischen Ihnen und Ihrem geschiedenen Ehegatten ein Versorgungausgleich statt?

O **173.** Wird von Ihrem Arbeitslohn Kirchensteuer einbehalten?

O **174.** Zahlen Sie Steuerberatungskosten?

O **175.** Stehen Sie oder Ihr Ehegatte in Berufsausbildung oder lassen Sie sich umschulen oder haben Sie Ausgaben für die Weiter- bildung in einem nicht ausgeübten Beruf?

O **176.** Haben Sie mit einer Spende mildtätige, kirchliche, religiöse, wissenschaftliche, kulturelle oder andere gemeinnützige Zwecke gefördert?

O **177.** Zahlen Sie Beiträge und kleinere Spenden an eine Partei?

O **178.** Leisten Sie größere Spenden und Beiträge an Parteien?

O **179.** Haben Sie eine Sachspende geleistet?

Außergewöhnliche Belastungen

Prüfen Sie anhand der folgenden Fragen, ob Sie den Betrag Ihrer steuerpflichtigen Bezüge um außergewöhnliche Belastungen mindern können?

- ○ **180.** Wollen Sie sich allgemein über außergewöhnliche Belastungen informieren?
- ○ **181.** Wollen Sie wissen, unter welchen Voraussetzungen eine außergewöhnliche Belastung allgemeiner Art berücksichtigt werden kann?
- ○ **182.** Haben Sie ein Kind bekommen?
- ○ **183.** Haben Sie Kosten wegen Krankheit?
- ○ **184.** Haben Sie Kosten für die Unterbringung in einem Altenpflegeheim?
- ○ **185.** Haben Sie Aufwendungen für Arznei- oder Stärkungsmittel?
- ○ **186.** Haben Sie sich einer Kur unterzogen?
- ○ **187.** Haben Sie Kosten für Zahnbehandlung oder Zahnersatz?
- ○ **188.** Hatten Sie einen Unfall?
- ○ **189.** Müssen Sie wegen einer Krankheit oder wegen eines Unfalls Ihren Beruf wechseln?
- ○ **190.** Haben Sie für ein Kind, für das Ihnen Kindergeld zusteht, wegen Krankheit oder Gebrechen außergewöhnliche Kosten?
- ○ **191.** Müssen Sie Ihrem Kind Nachhilfeunterricht erteilen lassen?
- ○ **192.** Befindet sich ein naher Angehöriger von Ihnen im Krankenhaus und haben Sie Kosten für Besuchsfahrten?
- ○ **193.** Ist ein Angehöriger von Ihnen verstorben?
- ○ **194.** Mußten Sie aus gesundheitlichen Gründen umziehen?
- ○ **195.** Haben Sie Ihrer Tochter eine Aussteuer oder allgemein Ihren Kindern Ausstattungen gezahlt?
- ○ **196.** Müssen Sie Hausrat und Kleidung nach Verlust wiederbeschaffen?
- ○ **197.** Haben Sie Ausgaben zur Tilgung von Schulden?
- ○ **198.** Haften Sie für einen fremden Schaden?
- ○ **199.** Müssen Sie Verteidigungskosten zahlen?

○ **200.** Haben Sie sich scheiden lassen?

○ **201.** Haben Sie Kosten einer außerordentlichen Wohnraumbeschaffung?

○ **202.** Unterstützen Sie eine Person, für die Sie keinen Anspruch auf Kindergeld haben?

○ **203.** Leisten Sie Unterhalt an Angehörige im Ausland?

○ **204.** Unterstützen Sie Verwandte in der DDR oder in den Vertreibungsgebieten?

○ **205.** Haben Sie Verwandtenbesuch aus der DDR oder den Vertreibungsgebieten?

○ **206.** Haben Sie Aufwendungen für die Pflege des Verhältnisses zu Ihrem Kind, das beim anderen Elternteil lebt?

○ **207.** Haben Sie Aufwendungen für die Berufsausbildung Ihres Kindes?

○ **208.** Beschäftigen Sie eine Hausgehilfin?

○ **209.** Sind Sie oder Ihr Ehegatte in einem Heim oder dauernd zur Pflege untergebracht?

○ **210.** Sind Sie, Ihr Ehegatte oder Ihr Kind körperbehindert?

○ **211.** Interessiert Sie die Steuervergünstigung für Hinterbliebene?

Sonstige Steuervorteile

In diesem Kapitel können Sie sich darüber informieren, ob Sie von weiteren, bisher nicht angesprochenen Steuervorteilen Gebrauch machen können.

○ **212.** Haben Sie oder Ihr Ehegatte das 64. Lebensjahr vollendet?

○ **213.** Haben Sie oder Ihr Ehegatte das 64. Lebensjahr vollendet und haben Sie noch andere Einkünfte als Versorgungs- und Leibrentenbezüge?

○ **214.** Erhalten Sie Versorgungsbezüge?

○ **215.** Beziehen Sie eine Rente?

○ **216.** Haben Sie die Nachentrichtung von Beiträgen zur Angestelltenversicherung mit Kredit finanziert?

○ **217.** Arbeiten Sie in West-Berlin?

○ **218.** Erhalten Sie als Arbeitnehmer Vergütungen für eine Erfindung?

O **219.** Erhalten Sie Prämien für einen Verbesserungsvorschlag?

O **220.** Haben Sie außer Ihren Lohneinkünften noch andere Nebeneinkünfte?

O **221.** Haben Sie Nebeneinkünfte aus selbständiger wissenschaftlicher, künstlerischer oder schriftstellerischer Tätigkeit?

O **222.** Haben Sie eine Entlohnung für eine Tätigkeit bekommen, die sich über mehrere Jahre erstreckt?

O **223.** Haben Sie eine Abfindung erhalten?

O **224.** Haben Sie eine Streikunterstützung erhalten?

O **225.** Fallen Sie unter das Vorruhestandsgesetz?

O **226.** Haben Sie bei einer anderen Einkunftsart Verluste?

O **227.** Hat sich bei Ihnen in einem Jahr insgesamt ein Verlust ergeben?

O **228.** Haben Sie Kapitalertragsteuer gezahlt?

O **229.** Haben Sie ein Haus oder eine Eigentumswohnung?

O **230.** Zahlen Sie Beiträge an eine Bausparkasse?

O **231.** Zahlen Sie Sparbeiträge?

O **232.** Zahlt Ihr Arbeitgeber vermögenswirksame Leistungen nach dem 5. Vermögensbildungsgesetz?

O **233.** Können Sie sich am Unternehmen Ihres Arbeitgebers beteiligen?

O **234.** Wollen Sie sich darüber informieren, was allgemein bei der Steuer zu beachten ist?

O **235.** Wollen Sie sich über die bevorstehende Steuerreform informieren?

Lohnsteuer, Lohnsteuerkarte

1 Wollen Sie sich über den Unterschied zwischen Einkommensteuer und Lohnsteuer informieren?

Der Arbeitslohn unterliegt als »Einkunft aus nichtselbständiger Arbeit« der Einkommensteuer. Diese Art der Einkommensteuer wird als »Lohnsteuer« in einem besonderen Verfahren erhoben. Die Besonderheit des Verfahrens besteht vor allem darin, daß die Steuer bereits vom Arbeitgeber durch Abzug vom Arbeitslohn einbehalten wird. Steuerschuldner der Lohnsteuer ist dennoch der Arbeitnehmer. In der Regel haftet aber auch der Arbeitgeber für richtige Einbehaltung der Lohnsteuer und Abführung an das Finanzamt. Nur solche Arbeitnehmer, die im Inland einen Wohnsitz oder ihren gewöhnlichen Aufenthalt haben, sind unbeschränkt lohnsteuerpflichtig. Für beschränkt Lohnsteuerpflichtige gelten Besonderheiten. Zusätzlich zur Lohnsteuer wird bei den Angehörigen der großen Religionsgemeinschaften Kirchensteuer abgezogen.

2 Wollen Sie wissen, welche Lohnsteuerklasse für Sie in Frage kommt?

Die richtige Steuerklasse zu erhalten, ist für den Lohnsteuerzahler wichtig. Fehler werden zwar bei der Veranlagung ausgeglichen. Sie sind aber entweder mit einer schmerzlichen Nachzahlung verbunden oder Sie müssen feststellen, daß Sie dem Fiskus Geld ohne Zinsen geliehen haben. Kontrollieren Sie deshalb an Hand der folgenden Übersicht, ob die Eintragung richtig ist.

Steuerklasse I bei Arbeitnehmern, die
a) ledig sind,
b) verheiratet, verwitwet oder geschieden sind und bei denen die Voraussetzungen für die Steuerklasse III oder V nicht erfüllt sind;

Steuerklasse II bei Arbeitnehmern, wenn bei ihnen der Haushaltsfreibetrag zu berücksichtigen ist;

Steuerklasse III bei Arbeitnehmern,
a) die verheiratet sind, wenn beide Ehegatten unbeschränkt einkommensteuerpflichtig sind und nicht dauernd getrennt leben und

aa) der Ehegatte des Arbeitnehmers keinen Arbeitslohn bezieht oder

bb) der Ehegatte des Arbeitnehmers auf Antrag beider Ehegatten in die Steuerklasse V eingereiht wird,

b) die verwitwet sind, wenn sie und ihr verstorbener Ehegatte im Zeitpunkt seines Todes unbeschränkt einkommensteuerpflichtig waren und in diesem Zeitpunkt nicht dauernd getrennt gelebt haben, für das Kalenderjahr, das dem Kalenderjahr folgt, in dem der Ehegatte verstorben ist,

c) deren Ehe aufgelöst worden ist, wenn

aa) im Kalenderjahr der Auflösung der Ehe beide Ehegatten unbeschränkt einkommensteuerpflichtig waren und nicht dauernd getrennt gelebt haben und

bb) der andere Ehegatte wieder geheiratet hat, von seinem neuen Ehegatten nicht dauernd getrennt lebt und er und sein neuer Ehegatte unbeschränkt einkommensteuerpflichtig sind,

für das Kalenderjahr, in dem die Ehe aufgelöst worden ist;

Steuerklasse IV bei Arbeitnehmern, die verheiratet sind, wenn beide Ehegatten unbeschränkt einkommensteuerpflichtig sind und nicht dauernd getrennt leben und der Ehegatte des Arbeitnehmers ebenfalls Arbeitslohn bezieht;

Steuerklasse V bei den an sich in Steuerklasse IV fallenden Arbeitnehmern, wenn der Ehegatte des Arbeitnehmers auf Antrag beider Ehegatten in die Steuerklasse III eingereiht wird;

Steuerklasse VI bei Arbeitnehmern, die nebeneinander von mehreren Arbeitgebern Arbeitslohn beziehen, für die Einbehaltung der Lohnsteuer vom Arbeitslohn aus dem zweiten und weiteren Dienstverhältnis.

3 Interessiert es Sie, was sonst noch auf der Lohnsteuerkarte eingetragen wird?

Neben dem Familienstand und der Religionsgemeinschaft hat Ihre Gemeinde auf der Lohnsteuerkarte bei den Steuerklassen II bis IV die Kinder unter 16 Jahren einzutragen.

Bei den Steuerklassen I bis IV ist auch noch die Zahl der Kinderfreibeträge zu vermerken. Technisch geschieht dies in Form der »Zähler«. So wird der Zähler 1 eingetragen bei gemeinsamen Kindern von Eheleuten und in den in Nr. 17 II 1. a) und b) genannten Fällen. In allen anderen Fällen wird der Zähler 0,5 eingetragen. In den Steuerklassen II und III entspricht der Zähler 1 dem vollen Kinderfreibetrag von 2484 DM, der Zähler 0,5 dem halben i. H. von 1242 DM. Haben Sie

Steuerklasse IV, so entspricht der Zähler 1 nur einem Kinderfreibetrag von 1242 DM und der Zähler 0,5 einem solchen von 621 DM.

Kinder über 16 Jahre können vom Wohnsitzfinanzamt (also nicht von der Gemeinde) bescheinigt werden, wenn die in Nr. 17 II 2. genannten Voraussetzungen (insbesondere Berufsausbildung) vorliegen. Die Finanzverwaltung hält hierzu einen vereinfachten Vordruck bereit.

4 Allgemeine oder besondere Lohnsteuertabelle?

Diese Alternative wird häufig mit dem Gegensatzpaar »Grundtabelle–Splittingtabelle« verwechselt. Die Grundtabelle ist, etwas verkürzt ausgedrückt, die Einkommensteuertabelle für die Ledigen und getrennt Lebenden, die Splittingtabelle die für die Verheirateten.

Der seit 1983 eingeführte Unterschied zwischen der allgemeinen und der besonderen Lohnsteuertabelle hingegen besagt folgendes: Ab 1983 ist die Vorsorgepauschale (Nr. 150) für bestimmte Arbeitnehmer gekürzt worden. Es handelt sich um jene, die von der gesetzlichen Rentenversicherungspflicht frei sind (z. B. Beamte). Für den Lohnsteuerabzug bei diesem Personenkreis ist deshalb eine »besondere« Lohnsteuertabelle erforderlich (Nr. 4). Für alle anderen Arbeitnehmer gilt die »allgemeine« Lohnsteuertabelle.

5 Wollen Sie einen Antrag auf Lohnsteuerermäßigung stellen?

Unter bestimmten Voraussetzungen können Sie für das bevorstehende, aber auch für das laufende Jahr einen Antrag auf Lohnsteuerermäßigung stellen.

Der Altersfreibetrag und ein Pauschbetrag für Körperbehinderte bzw. Hinterbliebene werden grundsätzlich bereits bei der Ausstellung der Lohnsteuerkarte eingetragen. Nachträglich kann die Eintragung beim zuständigen Finanzamt beantragt werden.

Für andere Eintragungen gilt folgendes.
a) Ein Antrag auf Eintragung eines Freibetrags auf der Lohnsteuerkarte wegen Werbungskosten, Sonderausgaben (außer Vorsorgeaufwendungen, das sind Versicherungs- und Bausparkassenbeiträge) und außergewöhnlicher Belastungen ist nur zulässig, wenn die in Betracht kommenden Beträge insgesamt 1800 DM übersteigen. Der Arbeitnehmer muß die voraussichtlich im Kalenderjahr entstehenden Aufwendungen z. B. durch Vorlage von Belegen nachweisen oder glaubhaft machen. Für die Feststellung, ob die

Antragsgrenze von 1800 DM überschritten wird, gelten folgende Regeln:

aa) Die Pauschbeträge für Werbungskosten (564 DM, s. Nr. 82) und für Sonderausgaben (270 DM, s. Nr. 151) gelten nicht als berücksichtigungsfähige Aufwendungen. Es dürfen nur die tatsächlichen Aufwendungen des Arbeitnehmers bzw. seines nicht dauernd getrennt lebenden unbeschränkt steuerpflichtigen Ehegatten angesetzt werden, auch wenn diese Aufwendungen geringer sind als die Pauschbeträge. Bei Arbeitnehmern, die Anspruch auf Werbungskosten-Pauschsätze für bestimmte Berufsgruppen haben (vgl. Nrn. 132 bis 143, 147, 148), sind für die Prüfung der Antragszulässigkeit die Pauschsätze in Aufwendungen umzurechnen. Soweit für Werbungskosten bestimmte Beträge gelten (z. B. Kilometer-Pauschbetrag der Nr. 84, Pauschbetrag für Verpflegungsmehraufwand der Nr. 85), sind diese maßgebend. Für Sonderausgaben, soweit es sich um Unterhaltsleistungen an den geschiedenen oder getrennt lebenden Ehegatten (Nr. 171) und um Kosten der Berufsausbildung (Nr. 175) handelt, sind höchstens die jeweils berücksichtigungsfähigen Aufwendungen anzusetzen.

bb) Für Spenden und Parteibeiträge sind die Begrenzungen zu beachten (Nrn. 176 bis 179).

cc) Bei außergewöhnlichen Belastungen allgemeiner Art (Nrn. 181 bis 201) ist von den dem Grunde und der Höhe nach anzuerkennenden Aufwendungen ohne Kürzung um die zumutbare Belastung auszugehen. Bei außergewöhnlicher Belastung in besonderen Fällen (Nrn. 202 bis 211) sind dagegen nicht die Aufwendungen, sondern die jeweils abziehbaren Beträge maßgebend.

dd) Außer Betracht bleiben der Altersfreibetrag (Nr. 213), die Pauschbeträge für Körperbehinderte (Nr. 210) und Hinterbliebene (Nr. 211), der Betrag, der im Rahmen der Wohneigentumsförderung in Betracht kommt (Nr. 230, Ziff. 1); Vorsorgeaufwendungen (Beiträge zu Versicherungen und Bausparkassen), auch soweit sie die Vorsorgepauschale (s. Nr. 150) übersteigen. Für Vorsorgeaufwendungen darf ein steuerfreier Betrag überhaupt nicht eingetragen werden.

ee) Bei Anträgen von Ehegatten wird die Summe der für beide Ehegatten in Betracht kommenden Aufwendungen und abziehbaren Beträge zugrunde gelegt. Die 1800-DM-Grenze wird bei Ehegatten nicht verdoppelt.

ff) Ist für beschränkt antragsfähige Aufwendungen bereits ein Freibetrag auf der Lohnsteuerkarte eingetragen, so ist bei einer Änderung dieses Freibetrags die 1800-DM-Grenze nicht erneut zu prüfen.

b) Die Antragsgrenze von 1800 DM gilt nicht, soweit es sich um die Eintragung folgender Beträge handelt: Altersfreibetrag; Pauschbeträge für Körperbehinderte und Hinterbliebene; Betrag, der im Rahmen der Wohneigentumsförderung in Betracht kommt (Nr. 150).

c) Wird die Antragsgrenze von 1800 DM überschritten oder sind Beträge im Sinne der Ausführungen unter c) zu berücksichtigen, so stellt das Finanzamt den Jahres-Freibetrag fest und trägt ihn auf der Lohnsteuerkarte ein. Bei der Berechnung des Jahres-Freibetrags sind Werbungskosten nur zu berücksichtigen, soweit sie den Werbungskosten-Pauschbetrag von 564 DM jährlich übersteigen. Sonderausgaben sind mit Ausnahme der Vorsorgeaufwendungen nur anzusetzen, soweit sie den Sonderausgaben-Pauschbetrag von 270 DM (bzw. 540 DM bei Ehegatten) übersteigen, und außergewöhnliche Belastungen allgemeiner Art sind nur einzubeziehen, soweit sie die zumutbare Belastung übersteigen. Außerdem wird der anteilige Freibetrag für monatliche, erforderlichenfalls auch für wöchentliche und tägliche Lohnzahlung vermerkt. Für die Feststellung des anteiligen Freibetrags bei monatlicher, wöchentlicher und täglicher Lohnzahlung wird der Jahres-Freibetrag auf die Zeit vom Beginn des auf die Antragstellung folgenden Kalendermonats bis zum Schluß des Kalenderjahrs gleichmäßig verteilt; wird der Antrag auf Eintragung eines Freibetrags im Januar des Kalenderjahrs gestellt, für das die Lohnsteuerkarte gilt, so ist der Freibetrag mit Wirkung vom 1. Januar dieses Kalenderjahrs einzutragen. Der Zeitpunkt, von dem an die Eintragung gilt, wird auf der Lohnsteuerkarte vermerkt.

d) Ist bereits ein Freibetrag auf der Lohnsteuerkarte eingetragen und beantragt der Arbeitnehmer im Lauf des Kalenderjahrs die Berücksichtigung weiterer Aufwendungen oder abziehbarer Beträge, so wird der Freibetrag unter Berücksichtigung der gesamten Aufwendungen und abziehbaren Beträge des Kalenderjahrs neu festgestellt und auf der Lohnsteuerkarte eingetragen.

6 Haben sich Merkmale Ihrer Lohnsteuerkarte zu Ihren Gunsten geändert?

Treten bei einem Arbeitnehmer im Laufe des Kalenderjahrs, für das die Lohnsteuerkarte gilt, die Voraussetzungen für eine ihm günstigere Steuerklasse oder Zahl der Kinder ein, so kann er bis zum 30. November bei der Gemeinde bzw. beim Finanzamt die Änderung der Eintragung beantragen.

Auch Lohnsteuerermäßigungsgründe können nachträglich geltend gemacht werden (Nr. 5). Hat der Steuerpflichtige diese Möglichkeit übersehen, so kann der damit erzielbare Vorteil nachträglich im Wege der Einkommensteuerveranlagung berücksichtigt werden.

7 Wollen Sie einen Antrag auf Lohnsteuerjahresausgleich stellen?

Der Lohnsteuerjahresausgleich ist für den Arbeitnehmer normalerweise die letzte Gelegenheit, noch nicht berücksichtigte Steuervorteile für ein abgelaufenes Kalenderjahr geltend zu machen. Er wird in bestimmten Fällen vom Arbeitgeber durchgeführt, vor allem aber auf Antrag des Arbeitnehmers vom Finanzamt. Dafür ist ein kostenlos erhältlicher Antragsvordruck zu verwenden. Außerdem muß der Antrag eigenhändig unterschrieben sein. Er muß ferner so erschöpfend ausgefüllt sein, daß das Ausgleichsverfahren in Gang gesetzt werden kann; dazu sind mindestens die üblichen Personalangaben sowie Angaben über den Brutto-Jahresarbeitslohn und über die einbehaltene Lohnsteuer erforderlich. Der Antrag muß spätestens bis zum Ablauf des auf das Ausgleichsjahr folgenden zweiten Kalenderjahrs nach amtlich vorgeschriebenem Vordruck beim zuständigen Finanzamt eingehen. Siehe dazu den Hinweis unter »Termine«. Der Arbeitnehmer erhält einen schriftlichen Steuerbescheid über den Lohnsteuerjahresausgleich.

Durch den Lohnsteuerjahresausgleich wird vor allem erreicht, daß während des Jahres zuviel einbehaltene Lohnsteuer erstattet wird. Daneben können aber noch alle anderen Steuervergünstigungen (Werbungskosten, Sonderausgaben usw.) für das abgelaufene Kalenderjahr geltend gemacht werden. Welche Steuervorteile dabei im Einzelfall in Betracht kommen, ergibt sich bei Durchsicht der Fragenliste. Bei Ehegatten, die beide unbeschränkt steuerpflichtig sind, nicht dauernd getrennt leben und beide Arbeitslohn bezogen haben, wird in der Regel ein gemeinsamer Lohnsteuerjahresausgleich durchgeführt. Im Lohnsteuerjahresausgleichsverfahren kann übrigens – anders als bei einer Einkommensteuerveranlagung – grundsätzlich keine Steuer nachgefordert werden.

8 Hat Ihr Arbeitgeber einen Lohnsteuerjahresausgleich durchgeführt?

In bestimmten Fällen ist der Arbeitgeber berechtigt oder sogar verpflichtet, einen Lohnsteuerjahresausgleich durchzuführen. Der Arbeitnehmer muß aber wissen, daß er trotzdem noch vom Finanzamt den Lohnsteuerjahresausgleich durchführen lassen kann. Es lohnt sich also zu prüfen, ob steuerbegünstigende Tatbestände vorliegen, die vom Arbeitgeber nicht berücksichtigt wurden.

9 Was Sie nach Ablauf eines Jahres unbedingt tun sollten!

a) Es kommt nicht selten vor, daß infolge eines Versehens auf der Lohnsteuerkarte ein unzutreffender Betrag für den gesamten, im Kalenderjahr bezogenen *Brutto-Arbeitslohn* eingetragen wird. Ist dieser Betrag höher als der tatsächlich bezogene Brutto-Arbeitslohn, so wirkt sich das Versehen bei der Durchführung des Lohnsteuerjahresausgleichs ungünstig aus. Die Höhe des gesamten Brutto-Arbeitslohns für ein Kalenderjahr überprüft man am besten dadurch, daß man die im abgelaufenen Jahr einzeln bezogenen Brutto-Bezüge zusammenrechnet. Als Unterlagen dienen dazu z. B. Lohnstreifen oder Bankbelege.

b) In gleicher Weise empfiehlt es sich zu überprüfen, ob jeweils die richtigen *Steuerbeträge* (Lohnsteuer und Kirchensteuer) vom Arbeitslohn abgezogen wurden und ob die auf der Lohnsteuerkarte eingetragene Summe dieser Steuerabzugsbeträge stimmt.

c) In diesen Zusammenhang gehört auch die Prüfung, ob Steuern von solchen Bezügen einbehalten wurden, die überhaupt nicht der *Steuerpflicht* unterliegen. Ob im Einzelfall solche steuerfreien Bezüge in Betracht kommen, ergibt sich anhand der Fragenliste.

d) Schließlich wird die auf der Lohnsteuerkarte eingetragene Summe der abgezogenen *Lohnsteuer* mit dem Steuerbetrag verglichen, der sich – nach Berücksichtigung aller in Betracht kommenden Freibeträge und sonstigen Steuervorteile – aus der Einkommensteuertabelle (s. dort) ergibt. Wenn der sich aus der Jahrestabelle ergebende Betrag niedriger ist, so sollte unbedingt ein Antrag auf Durchführung des Lohnsteuerjahresausgleichs (s. Nr. 7) gestellt werden.

10 Wollen Sie wissen, in welchen Fällen ein Arbeitnehmer zur Einkommensteuer veranlagt werden muß?

Grundsätzlich ist für den Arbeitnehmer der Lohnsteuer-Jahresausgleich die Möglichkeit, mit der er noch nicht berücksichtigte Steuervorteile für ein abgelaufenes Jahr geltend machen kann (falsche Steuerklasse, Kinderzahl, Werbungskosten, Sonderausgaben, außergewöhnliche Belastungen).

In bestimmten Fällen allerdings müssen auch Arbeitnehmer eine Einkommensteuererklärung abgeben. Wird eine Einkommensteuererklärung abgegeben, so erübrigt es sich, einen Antrag auf Durchführung des Lohnsteuer-Jahresausgleichs zu stellen. Denn auch bei der

Veranlagung zur Einkommensteuer werden alle in Betracht kommenden Steuervorteile berücksichtigt, wenn sie vom Steuerpflichtigen in der Einkommensteuererklärung geltend gemacht werden. Der praktisch wichtigste Fall der Einkommensteuerveranlagung ist der, daß das Einkommen beim verheirateten Arbeitnehmer mehr als 48 000 DM im Jahr und beim ledigen (getrennt lebenden) mehr als 24 000 DM beträgt.

Bei Einkommen unter den genannten Beträgen wird eine Veranlagung ausnahmsweise z. B. in folgenden Fällen durchgeführt: Nebeneinkünfte, die nicht der Lohnsteuer unterworfen waren, betragen mehr als 800 DM (Nr. 220); Sie haben Kurzarbeitergeld oder Schlechtwettergeld bezogen und ein Lohnsteuer-Jahresausgleich ist nicht durchzuführen; Sie haben auf Ihrer Lohnsteuerkarte einen Freibetrag in der Wohneigentumsförderung eintragen lassen (Nr. 230); Sie wollen einen Verlust oder einen Verlustabzug berücksichtigen lassen (Nrn. 226, 227).

11 Wollen Sie sich gegen Ihren Steuerbescheid zur Wehr setzen?

1. Einspruch
Wenn das Finanzamt im Steuerbescheid zu Ihren Ungunsten von Ihrem Antrag auf Lohnsteuer-Jahresausgleich abgewichen ist, so können Sie Einspruch einlegen. Der Einspruch muß innerhalb eines Monats nach Bekanntgabe der betreffenden Verfügung bei dem Finanzamt eingelegt werden, das die Verfügung erlassen hat. Den Einspruch kann man entweder schriftlich verfassen oder mündlich zur Niederschrift erklären. Im Einspruchverfahren werden keine Kosten erhoben.

2. Änderungsantrag
Sind Sie sich über die Erfolgsaussichten eines Einspruchs nicht sicher, so empfiehlt es sich, beim Finanzamt in einem Schreiben, die »schlichte« Änderung des fraglichen Bescheids zu beantragen. Sie sollten hinzufügen: »Falls Sie diesem Ersuchen nicht stattgeben wollen, bitte ich, diesen Brief als Einspruch zu behandeln.« Selbstverständlich ist aber auch in diesem Fall die unter Ziff. 1 erwähnte Monatsfrist zu beachten. Durch diesen Änderungsantrag erreichen Sie, daß das Finanzamt seine für Sie nachteilige Entscheidung näher erläutern muß. Sie können dann besser beurteilen, ob Sie Ihr Schreiben als Einspruch weiterlaufen lassen wollen oder ob Sie mangels Erfolgsaussicht den Einspruch zurücknehmen.

12 Wollen Sie gegen eine Einspruchsentscheidung gerichtlich vorgehen?

Wenn das Finanzamt dem Einspruch ganz oder zum Teil nicht stattgegeben hat, so kann Klage beim Finanzgericht erhoben werden. Die Frist dafür beträgt einen Monat; sie beginnt mit der Bekanntgabe der Einspruchsentscheidung des Finanzamts. Die Klage muß beim Finanzgericht schriftlich oder zur Niederschrift des Urkundsbeamten der Geschäftsstelle erhoben werden; sie soll eine Begründung enthalten.

Sie sollten diesen Schritt aber nur tun, wenn Sie sich vorher von einem Fachmann haben beraten lassen.

Die persönlichen Verhältnisse

13 Beziehen Sie und auch Ihr Ehegatte Arbeitslohn?

In diesem Fall haben die Ehegatten einen gewissen Spielraum, d. h. sie sind aufgerufen, die bestmögliche Steuerklassenkombination zu wählen. Als Entscheidungshilfe hat die Finanzverwaltung für 1988 ein Merkblatt mit einer Tabelle herausgegeben. (Für 1989 empfiehlt es sich, das neue Merkblatt rechtzeitig beim Finanzamt abzuholen).

Ehegatten, die beide unbeschränkt steuerpflichtig sind, nicht dauernd getrennt leben und beide Arbeitslohn beziehen, können für den Lohnsteuerabzug wählen (Nr. 2), ob sie beide in die Steuerklasse IV eingeordnet werden wollen oder ob einer von ihnen (der Höherverdienende) nach Steuerklasse III und der andere nach Steuerklasse V besteuert werden will. Die Steuerklassenkombination III/V ist so gestaltet, daß die Summe der Steuerabzugsbeträge beider Ehegatten in etwa der zu erwartenden Jahressteuer entspricht, wenn der in Steuerklasse III eingestufte Ehegatte 60 v. H., der in Steuerklasse V eingestufte 40 v. H. des gemeinsamen Arbeitseinkommens erzielt. Es bleibt den Ehegatten unbenommen, sich trotzdem für die Steuerklassenkombination IV/IV zu entscheiden, wenn sie den höheren Steuerabzug bei dem Ehegatten mit der Steuerklasse V vermeiden wollen; es entfällt jedoch für den anderen Ehegatten die günstigere Steuerklasse III.

Es erscheint ratsam, daß die Ehegatten ihre bisherige Steuerklassenwahl im Hinblick auf 1988 überprüfen. Denn die neuen Steuertabellen und veränderte Lohn- und Gehaltsverhältnisse können die bisherige Steuerklassenwahl in Frage stellen.

Aus der unten abgedruckten Tabelle können die Ehegatten nach der Höhe ihrer monatlichen Arbeitslöhne die Steuerklassenkombination feststellen, bei der sie die geringste Lohnsteuer entrichten müssen. Soweit beim Lohnsteuerabzug Freibeträge zu berücksichtigen sind, sind diese vor Anwendung der jeweils in Betracht kommenden Tabelle vom monatlichen Bruttoarbeitslohn abzuziehen.

Die Tabellen erleichtern lediglich die Wahl der für den Lohnsteuerabzug günstigsten Steuerklassenkombination. Ihre Aussagen sind auch nur in den Fällen genau, in denen die Monatslöhne über das ganze Jahr konstant bleiben. Im übrigen besagt die im Laufe des Jahres einbehaltene Lohnsteuer noch nichts über die Höhe der Jahressteuerschuld. Die vom Arbeitslohn einbehaltenen Beträge an Lohnsteuer stellen im Regelfall nur Vorauszahlungen auf die endgültige Jahresschuld dar. In welcher Höhe sich nach Ablauf des Jahres Erstattungen oder Nachzahlungen ergeben, läßt sich nicht allgemein sagen; hier kommt es immer auf die Verhältnisse des Einzelfalles an. Das Finanzamt kann im übrigen für Arbeitnehmer, die zur Einkommensteuer veranlagt werden, auch Einkommensteuer-Vorauszahlungen festsetzen, wenn damit zu rechnen ist, daß die Jahressteuerschuld die einzubehaltende Lohnsteuer übersteigt.

Bei der Wahl der Steuerklassenkombination sollten die Ehegatten auch daran denken, daß Lohnersatzansprüche wie Arbeitslosengeld, Krankengeld, Mutterschaftsgeld von dem zuletzt bezogenen Nettoarbeitslohn abhängen können. Für Arbeitnehmer in der Steuerklasse V sind diese Lohnersatzansprüche daher niedriger als bei gleich hohem Bruttolohn und Einstufung in die Steuerklassen III oder IV.

In den Fällen, in denen die Ehegatten bisher schon beide Arbeitslohn bezogen haben, trägt die Gemeinde auf den Lohnsteuerkarten für 1988 die Steuerklassen ein, die auf den Lohnsteuerkarten für 1987 bescheinigt waren. Die Ehegatten haben jedoch die Möglichkeit, die Steuerklasseneintragung vor dem 1. Januar 1988 von der Gemeinde, die die Lohnsteuerkarten ausgestellt hat, ändern zu lassen.

Tabellen zur Steuerklassenwahl

Da die Höhe der Lohnsteuer auch davon abhängt, ob die Lohnsteuer nach der Allgemeinen Lohnsteuertabelle ermittelt wird, oder ob die Lohnsteuer nach der Besonderen Lohnsteuertabelle ermittelt wird, sind auch zwei Tabellen zur Steuerklassenwahl aufgestellt. Die Tabelle I ist zu benutzen, wenn der höherverdienende Ehegatte rentenversicherungspflichtig ist; die Tabelle II ist zu benutzen, wenn der höherverdienende Ehegatte rentenversicherungsfrei ist (vgl. dazu Nr. 4). Beide Tabellen gehen vom monatlichen Arbeitslohn A des höherverdienenden Ehegatten aus. Dazu wird jeweils der monatliche Arbeitslohn B des geringerverdienenden Ehegatten angegeben, der bei einer Steuerklassenkombination III (für den Höherverdienenden) und V (für den Geringerverdienenden) nicht überschritten werden darf, wenn der geringste Lohnsteuerabzug erreicht werden soll. Die Spalten 2 bis 6 sind maßgebend, wenn der geringerverdienende Ehegatte rentenversicherungspflichtig ist; ist der geringerverdienende Ehegatte rentenversicherungsfrei, sind die Spalten 7 bis 11 maßgebend. Übersteigt der monatliche Arbeitslohn des geringerverdienenden Ehegatten den nach den Spalten 2 bis 6 oder 7 bis 11 der Tabellen in Betracht kommenden Betrag, so führt die Steuerklassenkombination IV/IV für die Ehegatten zu einem geringeren oder zumindest nicht höheren Lohnsteuerabzug als die Steuerklassenkombination III/V.

Tabelle I
bei Rentenversicherungspflicht des höherverdienenden Ehegatten

Monat-licher Arbeits-lohn A*) DM	Monatlicher Arbeitslohn B*) bei Rentenversicherungspflicht des geringerverdienenden Ehegatten					Monatlicher Arbeitslohn B*) bei Rentenversicherungsfreiheit des geringerverdienenden Ehegatten				
	Zahl der Kinderfreibeträge					Zahl der Kinderfreibeträge				
	0	0,5	1	1,5	2	0	0,5	1	1,5	2
1	2	3	4	5	6	7	8	9	10	11
2000	599	644	703	743	802	599	644	703	743	802
2100	622	653	712	757	815	622	653	712	757	815
2150	622	667	712	766	815	622	667	712	766	815
2200	649	671	716	766	815	649	671	716	766	815
2250	721	698	725	775	820	721	698	725	775	820
2300	797	748	734	784	829	797	748	734	784	829
2350	874	797	770	793	838	874	797	770	793	838
2400	973	847	874	802	851	1382	847	874	802	851
2450	1049	946	923	847	865	1472	1009	923	847	865
2500	1216	1022	1022	896	896	1526	1441	1441	896	896
2550	1364	1153	1112	973	973	1526	1504	1495	1405	1396
2600	1436	1315	1315	1072	1072	1621	1558	1549	1481	1472
2650	1490	1414	1391	1216	1216	1661	1607	1594	1535	1526
2700	1544	1472	1463	1364	1360	1702	1648	1639	1585	1571
2800	1630	1571	1562	1495	1481	1774	1729	1715	1666	1652
2900	1706	1666	1639	1607	1567	1841	1810	1783	1751	1724
3000	1778	1747	1715	1684	1652	1913	1877	1850	1823	1792
3100	1850	1814	1787	1760	1729	1985	1945	1918	1886	1859
3200	1913	1886	1859	1828	1801	2053	2017	1985	1954	1927
3300	1990	1949	1931	1891	1873	2129	2080	2057	2012	1994
3400	2057	2012	1994	1958	1940	2201	2147	2125	2080	2057
3500	2120	2075	2057	2017	2003	2278	2224	2192	2143	2120
3600	2192	2143	2120	2080	2062	2359	2296	2264	2215	2188
3700	2269	2215	2188	2143	2125	2435	2372	2336	2287	2255
3800	2345	2300	2260	2219	2188	2512	2462	2413	2363	2327
3900	2422	2377	2336	2291	2255	2593	2539	2489	2440	2399
4000	2498	2453	2413	2368	2327	2674	2620	2570	2521	2476
4100	2579	2530	2489	2444	2404	2755	2701	2651	2597	2552
4200	2665	2606	2575	2521	2489	2845	2777	2737	2674	2638
4300	2741	2683	2651	2597	2566	2921	2858	2818	2755	2719
4400	2809	2764	2719	2674	2633	2993	2939	2890	2836	2786
4500	2881	2831	2786	2741	2701	3065	3007	2957	2903	2854
4600	2948	2899	2854	2809	2768	3133	3079	3029	2975	2926
4700	3025	2966	2930	2876	2840	3214	3146	3106	3043	3002
4800	3092	3034	2998	2939	2908	3281	3218	3178	3110	3074
4900	3160	3101	3065	3007	2975	3353	3286	3245	3182	3142
5000	3227	3169	3133	3074	3043	3425	3358	3317	3250	3214
5100	3295	3245	3200	3155	3110	3493	3434	3385	3331	3281
5200	3362	3313	3268	3218	3178	3560	3506	3457	3398	3353
5300	3430	3380	3335	3286	3245	3632	3574	3524	3470	3421
5400	3497	3448	3403	3353	3313	3704	3646	3596	3538	3493
5500	3565	3515	3470	3421	3380	3772	3718	3664	3610	3560
5600	3641	3578	3547	3484	3452	3853	3785	3745	3677	3637
5700	3709	3646	3614	3556	3520	3920	3853	3812	3745	3709
5800	3776	3713	3682	3619	3587	3992	3925	3884	3817	3776
5900	3844	3781	3749	3686	3655	4064	3992	3956	3884	3848
6000	3907	3857	3812	3763	3718	4132	4073	4019	3965	3916

*) nach Abzug etwaiger Freibeträge

Tabelle II
bei Rentenversicherungsfreiheit des höherverdienenden Ehegatten

Monat-licher Arbeits-lohn A*) DM	Monatlicher Arbeitslohn B*) bei Rentenversicherungspflicht des geringerverdienenden Ehegatten					Monatlicher Arbeitslohn B*) bei Rentenversicherungsfreiheit des geringerverdienenden Ehegatten				
	Zahl der Kinderfreibeträge					Zahl der Kinderfreibeträge				
	0	0,5	1	1,5	2	0	0,5	1	1,5	2
1	2	3	4	5	6	7	8	9	10	11
2000	1022	946	973	896	946	1441	1337	1391	896	1369
2100	1072	995	1022	946	973	1486	1414	1441	1337	1382
2150	1112	1049	1022	995	973	1495	1463	1441	1409	1391
2200	1265	1072	1072	995	1022	1540	1481	1486	1409	1436
2250	1315	1162	1112	1049	1022	1549	1522	1495	1463	1441
2300	1387	1265	1216	1072	1072	1589	1540	1540	1472	1486
2350	1414	1364	1315	1162	1076	1607	1576	1549	1522	1490
2400	1463	1414	1364	1315	1162	1639	1607	1580	1549	1522
2450	1513	1441	1427	1324	1315	1675	1625	1616	1567	1567
2500	1535	1495	1463	1414	1364	1693	1661	1639	1603	1576
2550	1571	1513	1513	1441	1427	1729	1684	1675	1625	1616
2600	1603	1562	1526	1490	1454	1747	1720	1688	1661	1634
2650	1643	1589	1571	1513	1508	1783	1738	1729	1679	1670
2700	1666	1630	1598	1562	1526	1805	1774	1742	1715	1688
2800	1724	1693	1666	1625	1594	1859	1828	1801	1769	1742
2900	1792	1751	1733	1684	1666	1931	1882	1864	1823	1805
3000	1855	1814	1792	1747	1729	1990	1940	1922	1877	1864
3100	1913	1864	1850	1810	1787	2048	1999	1976	1931	1918
3200	1967	1922	1909	1864	1850	2107	2057	2035	1990	1972
3300	2021	1990	1963	1931	1904	2170	2125	2089	2053	2026
3400	2084	2048	2017	1985	1963	2237	2188	2147	2111	2080
3500	2143	2107	2075	2044	2012	2305	2255	2215	2170	2138
3600	2206	2165	2134	2098	2071	2372	2323	2278	2233	2197
3700	2273	2233	2192	2161	2125	2440	2390	2345	2300	2260
3800	2345	2296	2269	2219	2192	2516	2458	2422	2363	2332
3900	2417	2363	2336	2287	2260	2588	2525	2489	2435	2399
4000	2480	2426	2399	2350	2323	2656	2593	2561	2503	2467
4100	2548	2494	2467	2417	2390	2723	2665	2629	2570	2534
4200	2615	2570	2530	2489	2453	2791	2741	2692	2647	2602
4300	2678	2638	2597	2557	2521	2858	2809	2764	2714	2669
4400	2746	2701	2665	2620	2588	2926	2876	2831	2782	2737
4500	2813	2768	2732	2687	2651	2998	2944	2899	2849	2809
4600	2881	2836	2795	2755	2719	3065	3011	2966	2917	2876
4700	2957	2899	2872	2818	2791	3142	3079	3043	2984	2948
4800	3020	2966	2935	2885	2854	3209	3146	3110	3052	3020
4900	3088	3029	3002	2948	2921	3277	3214	3182	3119	3088
5000	3155	3097	3070	3016	2989	3344	3281	3250	3187	3155
5100	3218	3173	3133	3088	3052	3412	3358	3313	3263	3218
5200	3281	3236	3196	3155	3115	3479	3430	3380	3331	3286
5300	3349	3304	3263	3218	3182	3547	3497	3449	3398	3353
5400	3412	3367	3326	3286	3245	3614	3565	3520	3466	3421
5500	3479	3434	3394	3349	3308	3682	3632	3587	3533	3488
5600	3551	3493	3466	3412	3385	3763	3695	3664	3601	3565
5700	3619	3560	3533	3475	3448	3830	3763	3731	3664	3632
5800	3682	3623	3596	3542	3515	3898	3830	3799	3736	3700
5900	3745	3691	3659	3605	3578	3965	3898	3866	3803	3767
6000	3808	3763	3722	3677	3641	4028	3974	3929	3880	3830

*) nach Abzug etwaiger Freibeträge

Beispiele:

1. Ein Arbeitnehmer-Ehepaar, beide rentenversicherungspflichtig, ohne Kinder, bezieht Monatslöhne (nach Abzug etwaiger Freibeträge) von 4000 DM und 2200 DM. Da der Monatslohn des geringerverdienenden Ehegatten den nach dem Monatslohn des höherverdienenden Ehegatten in der Spalte 2 der Tabelle I ausgewiesenen Betrag von 2494 DM nicht übersteigt, führt in diesem Falle die Steuerklassenkombination III/V zur geringsten Lohnsteuer.

   Vergleich nach der Allgemeinen Monatslohnsteuertabelle:
   a) Lohnsteuer für 4000 DM nach Steuerklasse III   556,60 DM,
       für 2200 DM nach Steuerklasse V   576,80 DM,

   insgesamt also   **1133,40 DM.**
   b Lohnsteuer für 4000 nach Steuerklasse IV   883,20 DM,
      für 2200 DM nach Steuerklasse IV   311,90 DM,

   insgesamt also   **1195,10 DM.**

2. Würde der Monatslohn des geringerverdienenden Ehegatten 2700 DM betragen, so würde die Steuerklassenkombination IV/IV insgesamt zur geringsten Lohnsteuer führen.

   Vergleich nach der Allgemeinen Monatslohnsteuertabelle:
   a) Lohnsteuer für 4000 DM nach Steuerklasse III   556,60 DM,
       für 2700 DM nach Steuerklasse V   814,60 DM,

   insgesamt also   **1371,20 DM.**
   b) Lohnsteuer für 4000 DM nach Steuerklasse IV   883,20 DM,
       für 2700 DM nach Steuerklasse IV   446,00 DM,

   insgesamt also   **1329,20 DM.**

14   Wurde Ihre Ehe aufgelöst?

Für das Kalenderjahr, in dem die Ehe durch Tod, Scheidung oder Aufhebung aufgelöst worden ist, kommt die Beibehaltung der Steuerklasse III in Betracht; s. dazu die Ausführungen über die Steuerklasse in Nr. 2.

15   Sind Sie verwitwet?

Die günstigere Splittingtabelle bzw. die Steuerklasse III (Nr. 2) wird auch angewandt bei einem verwitweten Steuerpflichtigen für den

Veranlagungszeitraum, der dem Kalenderjahr folgt, in dem der Ehegatte verstorben ist, wenn der Steuerpflichtige und sein verstorbener Ehegatte im Zeitpunkt seines Todes die Voraussetzungen für Zusammenveranlagung erfüllt haben. Außerdem hat der Verwitwete die Vergünstigung des doppelten Sonderausgaben-Pauschbetrags, der Verdoppelung des Höchstbetrags und des Mindestbetrags der Vorsorgepauschale (vgl. Nrn. 149 u. 151) sowie des allgemeinen Grundfreibetrags (vgl. Erläuterung vor der Einkommensteuertabelle). In späteren Veranlagungszeiträumen werden verwitwete Steuerpflichtige, auch wenn sie Kinder haben, stets nach der ungünstigeren Grundtabelle (Steuerklasse I oder II) besteuert.

16 Haben Sie Ihren Wohnsitz im Ausland?

Im allgemeinen steht nach den Doppelbesteuerungsabkommen die Besteuerung dem Staat zu, in dem die Tätigkeit ausgeübt wird. Dies gilt insbesondere für sog. Grenzgänger, aber auch z. B. für ausländische Künstler, die von einer deutschen Bühne für ein Gastspiel engagiert werden.

Es gibt aber auch Ausnahmefälle, in denen der deutsche Arbeitgeber den Lohnsteuerabzug zu unterlassen hat. Insbesondere Arbeitnehmern, die nur kurz in Deutschland arbeiten, sollten sich in jedem Fall vorher über ihre steuerliche Behandlung erkundigen.

17 Haben Sie Kinder?

I. Kindergeld

Für Kinder besteht ein Anspruch auf Kindergeld nach dem Bundeskindergeldgesetz. Es muß grundsätzlich schriftlich beantragt werden. Das Kindergeld wird von der Arbeitsverwaltung zweimonatlich ausgezahlt. Es beträgt: für das 1. Kind 50 DM, für das 2. Kind 100 DM, für das 3. Kind 220 DM und für jedes weitere Kind je 240 DM monatlich. Anträge und eventuelle Anfragen sind an das zuständige Arbeitsamt zu richten. Leistungen, die aufgrund des Bundeskindergeldgesetzes gewährt werden, sind steuerfrei.

Durch das Haushaltsbegleitgesetz 1983 wurde das Kindergeld für Besserverdienende beschränkt. Es wird für das 2. Kind bis auf 70 DM und für jedes weitere Kind bis auf 140 DM gemindert, je nachdem um wieviel das Einkommen die festgesetzten Freibeträge übersteigt. Der Freibetrag setzt sich zusammen aus 25 920 DM für Verheiratete bzw. 18 120 DM für Alleinstehende sowie 7800 DM für jedes Kind, für das

Kindergeld zusteht. Für je 480 DM, um die das Jahreseinkommen den Freibetrag übersteigt, wird das Kindergeld um 20 DM monatlich gemindert. Vom Einkommen werden abgezogen Einkommen- und Kirchensteuer, Vorsorgeaufwendungen und bestimmte Unterhaltsleistungen. Maßgeblich ist grundsätzlich das Einkommen im vorletzten Kalenderjahr.

Eltern, denen aufgrund ihrer Einkommenslage der Kinderfreibetrag (unten II.) nichts oder wenig nützt, erhalten ab 1986 einen Zuschlag zum Kindergeld. Voraussetzung ist, daß das zu versteuernde Einkommen den Grundfreibetrag (bei Verheirateten 9072 DM, vgl. S. 172) nur bis zu einer bestimmten Grenze übersteigt. Die Höhe des Zuschlags ist innerhalb dieses Bereichs gestaffelt. Er kann höchstens 46 DM je Kind und Monat ausmachen.

II. Steuerliche Berücksichtigung von Kindern

1. Ein Kinderfreibetrag von 1242 DM wird für jedes zu berücksichtigende Kind des Steuerpflichtigen vom Einkommen abgezogen. Zu berücksichtigen sind natürliche Kinder, Adoptivkinder, Pflegekinder, nicht aber Kostkinder. Bei Ehegatten, die nicht dauern getrennt leben, wird ein Kinderfreibetrag von 2484 DM abgezogen, wenn das Kind zu beiden Ehegatten in einem Kindschaftsverhältnis steht. Ein Kinderfreibetrag von 2484 DM wird auch abgezogen, wenn

   a) der andere Elternteil vor dem Beginn des Kalenderjahrs verstorben ist oder während des ganzen Kalenderjahrs nicht unbeschränkt einkommensteuerpflichtig gewesen ist oder

   b) der Steuerpflichtige allein das Kind angenommen hat oder das Kind nur zu ihm in einem Pflegekindschaftsverhältnis steht.

2. Abweichend von dieser Regelung wird bei einem getrennt lebenden oder geschiedenen Elternpaar auf Antrag eines Elternteils der Kinderfreibetrag des anderen Elternteils auf ihn übertragen, wenn er seiner Unterhaltsverpflichtung gegenüber dem Kind für das Kalenderjahr nachkommt, der andere Elternteil jedoch nicht oder nur zu einem unwesentlichen Teil, oder wenn der andere Elternteil dem Antrag zustimmt; die Zustimmung kann man nicht widerrufen. Weiter sind Kinder steuerlich in den folgenden Zusammenhängen bedeutsam:
   Zumutbare Belastung bei außergewöhnlichen Belastungen (Nr. 181), Ausbildungsfreibetrag (Nr. 207), Beschäftigung einer Hausgehilfin (Nr. 208), Bausparprämie (Nr. 230), Sparprämie (Nr. 231) sowie Kirchensteuer.
   Ein Kind wird grundsätzlich berücksichtigt in dem Kalenderjahr, in dem es lebend geboren wurde, und in jedem folgenden Veranlagungszeitraum, zu dessen Beginn es das 16. Lebensjahr noch nicht vollendet hat.

3. Ein Kind, das zu Beginn des Kalenderjahrs das 16. Lebensjahr, aber noch nicht das 27. Lebensjahr vollendet hat, wird berücksichtigt, wenn es
   a) für einen Beruf ausgebildet wird oder
   b) eine Berufsausbildung mangels Ausbildungsplatzes nicht beginnen oder fortsetzen kann oder
   c) den gesetzlichen Grundwehrdienst oder Zivildienst leistet oder
   d) freiwillig für eine Dauer von nicht mehr als drei Jahren Wehr- oder Polizeivollzugsdienst leistet, der an Stelle des gesetzlichen Grundwehrdienstes oder Zivildienstes abgeleistet wird, oder
   e) eine vom gesetzlichen Grundwehrdienst oder Zivildienst befreiende Tätigkeit als Entwicklungshelfer ausübt oder
   f) ein freiwilliges soziales Jahr leistet oder
   g) wegen körperlicher, geistiger oder seelischer Behinderung außerstande ist, sich selbst zu unterhalten. Ist das Kind verheiratet oder geschieden, kommt es noch darauf an, ob sein (früherer) Ehegatte Unterhalt leisten kann und unterhaltspflichtig ist.

In den Fällen a) bis e) ist Voraussetzung, daß durch die Aufnahme des Dienstes oder der Tätigkeit eine Berufsausbildung unterbrochen worden ist.

Ein Kind, das zu Beginn des Kalenderjahrs das 27. Lebensjahr vollendet hat, wird berücksichtigt, wenn es wegen körperlicher, geistiger oder seelischer Behinderung außerstande ist, sich selbst zu unterhalten. Ist das Kind verheiratet oder geschieden, so ist weitere Voraussetzung, daß sein Ehegatte oder sein früherer Ehegatte ihm keinen ausreichenden Unterhalt leisten kann oder ihm gegenüber nicht unterhaltspflichtig ist.

18 Sind Sie alleinstehend und haben Sie Kinder?

Wenn der alleinstehende Steuerpflichtige im fraglichen Kalenderjahr mindestens ein Kind hat, so steht ihm ein **Haushaltsfreibetrag** von 4752 DM zu, der bei der Einbehaltung der Lohnsteuer im laufenden Jahr durch Einreihung in die Lohnsteuerklasse II (vgl. Nr. 2) berücksichtigt wird.

Außerdem steht Ihnen als Alleinerziehender ein Freibetrag für **Kinderbetreuungskosten** zu. Berücksichtigt werden Aufwendungen zur Betreuung von Kindern, wenn sie dem Alleinstehenden wegen seiner Erwerbstätigkeit oder körperlicher, geistiger oder seelischer Behinderung oder wegen (mindestens dreimonatiger) Krankheit erwachsen.

Die Kinder müssen zum Haushalt gehören und dürfen zu Beginn des Jahres das 16. Lebensjahr noch nicht vollendet haben. Zunächst wird für jedes Kind pauschal 480 DM abgezogen. Der Alleinerziehende kann aber höhere Betreuungskosten nachweisen. Allerdings sind sie nach Abzug einer zumutbaren Eigenbelastung (vor Nr. 181) nur bis höchstens 4000 DM jährlich bei einem Kind abziehbar. Für jedes weitere Kind erhöht sich dieser Betrag um je 2000 DM. Für jeden Monat, in dem obige Voraussetzungen nicht vorgelegen haben, mindert sich der genannte Pausch- oder Erhöhungsbetrag um ein Zwölftel. Gehört das Kind gleichzeitig zum Haushalt von 2 Alleinstehenden, so steht jedem der maßgebende Höchstbetrag oder Erhöhungsbetrag zur Hälfte zu.

Betreuungskosten sind insbesondere Aufwendungen für Kindergärten u. ä., für Tagesmütter, Wochenmütter oder entsprechende Pflegestellen. Dasselbe gilt bei Beschäftigung von Kinderpflegerinnen u. ä. sowie von Hausgehilfinnen oder Haushaltshilfen. Nicht hierher gehören Kosten für Unterricht und für Vermittlung besonderer Fähigkeiten (z. B. Schreibmaschinenkurse) sowie für sportliche und andere Freizeitbeschäftigungen. Jedoch sind Aufwendungen für die Beaufsichtigung der häuslichen Schulaufgaben zu berücksichtigen.

Das gleiche (Abzugsfähigkeit der Betreuungskosten unter den genannten Bedingungen) gilt für zusammenlebende Ehegatten, wenn die Betreuungskosten wegen der Behinderung oder einer mindestens dreimonatigen Krankheit eines Ehegatten erwachsen. Voraussetzung ist, daß der andere Ehegatte erwerbstätig oder ebenfalls krank oder behindert ist.

Bei Arbeitnehmern kann der Betreuungskostenabzug durch Eintragung eines Freibetrags auf der Lohnsteuerkarte beim laufenden Lohnsteuerabzug steuermindernd berücksichtigt werden.

19 Haben Sie nicht das ganze Jahr gearbeitet?

In diesem Fall ist es unbedingt ratsam, die Durchführung des Lohnsteuerjahresausgleichs (s. Nr. 7) zu *beantragen*. Ein Erstattungsbetrag kann sich nämlich schon dadurch ergeben, daß während des Jahres Lohnsteuer nach der Monats- oder Wochentabelle abgezogen wird, während für das gesamte Jahr die sich aus der für das ganze Jahr geltenden Einkommensteuertabelle (s. dort) ergebende Steuer maßgebend ist (vgl. aber Nr. 67).

20 Wünschen Sie eine Nettolohnvereinbarung?

In der Praxis kommt es nicht selten vor, daß der Arbeitnehmer eine Nettolohnvereinbarung wünscht. Typische Fälle sind etwa die Hausgehilfin oder die Hausfrau, die Gelegenheit hat, ihren erlernten Beruf in geringem Umfang auszuüben (Sekretärin, angestellte Apothekerin usw.), der Lehrer, der nebenamtlich an einer Volkshochschule unterrichten soll, der Pensionist, der in einem Büro aushilft. Eine solche Nettolohnvereinbarung ist möglich. Sie liegt u. U. auch im Interesse des Arbeitgebers, weil er so leichter eine Aushilfe bekommen kann.

Bei der Nettolohnvereinbarung übernimmt der Arbeitgeber die Lohnsteuer. Er hat nach den Merkmalen der Steuerkarte (s. Nr. 2) aus der Lohnsteuertabelle den Bruttolohn zu ermitteln, der vermindert um die Lohnsteuer den vereinbarten Nettolohn ergibt. Im Buchhandel sind Nettolohntabellen erhältlich, aus denen der Bruttolohn in den einzelnen Steuerklassen entnommen werden kann.

21 Haben Sie mehr als ein Arbeitsverhältnis oder erhalten Sie Versorgungsbezüge und daneben noch Arbeitslohn aus einem Dienstverhältnis?

In diesem Fall muß darauf geachtet werden, daß die zweite Lohnsteuerkarte mit der Steuerklasse VI (Nr. 2) richtig plaziert wird. Da die Lohnsteuerklasse VI die ungünstigste ist, wird man gut daran tun, die Lohnsteuerkarte mit der Steuerklasse VI dem Arbeitsverhältnis zuzuordnen, aus dem der geringere Arbeitslohn bezogen wird, bzw. es muß entschieden werden, ob die Lohnsteuerkarte mit der Steuerklasse VI für die Versorgungsbezüge oder für den Arbeitslohn verwendet werden soll. Wegen der Anwendung des Versorgungs-Freibetrags (vgl. Nr. 214) kann die Steuerklasse VI für die Versorgungsbezüge günstiger sein, jedenfalls dann, wenn der Arbeitslohn aus dem Dienstverhältnis nicht zu niedrig ist.

22 Arbeiten Sie als Aushilfskraft?

Insbesondere für an sich nicht berufstätige Ehefrauen, aber auch für Rentner sind die gesetzlichen Erleichterungen für Aushilfskräfte wichtig. Der Arbeitgeber kann unter Verzicht auf die Vorlage einer Lohnsteuerkarte bei Arbeitnehmern, die nur kurzfristig oder in geringem Umfang und gegen geringen Arbeitslohn beschäftigt werden, die

Lohnsteuer mit einem Pauschsteuersatz von 10% des Arbeitslohns erheben. Eine kurzfristige Beschäftigung liegt vor, wenn der Arbeitnehmer bei dem Arbeitgeber gelegentlich, nicht regelmäßig wiederkehrend beschäftigt wird, die Dauer der Beschäftigung 18 zusammenhängende Arbeitstage nicht übersteigt und der Arbeitslohn während der Beschäftigungsdauer 42 DM durchschnittlich je Arbeitstag nicht übersteigt oder die Beschäftigung zu einem unvorhersehbaren Zeitpunkt sofort erforderlich wird. Eine Beschäftigung in geringem Umfang und gegen geringen Arbeitslohn liegt vor, wenn der Arbeitnehmer bei dem Arbeitgeber laufend beschäftigt wird, die Tätigkeit jedoch während der Beschäftigungsdauer 20 Stunden und der Arbeitslohn 120 DM wöchentlich nicht übersteigt.

Für Aushilfskräfte in der Landwirtschaft (Forstwirtschaft) braucht nur ein Pauschsteuersatz von 2% des Arbeitslohns erhoben zu werden.

Steuerfreie Einnahmen,
Sonstige Vergünstigungen

23 Gibt es überhaupt steuerfreie Einnahmen?

Unser Einkommensteuerrecht erfaßt zwar die Einnahmen ziemlich weitgehend. So gehören grundsätzlich zum steuerpflichtigen Arbeitslohn: Gehälter, Löhne, Provisionen, Gratifikationen, Tantiemen, Wartegelder, Ruhegelder, Witwen- und Waisengelder, Zuschüsse im Krankheitsfall, Entlohnung für Überstunden und Überschichten sowie andere Lohnzuschläge; ferner der gesetzliche Arbeitgeberanteil zur Sozialversicherung, Urlaubsabgeltungen, Unterhaltszuschüsse der Beamten, Erschwerniszulagen usw. Auch Sachleistungen, die in Geldeswert bestehen, zählen grundsätzlich zu den Einnahmen: der Bezug freier Kleidung, freier Wohnung, Heizung, Beleuchtung, Kost, Deputate usw.

Trotzdem gibt es eine Reihe von Ausnahmen. Unsere folgende Fragenliste enthält die für Arbeitnehmer wichtigsten Fälle der Steuerbefreiung und der Steuerbegünstigung.

Hingewiesen sei noch darauf, daß dem Lohnempfänger der sogenannte Arbeitnehmerfreibetrag von 480 DM jährlich zusteht. Er ist in die Lohnsteuertabelle eingearbeitet, wird also automatisch berücksichtigt.

24 Dürfen Sie einen Firmenwagen privat nutzen?

Überläßt der Arbeitgeber seinem Angestellten einen betriebseigenen Kraftwagen unentgeltlich zur privaten Nutzung, so unterliegt dieser Vorteil der Steuer. Allerdings ist es schwierig, diesen Vorteil genau zu beziffern. Den Verwaltungsanweisungen bleibt nichts anderes übrig, als hier zugunsten des Steuerzahlers großzügig zu sein.

Eine weit verbreitete Methode ist, die Privatnutzung monatlich in Höhe von 1% des Kaufpreises anzusetzen. Möglich ist auch, pro privat gefahrenen km einen Satz von 0,42 DM zu berechnen. Die Verwaltung läßt keine Kürzung zu, wenn der Arbeitnehmer das Benzin selbst bezahlen muß. Nur direkte Geldzahlungen an den Arbeitgeber, etwa eines km-Geldes, können abgesetzt werden.

25 Erhalten Sie freie oder verbilligte Verpflegung oder Unterkunft?

Diese Sachbezüge sind für die Ermittlung des steuerpflichtigen Arbeitslohnes zu bewerten. Maßgebend ist die Sachbezugsverordnung für die Sozialversicherung. Für die Anwendung der Sachbezugsverordnung kommt es nicht mehr darauf an, ob der Arbeitnehmer in die Haus- und Verpflegungsgemeinschaft des Arbeitgebers eingeordnet ist. Außerdem stellen die Lohnsteuerrichtlinien klar, daß diese Sachbezugswerte auch bei den Arbeitnehmern anzuwenden sind, die an sich nicht unter die Geltung der Sachbezugsverordnung fallen (Arbeitnehmer, die nicht von der gesetzlichen Sozialversicherung umfaßt sind).

Wird die Verpflegung oder Unterkunft nur verbilligt gewährt, so ist von dem amtlichen Sachbezugswert die Eigenleistung abzuziehen. Zum Vorteil des Arbeitnehmers ist jetzt auch bestimmt, daß der Sachbezugswert für Unterkunft auch dann anzusetzen ist, wenn der Arbeitgeber Wohnräume zur Verfügung stellt, die er selbst gemietet hat. Wird dem Arbeitnehmer allerdings nur eine freie (verbilligte) Wohnung zur Verfügung gestellt oder erhält er daneben lediglich freies (verbilligtes) Kantinenessen, so ist der Wert der Unterkunft der ortsüblichen Miete anzusetzen.

26 Werden im Betrieb unentgeltliche oder verbilligte Mahlzeiten gewährt oder Essensmarken ausgegeben?

Der Vorteil, den ein Arbeitnehmer durch Gewährung unentgeltlicher oder verbilligter Mahlzeiten im Betrieb erhält, gehört nicht zum Arbeitslohn, soweit er 1,50 DM je Arbeitstag nicht übersteigt. Entsprechendes gilt für Barzuschüsse des Arbeitgebers an eine Kantine, Gaststätte oder zwischengeschaltete Einrichtung zur Verbilligung von Mahlzeiten und für den Wert von Essensmarken, die zum Erwerb von Mahlzeiten innerhalb oder außerhalb des Betriebs berechtigen, nicht jedoch für Barzuschüsse an den Arbeitnehmer.

Im übrigen werden freie oder verbilligte Mahlzeiten im Betrieb nach der Sachbezugsverordnung bewertet. Ab 1988 gelten folgende Werte pro Mahlzeit:
1. in den Ländern Hamburg, Bremen, Berlin, Nordrhein-Westfalen und im Saarland   3,70 DM
2. in den Ländern Baden-Württemberg, Bayern, Hessen, Niedersachsen, Rheinland-Pfalz und Schleswig-Holstein   3,60 DM

Für Jugendliche unter 18 Jahren und Auszubildende ermäßigen sich die Werte nach Nrn. 1 und 2 um jeweils 0,50 DM.

Die Bewertung bedeutet, daß sich nach Kürzung um den Essens-Freibetrag von 1,50 DM bei freier Kantinenmahlzeit ein steuerpflichtiger Sachbezugswert von 2,10 DM bzw. 1,90 DM je nach Ländergruppe ergibt. Zahlt der Arbeitnehmer ein Entgelt in dieser Höhe, so hat er keinen steuerpflichtigen geldwerten Vorteil.

27 Werden im Betrieb Getränke oder Genußmittel gereicht?

Getränke und Genußmittel, die der Arbeitgeber dem Arbeitnehmer zum eigenen Verbrauch im Betrieb unentgeltlich oder verbilligt überläßt, gehören als sog. Annehmlichkeit nicht zum steuerpflichtigen Arbeitslohn. Werden Getränke oder Genußmittel zum häuslichen Verzehr in Mengen überlassen, die in einem am 1. Januar 1966 örtlich geltenden Tarifvertrag vereinbart oder bis zu diesem Zeitpunkt in herkömmlicher Weise gewährt worden sind, so ist insoweit ein steuerpflichtiger Arbeitslohn nicht anzunehmen. Besonderheiten gelten für den Haustrunk an Arbeitnehmer im Brauereigewerbe und für die Gewährung von Freitabak, Freizigarren und Freizigaretten an Arbeitnehmer in der tabakverarbeitenden Industrie.

28 Bietet Ihnen der Arbeitgeber Annehmlichkeiten im Betrieb?

Die sog. Annehmlichkeiten gehören nicht zum steuerpflichtigen Arbeitslohn. Es handelt sich dabei überhaupt nicht um eine Arbeitsentlohnung, vielmehr soll durch sie die Arbeit erleichtert und der Arbeitseinsatz gesteigert werden. Jedenfalls dürfen die Annehmlichkeiten nicht zu einer finanziellen Bereicherung des Arbeitnehmers führen. Im Einzelfall werden als steuerfreie Annehmlichkeiten z.B. anerkannt: Benutzung von Bädern, Duschräumen, Schwimmbecken, Sportplätzen und Sportgeräten; Musik am Arbeitsplatz; kulturelle Veranstaltungen; regelmäßige ärztliche oder zahnärztliche Untersuchung; Beratung im Renten- oder Lohnsteuerrecht, nicht jedoch die Überlassung von Dienstfernsprechern für private Gespräche.

29 Erhalten Sie vom Arbeitgeber Gelegenheitsgeschenke z.B. zum Geburtstag usw.?

Die Rechtsprechung ist hier streng: Nicht nur Geldgeschenke, sondern auch Sachzuwendungen sind steuerpflichtiger Arbeitslohn. Die

Verwaltung vertritt demzufolge folgende Auffassung: Gelegenheitsgeschenke (Silberne Hochzeit, Eintritt in den Ruhestand usw., Kommunion, Konfirmation der Kinder) sind steuerpflichtig. Allerdings sollen kleinere Aufmerksamkeiten (Blumen, Pralinen, Buch usw.), die dem Arbeitnehmer oder seinen Angehörigen aus besonderem Anlaß (Geburtstag, Kommunion usw.) erwiesen werden, von der Besteuerung ausgenommen bleiben. Als Beanstandungsgrenze werden 30 DM angenommen. Zuwendungen in Geld gehören jedoch stets zum Arbeitslohn.

30 Haben Sie ein Dienstjubiläum?

Zum steuerpflichtigen Arbeitslohn gehören nicht Jubiläumsgeschenke des Arbeitgebers an Arbeitnehmer, die bei ihm in einem gegenwärtigen Dienstverhältnis stehen, im zeitlichen Zusammenhang mit einem Arbeitnehmerjubiläum, soweit sie die folgenden Beträge nicht übersteigen:

1. bei einem 10jährigen
   Arbeitnehmerjubiläum   600 DM,
2. bei einem 25jährigen
   Arbeitnehmerjubiläum   1200 DM,
3. bei einem 40-, 50-,
   oder 60jährigen
   Arbeitnehmerjubiläum   2400 DM.

Die Steuerfreiheit tritt auch dann ein, wenn das Jubiläumsgeschenk innerhalb eines Zeitraums von 5 Jahren vor dem jeweiligen Jubiläum gegeben wird.

Voraussetzung für die Steuerfreiheit ist, daß der Arbeitgeber bei der Berechnung der maßgebenden Dienstzeiten für alle Arbeitnehmer und bei allen Jubiläen eines Arbeitnehmers nach einheitlichen Grundsätzen verfährt. Wenn das ausgezahlte Jubiläumsgeschenk höher ist als einer der genannten Beträge, so ist wegen des den steuerfreien Höchstbetrag übersteigenden Betrags die Steuervergünstigung nach Nr. 223 anwendbar (Entscheidungen der Finanzgerichte 1974, S. 423).

31 Hat Ihre Firma ein Geschäftsjubiläum?

Zum steuerpflichtigen Arbeitslohn gehören nicht Jubiläumsgeschenke des Arbeitgebers an seine Arbeitnehmer anläßlich eines Geschäftsjubiläums, soweit sie bei dem einzelnen Arbeitnehmer 1200 DM nicht übersteigen und gegeben werden, weil das Geschäft 25 Jahre oder ein Mehrfaches von 25 Jahren besteht. Voraussetzung für die Steuerfreiheit ist, daß der Arbeitgeber bei der Berechnung der maßgebenden Zeiträume bei allen Geschäftsjubiläen nach einheitlichen Grundsätzen verfährt.

32 Ist Ihr Arbeitgeber bei Betriebsveranstaltungen großzügig?

Übliche Zuwendungen bei üblichen Betriebsveranstaltungen (Betriebsausflüge, Weihnachts-, Jubiläumsfeiern) gehören nicht zum Arbeitslohn. Eine Betriebsveranstaltung ist üblich, wenn es sich um eine eintägige Veranstaltung ohne Übernachtung handelt und wenn nicht mehr als 2 Veranstaltungen jährlich durchgeführt werden.

Übliche Zuwendungen sind Gewährung von Speisen usw., Übernahme der Fahrtkosten, Eintrittsgelder usw. Barzuwendungen sind den genannten Leistungen gleichgestellt, wenn ihre entsprechende Verwendung sichergestellt ist.

Werden Geschenke überreicht (Weihnachtsfeier), so dürfen sie nicht von bleibendem Wert sein.

Bei Zuwendungen bis zu 60 DM ist von den Finanzämtern die Üblichkeit nicht zu prüfen.

33 Wohnen Sie in einer Werkswohnung oder Dienstwohnung?

Bei Gewährung von freien oder verbilligten Wohnungen in werkseigenen Gebäuden (Werkswohnungen, Dienstwohnungen) gehört der Unterschiedsbetrag zwischen dem Preis, zu dem die Wohnung überlassen wird, und dem ortsüblichen Mietpreis nicht zum steuerpflichtigen Arbeitslohn, wenn der Unterschied 40 DM monatlich nicht übersteigt.

34 Stellt Ihnen der Arbeitgeber Arbeitskleidung zur Verfügung?

Der Wert der unentgeltlichen oder verbilligten Überlassung der Arbeitskleidung gehört nicht zum steuerpflichtigen Arbeitslohn, wenn es sich um typische Berufskleidung, insbesondere um Arbeitsschutzkleidung handelt, die dem Arbeitnehmer nur während des Dienstes zur Verfügung steht. Dasselbe gilt für eine aus betrieblichen Gründen

gewährte Barablösung eines Anspruchs auf Gestellung von Arbeitskleidung, wenn ihr ein etwa gleich hoher Aufwand des Arbeitnehmers
gegenübersteht und die Verwendung der Ablösung zu dem bestimmten Zweck sichergestellt ist.

35 Benützen Sie im Betrieb Ihr eigenes Werkzeug und er-
halten Sie dafür eine Entschädigung?

Werkzeuggeld, das für die Benutzung von Werkzeugen des Arbeitnehmers im Betrieb des Arbeitgebers gezahlt wird, gehört nicht zum
steuerpflichtigen Arbeitslohn, soweit es nicht unangemessen hoch ist.

36 Erhalten Sie eine Beihilfe in Krankheits- oder Unglücks-
fällen?

Beihilfen und Unterstützungen, die aus *öffentlichen* Kassen in besonderen Notfällen (z. B. Krankheits- oder Unglücksfällen) gezahlt werden
(z. B. Beamten-Beihilfen), gehören nicht zum steuerpflichtigen Arbeitslohn. Unterstützungen, die von *privaten* Arbeitgebern an einzelne
Arbeitnehmer gezahlt werden, gehören ebenfalls nicht zum steuerpflichtigen Arbeitslohn unter einer der folgenden Voraussetzungen:
wenn es sich um Unterstützung in Notfällen handelt, die aus einer mit
eigenen Mitteln des Arbeitgebers geschaffenen, aber von diesem
unabhängigen, mit ausreichender Selbständigkeit ausgestatteten Einrichtung (Unterstützungskasse oder Hilfskasse für Fälle der Not und
Arbeitslosigkeit) gewährt werden; wenn es sich um Unterstützungen
in Notfällen handelt, die aus Beträgen gezahlt werden, die der Arbeitgeber dem Betriebsrat oder sonstigen Vertretern der Arbeitnehmer zu
dem Zweck überweist, daß diese aus diesen Beträgen ohne maßgebenden Einfluß des Arbeitgebers Unterstützungen an die Arbeitnehmer gewähren; wenn es sich um Unterstützungen handelt, die der
Arbeitgeber selbst nach Anhörung des Betriebsrats oder sonstiger
Vertreter der Arbeitnehmer zahlt. Beschäftigt der Betrieb weniger als 5
Arbeitnehmer, so brauchen die genannten Voraussetzungen nicht
vorzuliegen. Die Unterstützungen sind nur insoweit steuerfrei, als sie
im Kalenderjahr 1000 DM nicht überschreiten. Werden Unterstützungen von mehr als 1000 DM im Kalenderjahr gewährt, so gehören sie
ebenfalls nicht zum steuerpflichtigen Arbeitslohn, wenn sie aus Anlaß
eines besonderen Notfalls gewährt werden. Bei der Beurteilung, ob ein
solcher Notfall vorliegt, sind auch Einkommensverhältnisse und Familienstand des Arbeitnehmers zu berücksichtigen.

37   Gibt Ihnen Ihr Arbeitgeber ein verbilligtes Darlehen?

Zinsersparnisse bei einem unverzinslichen oder zinsverbilligten Darlehen, das der Arbeitgeber einem Arbeitnehmer gewährt, gehören nicht zum steuerpflichtigen Arbeitslohn, wenn die Summe der an den Arbeitnehmer gewährten und noch nicht getilgten Darlehen 5000 DM nicht übersteigt. Wird der Betrag von 5000 DM überschritten, so sind die Zinsersparnisse nur dann lohnsteuerfrei, wenn sie im Fall der Besteuerung als Werbungskosten oder Betriebsausgaben geltend gemacht werden könnten (z. B. beim Hausbau im Zusammenhang mit Einkünften aus Vermietung, Nr. 229). Zinsersparnisse sind übrigens anzunehmen, soweit der Zinssatz für das Darlehen 4% unterschreitet.

38   Gibt Ihnen Ihr Arbeitgeber für den Bau oder Kauf einer selbstgenutzten Wohnung ein günstiges Darlehen?

Ein unverzinsliches oder zinsverbilligtes Darlehen Ihres Arbeitgebers, das dem oben genannten Zweck dient, ist ebenfalls steuerbegünstigt. Die Zinsersparnisse oder Zinszuschüsse bleiben bis zu 2000 DM im Jahr steuerfrei. Zinsersparnisse sind wie bei Nr. 37 anzunehmen, wenn der Zinssatz unter 4% liegt.

39   Zahlt Ihr Arbeitgeber Beiträge für Ihre Zukunftsicherung?

Begünstigt sind Beiträge des Arbeitgebers für eine Direktversicherung oder Zuwendungen an eine Pensionskasse zugunsten seines Arbeitnehmers. Derartige Leistungen zugunsten des Angestellten unterliegen dem begünstigten Pauschsteuersatz von nur 10%. Die Einzelheiten sind in § 40b des Einkommensteuergesetzes geregelt. Es kommt hier nur darauf an, Sie auf eine Möglichkeit aufmerksam zu machen, über die Sie sich vielleicht mit Ihrem Arbeitgeber einigen können.

40   Erhalten Sie Heimarbeiterzuschläge?

Heimarbeiter erhalten oft neben der sonstigen Entlohnung besondere Lohnzuschläge (Heimarbeiterzuschläge), die zur Abgeltung der Mehraufwendungen bestimmt sind, die durch Heimarbeit entstehen (z. B. Kosten für die Bereitstellung, Heizung und Beleuchtung von Arbeitsräumen und für die Bereitstellung von Arbeitsgerät und Zutaten). Diese

Heimarbeiterzuschläge sind wegen der besonderen Verhältnisse der Heimarbeiter nicht zum steuerpflichtigen Arbeitslohn zu rechnen, soweit sie den Betrag von 10% des jeweils gezahlten Stück- oder Werklohns oder des auf den einzelnen Lohnzahlungszeitraum entfallenden Arbeitslohns nicht übersteigen.

41 Erhalten Sie Zuschläge für Sonntags-, Feiertags- oder Nachtarbeit?

a) Gesetzliche oder tarifvertragliche Zuschläge, die für tatsächlich geleistete Sonntags-, Feiertags- und Nachtarbeit neben dem Grundlohn gezahlt werden, sind steuerfrei. Die Zuschläge müssen in einem Gesetz oder in einem Tarifvertrag dem Grund und der Höhe nach festgelegt sein. An den Tarifvertrag müssen der Arbeitnehmer und sein Arbeitgeber gebunden sein, oder das Arbeitsverhältnis muß dem Tarifvertrag unterstellt worden sein. Weichen die gezahlten Zuschläge von den gesetzlichen oder tarifvertraglichen Zuschlägen ab, so sind sie insoweit steuerfrei, als sie sich im Rahmen des Gesetzes oder Tarifvertrags halten.

b) In anderen Fällen (wenn kein entsprechendes Gesetz und kein Tarifvertrag gelten) sind Zuschläge, die für tatsächlich geleistete Sonntags-, Feiertags- und Nachtarbeit neben dem Grundlohn gezahlt werden, steuerfrei, soweit die Zuschläge
1. für Sonntagsarbeit 50%,
2. für Arbeiten an gesetzlichen Feiertagen, auch wenn diese auf einen Sonntag fallen, 125%,
3. für Arbeiten an den Weihnachtsfeiertagen und am 1. Mai 150%,
4. für gelegentliche Nachtarbeit 30% und für regelmäßige Nachtarbeit 15%
des Grundlohns nicht übersteigen.

Als Grundlohn gilt, was dem Arbeitnehmer bei der für ihn maßgebenden regelmäßigen Arbeitszeit in dem jeweiligen Lohnzahlungszeitraum an laufenden Geld- und laufenden Sachbezügen zusteht. Dieser Betrag ist auf einen Stundenlohn umzurechnen. Sonntagsarbeit und Feiertagsarbeit ist die Arbeit in der Zeit von 0 Uhr bis 24 Uhr des jeweiligen Tages. Welche Tage gesetzliche Feiertage sind, bestimmen die am Ort der Arbeitsstätte geltenden Vorschriften. Nachtarbeit ist die Arbeit in der Zeit von 20 Uhr bis 6 Uhr.

Die Zuschläge für Sonntags-, Feiertags- oder Nachtarbeit können auch als laufende Pauschalen, z.B. Monatspauschalen, gezahlt werden, wobei eine Verrechnung mit den steuerfreien Zuschlägen, die für die einzeln nachgewiesenen Zeiten für Sonntags-, Feiertags- oder

Nachtarbeit auf Grund von Einzelberechnungen zu zahlen wären, erst später vorgenommen wird.

42 Sind Sie im Kassendienst beschäftigt und erhalten Sie eine Fehlgeldentschädigung?

Pauschale Fehlgeldentschädigungen (Zählgelder oder Mankogelder) für Arbeitnehmer, die im Kassen- oder im Zähldienst beschäftigt sind, gehören nicht zum steuerpflichtigen Lohn, soweit sie 30 DM im Monat nicht übersteigen.

43 Bekommen Sie Trinkgelder?

Wenn ein Arbeitnehmer aufgrund des Arbeitsvertrages einen Rechtsanspruch auf Trinkgelder hat, gehören diese zum Arbeitslohn (z.B. Bedienungszuschlag der Kellner, Metergeld der Möbelpacker). Für freiwillig gezahlte Trinkgelder gibt es die Steuerbegünstigung, daß sie bis 1200 DM im Jahr steuerfrei sind. Gemeint sind z.B. Friseurgehilfen, Zimmermädchen, aber auch Kellner, soweit es sich um ein sog. Übertrinkgeld handelt. Sofern diese freiwilligen Trinkgelder 1200 DM jährlich übersteigen (also 100 DM monatlich, 23,40 DM wöchentlich oder 3,40 DM täglich), hat der Arbeitgeber die Pflicht, die Steuer abzuziehen. Zu diesem Zweck muß der Arbeitnehmer die Höhe des Trinkgeldes schriftlich anzeigen. Die Haftung des Arbeitgebers für die Lohnsteuer der Trinkgelder ist jedoch beschränkt worden, wenn der Arbeitnehmer unrichtige Angaben macht.

44 Erhalten Sie eine Heiratsbeihilfe?

Heiratsbeihilfen, die an Arbeitnehmer vom Arbeitgeber gezahlt werden, sind steuerfrei, soweit sie im Einzelfall 700 DM nicht übersteigen.

45 Erhalten Sie eine Geburtsbeihilfe?

Geburtsbeihilfen, die an Arbeitnehmer vom Arbeitgeber gezahlt werden, sind steuerfrei, soweit sie im Einzelfall 500 DM nicht übersteigen.

46 Bekommen Sie Leistungen nach dem Mutterschutzgesetz?

Steuerfrei sind das Mutterschaftsgeld nach dem Mutterschutzgesetz, der Reichsversicherungsordnung und dem Gesetz über die Krankenversicherung der Landwirte, die Sonderunterstützung für im Familienhaushalt beschäftigte Frauen, der Zuschuß zum Mutterschaftsgeld nach dem Mutterschutzgesetz sowie Dienst- und Anwärterbezüge, die für die Zeit des Mutterschaftsurlaubs als Mutterschaftsgeld aus öffentlichen Kassen gezahlt werden.

47 Erhalten Sie als Pflegeeltern Erziehungsgelder?

Die von den Jugendämtern an Pflegeeltern gezahlten Erziehungsgelder sind steuerfrei.

48 Müssen Sie Ihr Kind während der Arbeit in einen Betriebskindergarten geben?

Die Betreuung in einem Betriebskindergarten gehört als sog. Annehmlichkeit (vgl. Nr. 28) nicht zum steuerpflichtigen Arbeitslohn. Auch die Kosten, die der Arbeitgeber einer Arbeitnehmerin für die Beaufsichtigung der Kinder während der Arbeitszeit ersetzt, sind lohnsteuerfrei.

49 Wird bei Ihnen der Weihnachts-Freibetrag berücksichtigt?

Vom Arbeitslohn, der dem Arbeitnehmer in der Zeit vom 8. November bis 31. Dezember aus seinem ersten Dienstverhältnis zufließt, werden als Weihnachts-Freibetrag 600 DM abgezogen. Bei einer Veranlagung zur Einkommensteuer und beim Lohnsteuerjahresausgleich wird der Weihnachts-Freibetrag auch berücksichtigt, wenn der Arbeitnehmer in der genannten Zeit keinen Arbeitslohn bezogen hat.

50 Ersetzt Ihnen der Arbeitgeber die Kosten für Ihre Fahrten zur Arbeit?

Ersetzt der Arbeitgeber einem Arbeitnehmer die Aufwendungen für Fahrten zwischen Wohnung und Arbeitsstätte, so gehören die ersetzten Beträge nicht zum steuerpflichtigen Arbeitslohn, soweit der Arbeitgeber keine höheren Beträge ersetzt, als bei einem Arbeitnehmer nach den Ausführungen unter Nr. 84 als Werbungskosten anerkannt werden können.

51 Zahlt Ihnen der Arbeitgeber Zuschüsse für den Mehraufwand beim Einsatz an wechselnden Arbeitsstellen?

1. Fahrtkosten

Ersetzt der Arbeitgeber die Aufwendungen für die täglichen Fahrten zwischen Wohnung und ständig wechselnden Einsatzstellen, so gehören diese Zuschüsse nicht zum steuerpflichtigen Arbeitslohn, soweit sie die nachgewiesenen Aufwendungen (Fahrkarten) des Arbeitnehmmers nicht übersteigen.

Der steuerfreie Ersatz von Kosten für die Benutzung des eigenen Kraftfahrzeugs ist bis zu den in Nr. 85 genannten Kilometer-Pauschalen möglich. Ob Sie die dort aufgeführten höheren oder niedrigeren Pauschsätze in Anspruch nehmen können, hängt also einmal von der 30 Kilometer-Grenze ab, zum anderen davon, ob ein bestimmter Einsatz schon länger als 3 Monate dauert.

2. Mehraufwand für Verpflegung

Wenn Sie länger als 10 Stunden von Ihrer Wohnung entfernt sind, kann Ihnen der Arbeitgeber einen steuerfreien Zuschuß bis 5 DM täglich bezahlen. Nr. 85 gilt entsprechend.

52 Haben Sie aus beruflichen Gründen lange Abwesenheiten von ihrer Wohnung?

Wenn Sie mehr als zwölf Stunden von Ihrer Wohnung abwesend sind, kann Ihnen der Arbeitgeber einen Zuschuß bis 3 DM täglich steuerfrei leisten (vgl. Nr. 90).

53 Erhalten Sie als Berufskraftfahrer vom Arbeitgeber Zuschüsse wegen Verpflegungsmehraufwands?

In diesem Fall sind die Zuschüsse bis 8 DM täglich steuerfrei, wenn die Fahrzeit mehr als sechs Stunden beträgt. Sind Sie mehr als zwölf Stunden unterwegs, sind 16 DM steuerfrei. Im übrigen gilt das zu Nr. 91 Gesagte entsprechend.

54 Wird Ihnen der Mehraufwand bei doppelter Haushaltführung vom Arbeitgeber ersetzt?

Wegen des Begriffs der doppelten Haushaltsführung wird auf Nr. 96 verwiesen. Beträge, die beim Vorliegen einer doppelten Haushaltsführung vom Arbeitgeber gezahlt werden sind steuerfrei, soweit sie bei dem Arbeitnehmer als Werbungskosten anerkannt würden.

1. Ersetzte Fahrtkosten sind steuerfrei, soweit sie beim Arbeitnehmer abzugsfähig wären. Auf Nr. 96, 1. und 2. wird verwiesen.
2. Mehraufwendungen für Verpflegung dürfen bis zu den nach Nr. 96, 3. a) und b) maßgebenden Pauschbeträgen, in den Fällen Nr. 96, 5. a) und b) bis zu den nach diesen Ausführungen in Betracht kommenden Auslandstagegeldern steuerfrei ersetzt werden.
3. Für die Übernachtungskosten gilt abweichend von Nr. 96, 4. günstigeres. Wenn die Aufwendungen nicht nachgewiesen werden, darf für die ersten zwei Wochen der Pauschbetrag nach Nr. 56, 2. a) steuerfrei ersetzt werden. Für die Folgezeit ist ohne Einzelnachweis eine Auslösung bis 8 DM steuerfrei.

55 Bekommen Sie einen Zuschuß für den Einsatz an wechselnden Stellen und können Sie nicht täglich nach Hause zurückkehren?

1. Fahrtkosten
Für die (meist wöchentlichen) Familienheimfahrten gilt das zu Nr. 51 Gesagte entsprechend (30-Kilometer-Grenze, Dreimonatsfrist).

2. Verpflegungsmehraufwand
Zuschüsse werden wie bei der doppelten Haushaltsführung behandelt. Die sind steuerfrei, soweit sie die in Nr. 96, 3. genannten Pauschbeträge nicht übersteigen.

3. Unterkunft
Die Regelung ist günstiger als die zu Nr. 96, 4. Wenn die Aufwendungen nicht nachgewiesen werden, sind Zuschüsse für die ersten 3 Monate bis zu den in Nr. 56, 2. a) aufgeführten Sätzen steuerfrei. Für die Folgezeit können ohne Einzelnachweis bis 8 DM steuerfrei ersetzt werden.

56 Werden Ihnen die Reisekosten vom Arbeitgeber ersetzt?

1. aus öffentlichen Kassen
Der Ersatz ist steuerfrei.

52

2. im privaten Dienst

Hier ist für die Besteuerung maßgebend, ob der Kostenersatz höher als die nach Nr. 92 als Werbungskosten anzuerkennenden Beträge ist. Liegt der Kostenersatz nicht höher, gehört er nicht zum steuerpflichtigen Arbeitslohn. Liegt er dagegen höher, muß er *insoweit* versteuert werden.

a) Während die Unterbringungskosten nachgewiesen werden müssen, wenn sie als Werbungskosten geltend gemacht werden (vgl. Nr. 92, 2.), können hier (steuerfreier Ersatz durch den Arbeitgeber) Pauschbeträge für Übernachtungskosten geltend gemacht werden. Voraussichtlicher Jahresarbeitslohn:

nicht mehr als 25 000 DM	35 DM,
nicht mehr als 50 000 DM	37 DM,
mehr als 50 000 DM	39 DM.

Eine Rechnung ist hier also nicht erforderlich, wohl aber muß der Nachweis irgendwie sichergestellt sein, daß überhaupt eine Dienstreise mit Übernachtung stattgefunden hat.

b) Bei der Behandlung der *Fahrtkosten* ist zu beachten: Pauschvergütungen, die der Arbeitgeber seinem Arbeitnehmer deshalb gewährt, weil dieser Dienstreisen oder Dienstgänge mit seinem eigenen Kraftwagen, Kraftrad oder Fahrrad ausführt, fallen nicht unter den Begriff der steuerfreien Reisekosten. Pauschvergütungen liegen aber nicht vor, d. h. es handelt sich weder um steuerfreien Ersatz von Reisekosten, wenn dem Arbeitnehmer die Unkosten für die Benutzung seines eigenen Kraftwagens, Kraftrads oder Fahrrads auf Dienstreisen oder Dienstgängen in Form eines Kilometersatzes vergütet werden; dabei müssen die Kosten zugrunde gelegt werden, die sich bei dem Arbeitnehmer für jeden gefahrenen Kilometer im Durchschnitt tatsächlich ergeben. Der *Kilometersatz* wird ohne besonderen Nachweis der tatsächlich entstandenen Kosten anerkannt, soweit er beim Kraftwagen 42 Pf, beim Motorrad oder Motorroller 18 Pf, beim Fahrrad mit Motor 11 Pf und beim Fahrrad 6 Pf für den Kilometer nicht übersteigt.

57 Werden Ihnen Umzugskosten vom Arbeitgeber ersetzt?

Im öffentlichen Dienst werden sie im allgemeinen erstattet. Die Erstattung ist steuerfrei.

Ersetzt der private Arbeitgeber dem Arbeitnehmer dienstlich veranlaßte Umzugskosten, so ist die Umzugskostenentschädigung bis zur Höhe der Beträge lohnsteuerfrei, die einem Arbeitnehmer als Werbungskosten anerkannt werden können – vgl. Nr. 95.

58 Erhalten Sie von Ihrem Arbeitgeber Beträge, um sie für ihn auszugeben?

Handelt es sich um durchlaufende Gelder, sind diese selbstverständlich steuerfrei.

Steuerfreier Auslagenersatz liegt vor, wenn die betreffenden Ausgaben des Arbeitnehmers für Rechnung des Arbeitgebers gemacht werden und sie nicht zur privaten Lebensführung des Arbeitnehmers rechnen. Es ist dabei gleichgültig, ob die Ausgaben im Namen des Arbeitgebers oder im eigenen Namen gemacht werden. Pauschaler Auslagenersatz ist nur dann steuerfrei, wenn die Ausgaben nicht vom Ermessen des Arbeitnehmers abhängen, die entsprechende Verwendung auch wirklich sichergestellt ist und es sich um kleinere Beträge handelt.

Anerkannt wurden z.B. 3 DM pro Tag für den Unterhalt des Hundes eines Wachmannes, Kleidergeld von 5 DM je Veranstaltung für Orchestermitglieder (Frackzwang), Außendienstentschädigung von 1,50 DM je Arbeitstag.

59 Erhalten Sie von Ihrem Arbeitgeber Zehrgeld?

In vielen Unternehmen, vor allem in der Baubranche, kommt es vor, daß Arbeitnehmer im Außendienst auf ständig wechselnden Baustellen beschäftigt werden. Solchen Arbeitnehmern werden häufig sog. *Zehrgelder* (Pausenentschädigung) gezahlt, weil sie im Außendienst nicht in den Genuß von notwendigen sozialen Leistungen kommen können. Der Bundesfinanzhof hat anerkannt, daß es sich bei den erwähnten Zehrgeldern um steuerfreien Auslagenersatz handelt.

60 Sind Sie Mitglied der Freiwilligen Feuerwehr (einer Werksfeuerwehr)?

Entschädigungen für freiwilligen Feuerwehrdienst gehören grundsätzlich zum steuerpflichtigen Arbeitslohn. Entschädigungen allerdings, die zur Abgeltung der Mehrverpflegung für die Nachtwache und den ihr vorhergehenden Arbeitstag gezahlt werden, läßt die Finanzverwaltung bis 4 DM ohne Eintragung auf der Lohnsteuerkarte steuerfrei. Daneben können für den dem Bereitschaftsdienst folgenden Arbeitstag 3 DM als Werbungskosten berücksichtigt werden, wenn der Arbeitnehmer mehr als 12 Stunden von seiner Wohnung entfernt ist.

Wird keine Entschädigung bezahlt, so können die genannten Beträge als Werbungskosten geltend gemacht werden.

61 Erhalten Sie Aufwandsentschädigungen aus einer öffentlichen Kasse?

Hier ist zu unterscheiden:
a) Sind der Kreis der Anspruchsberechtigten und der Betrag oder auch ein Höchstbetrag der den Anspruchsberechtigten aus einer öffentlichen Kasse gewährten Aufwandsentschädigung durch Gesetz oder Verordnung bestimmt, so ist die Aufwandsentschädigung bei hauptamtlich tätigen Personen in voller Höhe steuerfrei; bei ehrenamtlich tätigen Personen sind 33⅓%, mindestens 50 DM monatlich, der gewährten Aufwandsentschädigung steuerfrei.

b) Sind der Kreis der Anspruchsberechtigten und der Betrag oder auch ein Höchstbetrag nicht durch Gesetz oder Verordnung bestimmt, so kann in der Regel ohne weiteren Nachweis ein steuerlich anzuerkennender Aufwand
1. bei ehrenamtlich tätigen Personen in Höhe von 33⅓% der gewährten Aufwandsentschädigung, mindestens jedoch in Höhe von 50 DM, höchstens in Höhe von 300 DM monatlich und
2. bei hauptamtlich tätigen Personen bis zur Höhe von 300 DM monatlich.
angenommen werden.

Den Empfängern von Aufwandsentschädigungen bleibt es unbenommen, einen höheren steuerlich anzuerkennenden Aufwand dem Finanzamt glaubhaft zu machen. Dieser glaubhaft gemachte höhere Betrag ist dann als Werbungskosten oder Betriebsausgaben abziehbar.

62 Kennen Sie die wichtigsten Arten solcher Entschädigungen?

In der Praxis gibt es zahlreiche Arten solcher Entschädigungen. Interessenten seien darauf hingewiesen, daß sich Verwaltungsanweisungen mit folgenden Fällen befassen:

Entschädigungen an ehrenamtlich tätige Standesbeamte und Feldgeschworene

Entschädigungen an ehrenamtliche erste und weitere Bürgermeister, gewählte Stellvertreter der Landräte, Gemeinschaftsvorsitzende von Verwaltungsgemeinschaften

Entschädigungen an ehrenamtliche Mitglieder kommunaler Vertretungsorgane

Entschädigungen an ehrenamtliche Bezirkstagsmitglieder

Aufwandsentschädigungen an Vorstandsmitglieder von Genossenschaften

Aufwandsentschädigungen an Sparkassenleiter und Verwaltungsräte der Sparkassen

Besteuerung der Gerichtsvollzieher

Entschädigungen an ASTA-Mitglieder bzw. Mitglieder des Sprecherrats

Sparkassen- und Giroverband (Außendienstzulage und Aufwandsentschädigung)

Aufwandsentschädigungen an freigestellte Personalvertretungsmitglieder

Aufwandsentschädigungen an Sprecher der Freiwilligen Feuerwehr

Entschädigungen an Dienstgrade der Freiwilligen Feuerwehr

Vergütungen an ehrenamtliche Mitglieder der Organe der Sozialversicherungsträger und ihrer Verbände sowie der Berufsgenossenschaften

Aufwandsentschädigungen an die Mitglieder der Aufsichtsgremien der Rundfunk- und Fernsehanstalten

Aufwandsentschädigungen an Mitglieder von Umlegungsausschüssen

Aufwandsentschädigungen an Kreis- und Stadtbildstellenleiter
Aufwandsentschädigungen an die bei den Regionalverbänden ehrenamtlich tätigen Personen

Aufwandsentschädigungen an kommunale Wahlbeamte (Werkreferenten)

Sitzungsgelder an Kommunalbeamte

Vergütungen für Nebentätigkeit im öffentlichen Dienst

Entschädigungen an die ehrenamtlichen Mitarbeiter des Roten Kreuzes

Betroffenen sei empfohlen, sich beim Finanzamt zu erkundigen.

63 Erhalten Sie als Betriebsratsmitglied eine Entschädigung?

Leistet der Arbeitgeber derartige Entschädigungen, so gehören sie dann nicht zum steuerpflichtigen Arbeitslohn, wenn es sich um Auslagenersatz handelt.

64 Erhalten Sie eine Entschädigung aus einem privaten Ehrenamt?

Meist wird es sich um eine (pauschale) Entschädigung für angefallenen Aufwand handeln (z. B. eines Vereinsvorsitzenden). Die Entschädigung ist dann steuerfrei. Kein Ehrenamt, sondern ein Arbeitsverhältnis hat der Bundesfinanzhof aber für Vorstandsmitglieder einer Wohnungsbaugenossenschaft angenommen (Bundessteuerblatt 1969 II S. 185).

65 Haben Sie eine Abfindung wegen einer vom Arbeitgeber veranlaßten oder gerichtlich ausgesprochenen Auflösung des Dienstverhältnisses erhalten?

Solche Abfindungen sind bis zu 24 000 DM steuerfrei. Dieser Höchstbetrag erhöht sich auf 30 000 DM, wenn der Arbeitnehmer das 50. Lebensjahr vollendet und das Dienstverhältnis mindestens 15 Jahre bestanden hat; er erhöht sich auf 36 000 DM, wenn der Arbeitnehmer das 55. Lebensjahr vollendet und das Dienstverhältnis mindestens 20 Jahre bestanden hat. Die gezahlten Abfindungen oder Teilabfindungen sind nur insoweit steuerfrei, als insgesamt der in Betracht kommende Höchstbetrag nicht überschritten wird.
Unter Abfindung sind Entschädigungen zu verstehen, die als Ausgleich für den Verlust des Arbeitsplatzes gedacht sind. Eine Gratifikation, die bei Ablauf eines von vornherein befristeten Dienstverhältnisses bezahlt wird, ist keine Abfindung. Unerheblich ist, ob die Abfindungen auf einmal, in Raten oder in fortlaufenden Beträgen bezahlt werden. Auch Zahlungen für entgangene Verdienstmöglichkeiten für die Zeit nach Beendigung des Dienstvertrages sind in der Regel Abfindungen. Ohne Bedeutung ist, ob der Arbeitnehmer nach dem Arbeitsvertrag einen Anspruch auf die Abfindung hatte.
Eine sogenannte Änderungskündigung bewirkt keine tatsächliche Auflösung des Dienstverhältnisses (führt nicht zu einem Ausscheiden). Die Auflösung muß vom Arbeitgeber nur veranlaßt sein; dies kann auch dann der Fall sein, wenn der Arbeitnehmer wegen Unzumutbarkeit selbst gekündigt hat. Die gerichtlich ausgesprochene Auflösung braucht dagegen vom Arbeitgeber nicht veranlaßt zu sein.
Teilbeträge und laufende Zahlungen sind insgesamt solange steuerfrei, als der Höchstbetrag nicht überschritten ist. Bei Überschreitung unterliegen die Zahlungen insoweit dem Lohnsteuerabzug.

66 Haben Sie ein Übergangsgeld oder eine Übergangsbeihilfe wegen Entlassung aus einem Dienstverhältnis erhalten?

Übergangsgelder und Übergangsbeihilfen aufgrund gesetzlicher Vorschriften wegen Entlassung aus einem Dienstverhältnis gehören nicht zum steuerpflichtigen Arbeitslohn. Das sind insbesondere die Übergangsgelder nach den Beamtenversorgungsgesetzen und die Übergangsbeihilfen nach dem Bundespolizeibeamtengesetz und dem Soldatenversorgungsgesetz.

67 Beziehen Sie Arbeitslosengeld, Kurzarbeitergeld, Schlechtwettergeld, Arbeitslosenhilfe, Unterhaltsgeld, Konkursausfallgeld oder sonstige Leistungen nach dem Arbeitsförderungsgesetz?

Die genannten Leistungen sind weiterhin steuerfrei. Sie können jetzt aber durch den sog. Progressionsvorbehalt zu einem höheren Steuersatz führen. Wie unten zur Einkommensteuertabelle dargestellt, bewegt sich in der Progressionszone der Steuersatz von 22% bis 56%. Wird das (steuerfreie) Arbeitslosengeld dem Einkommen zur Ermittlung des Steuersatzes zugeschlagen, so bedeutet dies, daß bei gleichbleibendem zu versteuerndem Einkommen ein höherer Steuersatz zugrunde zu legen ist als bisher (statt z.B. 22% nunmehr 23%). Aus diesem Grund ist jetzt auch vorgeschrieben, daß der Arbeitgeber hinsichtlich des Kurzarbeitergeldes die Pflicht zur Bescheinigung bzw. zur Ausschreibung von Lohnzetteln hat. Im Lohnsteuerjahresausgleich hat der Arbeitnehmer Unterlagen über das Arbeitslosengeld und die Arbeitslosenhilfe beizufügen.

68 Erhalten Sie Wohngeld?

Wohngeld, das nach der Wohngeldgesetzgebung gezahlt wird, ist steuerfrei.

69 Stellen Sie sich als medizinischer Proband zur Verfügung?

Soweit die Einkünfte medizinischer Probanden nicht mehr als 500 DM pro Jahr betragen, sind sie nicht steuerpflichtig.

70 Erhalten Sie versorgungshalber Bezüge als Wehrdienstbeschädigter, Zivildienstbeschädigter oder Hinterbliebener, als Kriegsbeschädigter, Kriegshinterbliebener usw.?

Bezüge, die aufgrund gesetzlicher Vorschriften aus öffentlichen Mitteln versorgungshalber an Wehrdienstbeschädigte und Ersatzdienstbeschädigte oder ihre Hinterbliebenen, Kriegsbeschädigte, Kriegshinterbliebene und ihnen gleichgestellte Personen gezahlt werden, sind steuerfrei, soweit es sich nicht um Bezüge handelt, die aufgrund der Dienstzeit gewährt werden.

71 Erhalten Sie Leistungen von einer Versicherung?

Steuerfrei sind Leistungen aus einer Krankenversicherung und aus der gesetzlichen Unfallversicherung, Sachleistungen und Kinderzuschüsse aus den gesetzlichen Rentenversicherungen einschließlich der Sachleistungen nach dem Gesetz über eine Altershilfe für Landwirte sowie bestimmte Übergangsgelder aufgrund der gesetzlichen Rentenversicherung und das Mutterschaftsgeld.

72 Sind Sie Angehöriger der Bundeswehr, des Bundesgrenzschutzes oder einer Polizei?

Bei Angehörigen der Bundeswehr, des Bundesgrenzschutzes, der Bereitschaftspolizei der Länder und der Vollzugspolizei der Länder und Gemeinden und bei Vollzugsbeamten der Kriminalpolizei des Bundes, der Länder und Gemeinden gehören nicht zum steuerpflichtigen Arbeitslohn: der Geldwert der ihnen aus Dienstbeständen überlassenen Dienstkleidung; Einkleidungshilfen und Abnutzungsentschädigungen für die Dienstkleidung der zum Tragen oder Bereithalten von Dienstkleidung Verpflichteten und für dienstlich notwendige Kleidungsstücke der Vollzugsbeamten der Kriminalpolizei; Verpflegungs- und Beköstigungszuschüsse und der Geldwert der im Einsatz unentgeltlich abgegebenen Verpflegung; der Geldwert der freien ärztlichen Behandlung, der freien Krankenhauspflege, des freien Gebrauchs von Kur- und Heilmitteln und der freien ärztlichen Behandlung erkrankter Ehefrauen und unterhaltsberechtigter Kinder. Zum steuerpflichtigen Arbeitslohn gehören außerdem nicht die Geld- und Sachbezüge sowie die Heilfürsorge, die Soldaten aufgrund des Wehrsoldgesetzes und Zivildienstleistende aufgrund des Gesetzes über den Zivildienst erhalten.

73 Leisten Sie als Wehrpflichtiger Ihren Wehrdienst?

Der zur Erfüllung der Wehrpflicht einberufene Wehrpflichtige und seine Familienangehörigen erhalten Leistungen zur Sicherung ihres Lebensbedarfs nach dem Unterhaltssicherungsgesetz. Nach Maßgabe dieses Gesetzes sind die Leistungen steuerfrei.

74 Sind Sie als Entwicklungshelfer tätig?

Bestimmte Leistungen, die aufgrund des Entwicklungshelfer-Gesetzes gewährt werden, sind steuerfrei.

75 Erhalten Sie ein Stipendium?

Stipendien, die unmittelbar aus öffentlichen Mitteln oder von zwischenstaatlichen oder überstaatlichen Einrichtungen, denen die Bundesrepublik Deutschland als Mitglied angehört, zur Förderung der Forschung oder zur Förderung der wissenschaftlichen oder künstlerischen Ausbildung oder Fortbildung gewährt werden, sind steuerfrei. Das gleiche gilt für Stipendien, die zu den genannten Zwecken von einer Einrichtung, die von einer Körperschaft des öffentlichen Rechts errichtet ist oder verwaltet wird, oder von einer Körperschaft, Personenvereinigung oder Vermögensmasse, die ausschließlich und unmittelbar kirchlichen, gemeinnützigen oder mildtätigen Zwecken dient, gegeben werden. Voraussetzung für die Steuerfreiheit ist, daß

a) die Stipendien einen für die Erfüllung der Forschungsaufgabe oder für die Bestreitung des Lebensunterhalts und die Deckung des Ausbildungsbedarfs erforderlichen Betrag nicht übersteigen und nach den von dem Geber erlassenen Richtlinien vergeben werden,

b) der Empfänger im Zusammenhang mit dem Stipendium nicht zu einer bestimmten wissenschaftlichen oder künstlerischen Gegenleistung oder zu einer Arbeitnehmertätigkeit verpflichtet ist,

c) bei Stipendien zur Förderung der wissenschaftlichen oder künstlerischen Fortbildung im Zeitpunkt der erstmaligen Gewährung eines solchen Stipendiums der Abschluß der Berufsausbildung des Empfängers nicht länger als 10 Jahre zurückliegt.

Stipendien zur unmittelbaren Förderung der Forschung sind nur insoweit steuerfrei, als die Mittel verwendet werden, um die sachlichen Voraussetzungen zur Erfüllung einer Forschungsaufgabe zu schaffen

(Sachbeihilfe), z. B. Beschaffung der erforderlichen Rohstoffe, Apparate, Bücher, Miete der notwendigen Räume, Bezahlung der erforderlichen Hilfskräfte. Umfassen solche Stipendien eine Beihilfe, die für die persönliche Lebenshilfe des Empfängers bestimmt ist, so ist dieser Teil des Stipendiums steuerpflichtig.

Stipendien zur Förderung der wissenschaftlichen oder künstlerischen Ausbildung oder Fortbildung sind steuerfrei, gleichgültig, ob sie zur Bestreitung des Lebensunterhalts des Empfängers oder für den durch die Ausbildung oder Fortbildung verursachten Aufwand bestimmt sind. Voraussetzung ist jedoch, daß ein solches Stipendium uneigennützig gegeben wird, der Empfänger sich also nicht zu einer Arbeitnehmertätigkeit verpflichten muß (s. oben b). Die Steuerfreiheit eines Ausbildungs- oder Fortbildungsstipendiums wird nicht berührt, wenn daneben eine Sachbeihilfe zur Durchführung einer Forschungsaufgabe gewährt wird.

76 Erhalten Sie eine Beihilfe aus öffentlichen Mitteln für Zwecke der Erziehung oder Ausbildung oder für Zwecke der Wissenschaft oder Kunst?

Bezüge aus öffentlichen Mitteln oder aus Mitteln einer öffentlichen Stiftung, die wegen Hilfsbedürftigkeit oder als Beihilfe zu dem Zweck bewilligt werden, die Erziehung oder Ausbildung, die Wissenschaft oder Kunst unmittelbar zu fördern, sind steuerfrei. Darunter fallen nicht Kinderzuschläge und Kinderbeihilfen, die aufgrund der Besoldungsgesetze, besonderer Tarife oder ähnlicher Vorschriften gewährt werden. Zu den steuerfreien Erziehungs- und Ausbildungsbeihilfen gehören z. B. die im Hinblick auf ein künftiges Dienstverhältnis gewährten Studienbeihilfen, die Leistungen nach dem Bundesausbildungsförderungsgesetz sowie die Ausbildungszuschüsse nach dem Soldatenversorgungsgesetz, nach dem Bundespolizeibeamtengesetz und entsprechende Leistungen aufgrund der Beamtengesetze der Länder.

77 Erhalten Sie Zuwendungen als Künstler?

Der Ehrensold für Künstler sowie Zuwendungen aus Mitteln der Deutschen Künstlerhilfe sind steuerfrei, wenn es sich um Bezüge aus öffentlichen Mitteln handelt, die wegen der Bedürftigkeit des Künstlers gezahlt werden.

78 Arbeiten Sie im Druckereigewerbe?

Die hier üblichen »Antrittsgebühren« sind steuerfrei. Die tarifliche Entschädigung für Arbeit, die außerhalb der betrieblichen Arbeitszeit liegt, ist Zuschlag für Nachtarbeit (vgl. Nr. 41).

79 Arbeiten Sie im Ausland?

Der Arbeitslohn unterliegt nicht der deutschen Lohnsteuer, wenn er bereits im Ausland besteuert wird und mit dem betreffenden Staat ein sog. Doppelbesteuerungsabkommen besteht. Dann ist aber der Progressionsvorbehalt zu beachten. Besteht kein Doppelbesteuerungsabkommen, ist die Steuerermäßigung durch Anrechnung der gezahlten ausländischen Steuer anzuwenden.

Darüber hinaus wird bei einer Tätigkeit im Ausland unter folgenden Voraussetzungen von der Besteuerung des Arbeitslohns abgesehen:

1. Begünstigt ist insbesondere: das Planen, Errichten, Erweitern usw. von Fabriken, großen Maschinenanlagen u. ä., dann das Aufsuchen und Gewinnen von Bodenschätzen.
2. Die Auslandtätigkeit muß mindestens 3 Monate dauern. Wegen der Einzelheiten muß auf den Auslandtätigkeitserlaß (neuer Montageerlaß) hingewiesen werden. (Bundessteuerblatt 1983 I S. 470).

80 Zahlt Ihnen Ihr Arbeitgeber bei einer Auslandstätigkeit einen Kaufkraftausgleich?

In Anlehnung an eine entsprechende Regelung für den öffentlichen Dienst ist bei Arbeitnehmern, die für einen begrenzten Zeitraum in das Ausland entsandt werden und die dort einen Wohnsitz oder ihren gewöhnlichen Aufenthalt haben, der ihnen vom inländischen Arbeitgeber gewährte Kaufkraftausgleich in bestimmtem Umfang steuerfrei. Die für die einzelnen Länder in Betracht kommenden Kaufkraftzuschläge werden laufend im Bundessteuerblatt Teil I bekanntgegeben.

81 Beziehen Sie Einkünfte in der DDR oder in Ost-Berlin?

Diese Einkünfte sind steuerfrei.

Werbungskosten

82 Wollen Sie sich darüber informieren, was man unter Werbungskosten versteht?

Die Lohnsteuerrichtlinien definieren diesen Begriff folgendermaßen: Zu den Werbungskosten gehören alle Aufwendungen, die durch den Beruf veranlaßt sind. Eine berufliche Veranlassung setzt voraus, daß objektiv ein Zusammenhang mit dem Beruf besteht und in der Regel subjektiv die Aufwendungen zur Förderung des Berufs gemacht werden. Ein Zusammenhang mit dem Beruf ist gegeben, wenn die Aufwendungen in einem wirtschaftlichen Zusammenhang mit der auf Einnahmeerzielung gerichteten Tätigkeit des Arbeitnehmers stehen. Besteht bei Kosten der Lebensführung ein Zusammenhang mit der beruflichen Tätigkeit des Arbeitnehmers, so ist zu prüfen, ob und in welchem Umfang die Aufwendungen ausschließlich beruflichen Zwecken dienen und nichts mit dem Privatleben des Arbeitnehmers zu tun haben.

Werbungskosten können schon durch Eintragung eines steuerfreien Betrags auf der Lohnsteuerkarte berücksichtigt werden; wegen der Besonderheiten in diesem Zusammenhang s. die Ausführungen unter Nr. 5.

Bei allen Arbeitnehmern wird zunächst ein Werbungskosten-Pauschbetrag von 564 DM jährlich berücksichtigt. Dieser Betrag ist in die Lohnsteuertabellen eingearbeitet. Wer darüber hinaus Werbungskosten geltend machen möchte, muß daher grundsätzlich von seinem gesamten Werbungskostenbetrag 564 DM abziehen. Der verbleibende Betrag kann zusätzlich abgesetzt werden.

83 Wollen Sie die Anschaffungskosten eines Wirtschaftsguts als Werbungskosten absetzen?

Wenn als Werbungskosten der Anschaffungspreis eines Wirtschaftsguts in Betracht kommt, dessen Verwendung oder Nutzung durch den Arbeitnehmer zur Erzielung von Arbeitslohn sich erfahrungsgemäß über einen Zeitraum von mehr als einem Jahr erstreckt, so müssen die absetzbaren Anschaffungskosten (einschließlich darin enthaltene Umsatzsteuer!) auf die voraussichtliche Nutzungsdauer verteilt werden. Z. B. können von den Anschaffungskosten für ein ausschließlich beruflich genutztes Auto oder für eine Schreibmaschine jährlich 20–25% abgesetzt werden.

Aus Vereinfachungsgründen kann im Jahr der Anschaffung für die im 1. Halbjahr angeschafften Arbeitsmittel der volle und für die im 2. Halbjahr angeschafften der halbe Jahresbetrag abgezogen werden. Abweichend davon können Aufwendungen für abnutzbare bewegliche Wirtschaftsgüter (z. B. Arbeitsmittel) im Jahr ihrer Verausgabung in voller Höhe als Werbungskosten abgesetzt werden, wenn die Aufwendungen für das einzelne Wirtschaftsgut 800 DM (ohne Umsatzsteuer) nicht übersteigen. Diese Regelung gilt für alle Einkunftsarten.

84 Müssen Sie von Ihrer Wohnung zur Arbeit fahren?

1. Aufwendungen für Fahrten zwischen Wohnung und Arbeitsstätte sind stets Werbungskosten (soweit Ihr Arbeitgeber keinen Ersatz leistet, vgl. Nr. 50). Bei Benutzung eines eigenen Fahrzeugs kann an Stelle der kürzesten Straßenverbindung auch eine andere zugrunde gelegt werden, wenn sie verkehrsgünstiger ist.

Die Fahrtkosten werden auch bei sehr weiter Entfernung (428 km!) berücksichtigt, wenn Dienst und Freizeit nicht täglich, sondern in Blöcken von jeweils mehreren Tagen aufeinanderfolgen (Entscheidungen der Finanzgerichte 1981, S. 287).

Die Wahl des Verkehrsmittels oder der Tarifklasse steht dem Arbeitnehmer frei. Er kann auch ein Taxi benutzen.

Nach der neueren Rechtsprechung können jetzt auch alleinstehende Arbeitnehmer mit 2 Wohnungen die Fahrtkosten zur weiter entfernt liegenden Wohnung steuerlich geltend machen. Voraussetzung ist, daß der Mittelpunkt der Lebensinteressen dort ist (Eltern, Verlobte, Freundeskreis, Vereinszugehörigkeit u. ä.). Er muß sich dort nachhaltig aufhalten.

2. Bei Benutzung eines eigenen Fahrzeugs sind stets nur die gesetzlichen Pauschbeträge zugelassen: 0,36 DM für Pkw und 0,16 DM für Motorräder pro Entfernungskilometer. Wird das Fahrzeug nur für die Hin- oder Rückfahrt benutzt, weil z. B. der Arbeitnehmer mit einem Dienstfahrzeug zurückgebracht oder abgeholt wird, so sind die genannten Beträge zu halbieren. Beim Moped und beim Fahrrad gibt es keinen solchen gesetzlichen Pauschbetrag. Hier können die Sätze für Dienstreisen angewendet werden (0,22 DM für Moped, Mofa, 0,12 DM für Fahrräder je Entfernungskilometer.

3. Von diesem Grundsatz gibt es aber Ausnahmen. Bei der Anwendung der Pauschbeträge ist grundsätzlich die einfache Entfernung

zwischen Wohnung und Arbeitsstätte auch dann maßgebend, wenn der Arbeitnehmer den Weg *mehrfach* zurücklegt, z. B. zur Einnahme des Mittagessens zu Hause. Eine Ausnahme gilt, wenn a) der Arbeitnehmer aus betrieblichen Gründen die Arbeitsstätte zusätzlich außerhalb seiner normalen Arbeitszeit (z. B. abends oder an einem arbeitsfreien Wochenende) aufsuchen muß oder b) der Arbeitnehmer wegen Unterbrechung seiner Arbeitszeit um mindestens vier Stunden zweimal täglich zu seiner Arbeitsstätte fahren muß (z. B. Schauspieler). Im Ausnahmefall zu a) dürfen für derartige Zweitfahrten die tatsächlichen Kosten oder ersatzweise die für sonstige Dienstfahrten maßgebenden Kilometersätze geltend gemacht werden (0,84 DM je Entfernungskilometer für Pkw, 0,36 DM für Motorräder), während im Ausnahmefall zu b) grundsätzlich auch für Zweitfahrten nur die eingangs genannten niedrigen Pauschsätze anzusetzen sind.

4. Was Arbeitsstätte im Sinne von 1. ist, darüber kann es Streit geben. Der Bundesfinanzhof hat hierzu in mehreren Urteilen jetzt typische Fälle klargestellt.

So sind seiner Auffassung nach Fahrten eines Referendars zwischen Wohnung und Ort der Arbeitsgemeinschaft Dienstreisen (Nr. 92, 1.). Die Fahrten zwischen Wohnung und Ausbildungsstation hingegen sind solche zwischen Wohnung und Arbeitsstätte, mit der Folge, daß nur die Pauschbeträge des § 9 Abs. 1 Nr. 4 EStG zugelassen sind. Wird ein in Ausbildung befindlicher Beamter entsprechend seinem Ausbildungsplan nur für einen Monat an eine auswärtige Dienststelle abgeordnet und kehrt er anschließend an die ausbildende Dienststelle zurück, so bleibt diese während der Dauer der Abordnung seine regelmäßige Arbeitsstätte. Für die Fahrten zwischen Wohnung und auswärtiger Dienststelle können die Fahrtkosten in voller Höhe als Werbungskosten abgesetzt werden. Wenn ein lediger Zeitsoldat sowohl in der Kaserne als auch in einer Eigentumswohnung wohnt, die sich ca. 350 km von seinem Standort entfernt befindet und die den örtlichen Mittelpunkt seiner Lebensinteressen darstellt, so kann er seine Aufwendungen für Fahrten von der Wohnung zur Kaserne als Werbungskosten geltend machen.

5. Außergewöhnliche Kosten können nach der Rechtsprechung des Bundesfinanzhofs *neben* den *Pauschbeträgen* angesetzt werden; hierzu gehören aber nicht die Parkgebühren für das Abstellen des Fahrzeugs während der Arbeitszeit; auch nicht anteilige Zinsen für ein Darlehen, das zur Anschaffung des Fahrzeugs aufgenommen wurde, selbst dann nicht, wenn das frühere Kraftfahrzeug auf einer Fahrt von der Wohnung zur Arbeitsstelle zerstört worden ist. Hingegen können Aufwendungen zur Beseitigung von Unfallschäden zusätzlich berücksichtigt werden (vgl. Nr. 188). Voraussetzung ist, daß der Unfall sich in ursächlichem Zusammenhang mit einer beruflichen Fahrt ereignet hat.

Ein solcher Zusammenhang wurde z. B. anerkannt bei der Fahrt von der Baustelle zu einem nahen Gasthaus in der Mittagspause. Wichtig für den Steuerpflichtigen ist, daß die Höhe der Unfallkosten keine Rolle spielt. Abgesetzt kann auch die Wertminderung werden, wenn der Arbeitnehmer das unfallbeschädigte Fahrzeug nicht reparieren läßt. Die Kosten für einen Austauschmotor hingegen können nach der Auffassung des Bundesfinanzhofs nur ausnahmsweise neben den Kilometersätzen geltend gemacht werden (vgl. dazu Nr. 87). Hinwiederum zählen zu den besonders berücksichtigungsfähigen Unfallkosten auch Schadenersatzleistungen, die der Arbeitnehmer unter Verzicht auf die Inanspruchnahme seiner Haftpflichtversicherung selbst getragen hat.

6. Für *Körperbehinderte* gibt es eine Sonderregelung. Der Grad der Behinderung muß mindestens 70% ausmachen oder aber mindestens 50%, wenn außerdem erhebliche Gehbehinderung vorliegt. Dieser Personenkreis kann die tatsächlichen Aufwendungen oder ohne Einzelnachweis die eben genannten höheren Kilometersätze geltend machen, daneben wohl auch die Parkplatzgebühren. Wird ein Körperbehinderter im eigenen Fahrzeug z. B. von seiner Ehefrau befördert, so können auch die tatsächlichen Kosten der sog. Leerfahrten (oder die Pauschsätze nach Nr. 51) in Anspruch genommen werden, sofern der Körperbehinderte nicht selbst fahren kann.

7. Hat ein Arbeitnehmer *mehrere* Wohnungen, so ist diejenige maßgebend, von der aus er sich zur Arbeit begibt; für die weiter entfernt liegende Wohnung gilt nach der Rechtsprechung dies allerdings nur, wenn sich dort der Mittelpunkt der Lebensinteressen befindet.

8. Arbeitnehmer, die einen doppelten Haushalt führen, können wählen, ob sie Fahrten zwischen dem Tätigkeitsort und dem Ort des Mittelpunkts ihrer Lebensinteressen als Fahrten zwischen Wohnung und Arbeitsstätte oder als Familienheimfahrten (Nr. 96) geltend machen wollen. Wählt der Steuerzahler den Abzug als Kosten für Fahrten zwischen Wohnung und Arbeitsstätte, so kann er zusätzlich keine Verpflegungs- und Unterkunftskosten wegen doppelter Haushaltsführung geltend machen.

85 Fahren Sie zu ständig wechselnden Einsatzstellen?

1. Fahrtkosten
Soweit Sie keine regelmäßige Arbeitsstätte haben und nur an wechselnden Einsatzstellen (z. B. Bau- oder Montagestellen) beschäftigt werden, gelten für Ihre Fahrtkosten folgende Besonderheiten.

Benutzt der Arbeitnehmer für seine täglichen Fahrten ein eigenes Kraftfahrzeug und beträgt die Entfernung zur Wohnung jeweils mehr als 30 km, können die hierbei entstehenden Kraftfahrzeugkosten in tatsächlicher Höhe oder ohne Kostennachweis mit den für Dienstreisen und Dienstgänge maßgebenden Kilometersätzen (beim Auto 0,42 DM für jeden gefahrenen Kilometer, 0,18 DM beim Motorrad) als Werbungskosten geltend gemacht werden. Das gilt bei einer längerfristigen Tätigkeit an derselben Einsatzstelle jedoch nur für die ersten drei Monate dieser Tätigkeit. Ab diesem Zeitpunkt gelten die unter Nr. 84 dargestellten Sätze. Urlaub oder Krankheit haben keinen Einfluß auf die Berechnung der Dreimonatsfrist. Ist die Unterbrechung auf andere Ursachen zurückzuführen, beginnt die Frist neu zu laufen, wenn die Unterbrechung mindestens vier Wochen ausmacht. Wird die Einsatzstelle gewechselt, beginnt die Dreimonatsfrist neu zu laufen, wenn die nächste Einsatzstelle mindestens 15 km von der vorigen entfernt liegt.

Liegen die Einsatzstellen nicht mehr als 30 km von der Wohnung entfernt, können Sie für Ihre Fahrten mit dem eigenen Auto nur die in Nr. 84 genannten Pauschbeträge absetzen. Erhalten Sie von Ihrem Arbeitgeber einen Zuschuß, so lesen Sie Nr. 51.

2. Verpflegungsmehraufwand

Mehraufwendungen eines Arbeitnehmers für die Beköstigung sind dann Werbungskosten, wenn er an ständig wechselnden Einsatzstellen beschäftigt ist und ausschließlich aus beruflichen Gründen an einem Arbeitstag mehr als 10 Stunden von seiner Wohnung abwesend ist. Das gilt für den Verpflegungsmehraufwand auch dann, wenn die Tätigkeit an derselben Einsatzstelle über 3 Monate hinausgeht (anders bei den Fahrtkosten, vgl. oben 1). Auch gilt hier die 30 km-Grenze nicht (oben 1). Als Mehraufwendung werden 5 DM täglich anerkannt. Im übrigen gelten die Ausführungen zu Nr. 90 entsprechend.

86 Hatten Sie auf der Fahrt zur Arbeit einen Unfall?

Die Aufwendungen für Fahrten zwischen Wohnung und Arbeitsstätte sind regelmäßig mit dem dafür vorgesehenen Pauschbetrag (s. Nr. 84) abgegolten. Darüber hinaus können nach der ständigen Rechtsprechung Körper- oder Sachschäden, die ein Arbeitnehmer auf dem Weg zwischen Wohnung und Arbeitsstätte erleidet, als Werbungskosten zu berücksichtigen sein, soweit der Arbeitnehmer nicht von dritter Seite (z. B. einer Versicherung) Ersatz erhält. Die Ersatzleistung durch den Arbeitgeber ist für den Arbeitnehmer steuerfrei. Vorstehende Grundsätze gelten auch dann, wenn der Unfall darauf beruht, daß der Steuerpflichtige bewußt und leichtfertig gegen Verkehrsvorschriften

verstoßen hat. Keine Werbungskosten, wenn der Unfall unter Alkohol-
einfluß herbeigeführt wurde! Es kommt auch nicht darauf an, wie hoch
die Unfallkosten sind. Ersetzt der Arbeitgeber die Kosten des Arbeitnehmers für die Benutzung seines eigenen Pkw auf Dienstreisen mit
den Pauschsätzen, so kann der Arbeitnehmer daneben Unfallkosten
geltend machen. Läßt der Arbeitnehmer das beschädigte Fahrzeug
nicht reparieren, so kann er die Wertminderung voll absetzen.

Nach neuerer Auffassung können als Unfallkosten jetzt auch Schadenersatzleistungen berücksichtigt werden, die der Arbeitnehmer unter
Verzicht auf die Inanspruchnahme seiner Haftpflichtversicherung
selbst getragen hat.

Fahren Ehegatten morgens zusammen zur Arbeitsstätte des Ehemannes und benutzt die Ehefrau den Pkw anschließend um zu ihrer
Arbeitsstätte zu fahren, so ist die abendliche Fahrt der Ehefrau zur
Arbeitsstätte des Ehemannes, um ihn dort abzuholen, durch die Berufstätigkeit des Ehemannes veranlaßt. Aufwendungen anläßlich eines
auf der Abholfahrt eingetretenen Unfalls können dann grundsätzlich
als Werbungskosten anerkannt werden; dasselbe gilt für einen Unfall
bei der Fahrt zur Einnahme des Mittagessens in einer Gaststätte in der
Nähe der Arbeitsstelle.

Verläßt ein Arbeitnehmer auf einer Fahrt zwischen seiner Wohnung
und der Arbeitsstätte die normale (verkehrsgünstigste) Fahrtroute, um
sein Fahrzeug zu betanken, und erleidet er auf diesem Umweg einen
Unfall, so können die Unfallkosten nach der Rechtsprechung steuerlich abziehbar sein.

87 Hatten Sie außergewöhnliche Kosten (z. B. Austausch-motor) für Ihr Auto?

Nach der Rechtsprechung sind mit den Kilometer-Pauschbeträgen
gem. Nr. 84 die normalen, voraussehbaren Pkw-Kosten abgegolten
(Versicherung, Steuer, übliche Reparaturen usw.). In den Pauschbeträgen sind dagegen nicht berücksichtigt Unfallkosten und sonstige
Aufwendungen, die ihrer Natur nach außergewöhnlich sind. Die Abgrenzung, ob Reparaturaufwendungen, insbesondere der Austausch
des Motors, zu den gewöhnlichen (Verschleiß) oder zu den außergewöhnlichen Kosten gehören, ist schwierig. Der Bundesfinanzhof lehnt
eine Typisierung ab. Es komme stets auf den Einzelfall an. Damit hat er
allerdings in Kauf genommen, daß es dann auch auf die mehr oder
weniger geschickte Formulierung gegenüber dem Finanzamt an-
kommt.

Der Bundesfinanzhof hat auch die Wertminderung berücksichtigt, die
durch Diebstahl und nachfolgende Beschädigung entstanden ist.

Einem Außendienstmitarbeiter war nachts vor seiner Garage der zu 95% beruflich genutzte Wagen gestohlen worden. Die Polizei hatte ihn später in stark beschädigtem Zustand gefunden. Die Rechtsprechung erkannte die Wertminderung zu 95% als Werbungskosten an.

88 Sind Sie an einer Fahrgemeinschaft beteiligt?

Die steigenden Preise für Treibstoffe verstärken das Interesse an Fahrgemeinschaften. Steuerlich bestimmen die Lohnsteuerrichtlinien dazu folgendes: Bei Mitgliedern von Fahrgemeinschaften, die sich abwechselnd mit ihrem Kraftfahrzeug zu gemeinsamen Fahrten zwischen der Wohnung und der Arbeitsstätte mitnehmen, werden die Entfernungs-Kilometer-Pauschalen i.H. von 0,36 DM nur für die mit dem eigenen Kraftfahrzeug ausgeführten Fahrten berücksichtigt; dabei sind auch Umwegstrecken zur Abholung der Mitfahrer in die Entfernungsberechnung einzubeziehen. Bei einer Fahrgemeinschaft, bei der ständig nur einer der Arbeitnehmer die anderen in seinem Kraftfahrzeug mitnimmt, werden die Kilometer-Pauschbeträge ohne Berücksichtigung von Umwegstrecken nur bei ihm angesetzt. Aufwendungen, die infolge eines Verkehrsunfalls auf einer Umwegstrecke entstehen, werden unabhängig von der Gestaltung der Fahrgemeinschaft als allgemeine Werbungskosten (vgl. Nr. 84) berücksichtigt.

89 Arbeiten Sie an ständig wechselnden Einsatzstellen und kehren Sie nicht täglich nach Hause zurück?

Bisher wurde diese Auswärtstätigkeit als Dienstreise behandelt. Auf Grund der neuen Rechtsprechung des Bundesfinanzhofs muß sie jetzt unter dem Gesichtspunkt der doppelten Haushaltsführung betrachtet werden.

1. Fahrtkosten
Die günstigeren Kilometersätze für Dienstfahrten (0,42 DM für den *gefahrenen* km, vgl. Nr. 92, 1.c) gelten für die ersten drei Monate der auswärtigen Tätigkeit. Voraussetzung ist aber, daß die Entfernung mehr als 30 km beträgt. Wird diese nicht erreicht oder sind die ersten drei Monate abgelaufen, so gilt die Heimfahrtsregelung wie bei der doppelten Haushaltsführung (0,36 DM je *Entfernungs*kilometer). Wegen der Einzelheiten (Körperbehinderung, Besuch der Ehefrau) wird auf Nr. 96 unter 2. verwiesen.

2. Verpflegung
a) für die ersten drei Monate
   bei einem voraussichtlichen Jahresarbeitslohn von
   nicht mehr als 25 000 DM   eine Pauschale von 42 DM täglich,
   mehr als 25 000 DM, aber nicht
   mehr als 50 000 DM   eine Pauschale von 44 DM täglich,
   mehr als 50 000 DM   eine Pauschale von 46 DM täglich;
b) für die Folgezeit
   ohne Einzelnachweis   16 DM täglich;
   Bei mehr als 10stündiger Abwesenheit von der Unterkunft kann
   zusätzlich der Verpflegungspauschbetrag von 5 DM täglich
   (Nr. 85,2.) geltend gemacht werden.

3. Unterkunft
Die notwendigen Kosten, soweit sie nicht überhöht sind.
Im übrigen wird auf Nr. 96 Bezug genommen.

90 Sind Sie aus beruflichen Gründen regelmäßig mehr als 12 Stunden täglich von Ihrer Wohnung abwesend?

Ist der Arbeitnehmer aus beruflichen Gründen an einem Arbeitstag
mehr als 12 Stunden von seiner Wohnung entfernt, so kann er als
Mehraufwendung für Verpflegung 3 DM täglich geltend machen. Was
die beruflichen Gründe angeht, so ist es gleichgültig, ob die Abwesenheit auf Überstunden, schlechten Verkehrsverhältnissen oder anderen
zwingenden Gründen beruht.

Die Anerkennung von Mehraufwendungen für Verpflegung wird durch
die Gewährung kostenloser oder verbilligter Mahlzeiten und durch
Mehrarbeitsvergütung nicht ausgeschlossen, wohl aber, soweit
steuerfreie Verpflegungszuschüsse als Reisekosten bezahlt werden
(Nr. 56).

91 Sind Sie Berufskraftfahrer?

Hier sind zwei Fälle zu unterscheiden.

1. Regelmäßige Arbeitsstätte ist das Fahrzeug und es handelt sich
nicht um eine Dienstreise (Entfernung unter 15 km). Beträgt die Fahrzeit an einem Kalendertag mehr als 6 Stunden, so kann der Berufsfah-
rer einen geschätzten Mehraufwand für Verpflegung von 8 DM täglich
geltend machen. Ist er mehr als 12 Stunden unterwegs, wird der
Mehraufwand mit 16 DM angenommen. Bei mehreren Fahrten über 6
Stunden dürfen höchstens 16 DM insgesamt berücksichtigt werden.

Im Anschluß an die neuere Rechtsprechung unterscheidet die Verwaltung jetzt wie folgt:

a) Die Pauschbeträge können geltend machen
Fernfahrer, Fahrpersonal der Deutschen Bundesbahn, Fahrpersonal im Überland- und Nahverkehr der Deutschen Bundespost, Schlafwagenbegleitpersonal, Omnibusfahrer, Straßenbahn- und Stadtbusfahrer, Taxifahrer, Müllfahrzeugführer und Begleitpersonal, Beton- und Kiesfahrer. Die Aufzählung ist nicht abschließend.

b) Die Pauschbeträge können nicht angewendet werden auf Polizeibeamte im Streifendienst, im Zustelldienst der Deutschen Bundespost, Verkaufsfahrer, Kundendienstmonteure. Auch diese Aufstellung ist nicht abschließend.

Wegen des steuerfreien Ersatzes der Mehraufwendungen vgl. Nr. 5.

2. Die regelmäßige Arbeitsstätte ist am Betriebssitz, und der Fahrer überschreitet die oben genannte 15 Kilometer-Grenze. Hier gelten die Vorschriften über eine Dienstreise, vgl. dazu Nrn. 56 und 92. Eine regelmäßige Arbeitsstätte am Betriebssitz ist anzunehmen, wenn der Arbeitnehmer dort nicht nur fahrertypische Arbeiten (kleinere Wartungen usw.) ausführt. Gemeint sind z. B. Lade- und Lagerarbeiten, Reparaturen, Abrechnungen, Büroarbeiten usw. Es muß sich aus der Häufigkeit des Aufenthalts am Betriebssitz und dem Umfang der dortigen Arbeiten ergeben, daß trotz der ausgedehnten Fahrertätigkeit der Betriebssitz beruflicher Mittelpunkt des Fahrers ist. Darüber hinaus gilt der Betriebssitz auch insoweit stets als Arbeitsstätte, als sich die Fahrten über mehr als einen Tag erstrecken (Fahrt beginnt vor 24 Uhr und endet nach 24 Uhr des nächsten Tages).

Wie schon gesagt, bemessen sich in diesen Fällen die Reisekosten nach den Grundsätzen der Nrn. 56 und 92. Allerdings kommt nach den Lohnsteuerrichtlinien ein steuerfreier Ersatz von Übernachtungskosten nicht in Betracht (Nr. 56), wenn z. B. die vorhandene Schlafkoje benutzt wird.

92 Werden Ihnen Kosten für Dienstreisen oder Dienstgänge im privaten Dienst vom Arbeitgeber nicht oder nicht vollständig ersetzt?

Werden die Kosten einer Dienstreise oder eines Dienstgangs eines Arbeitnehmers durch den Arbeitgeber nicht ersetzt, so sind sie Werbungskosten. Bei nur teilweisem Ersatz gilt dasselbe für die Differenz zwischen den tatsächlichen Kosten und dem vom Arbeitgeber erstatteten Betrag. Das zu beachten ist sehr wichtig, weil z. B. der Kilometersatz (vgl. unten 1. c) häufig nicht die tatsächlichen Kraftfahrzeugkosten abdeckt und manche Arbeitgeber die Kraftfahrzeugkosten der Arbeitnehmer nicht einmal mit den finanzamtlich zulässigen Kilometersätzen erstatten.

Eine *Dienstreise* liegt vor, wenn der Arbeitnehmer aus dienstlichen Gründen in einer Entfernung von mindestens 15 km von seiner regelmäßigen Arbeitsstätte vorübergehend tätig wird (unterhalb dieser Grenze spricht man von einem Dienstgang, vgl. Nr. 93). Sie können die Reise auch von Ihrer Wohnung aus antreten. Allerdings muß dann auch diese mindestens 15 km vom Ort Ihrer Außendiensttätigkeit entfernt liegen.

Die Entfernung bemißt sich bei Benutzung öffentlicher Verkehrsmittel nach der Tarifstrecke, bei Benutzung des Wagens nach der kürzesten Straßenverbindung. Sie dürfen jedoch auch eine weitere Straßenverbindung benützen, wenn diese verkehrsmäßig günstiger ist.

Die Tatsache, daß Sie eine Geschäftsreise unternommen haben. muß sich aus Ihren Unterlagen ergeben (Fahrtenbuch, Hotelrechnungen, Tankstellenquittungen, Korrespondenz u. ä.). Liegt eine Geschäftsreise vor, so können abgesetzt werden:

1. *Fahrtkosten* in tatsächlich entstandener Höhe.
a) Bei Benutzung öffentlicher Verkehrsmittel müssen Sie die Fahrkarten oder Flugscheine usw. als Belege vorlegen können. Ausnahmsweise wird die Glaubhaftmachung durch Vorlage der Korrespondenz oder Reiseberichte genügen.
b) Wird für Dienstreisen oder Dienstgänge ein eigenes Kraftfahrzeug benutzt, so sind sämtliche Aufwendungen für das dienstlichen Zwecken dienende Kraftfahrzeug nachzuweisen; sie sind mit dem Teilbetrag als Werbungskosten abziehbar, der dem Anteil der dienstlich veranlaßten Fahrten an der Gesamtfahrleistung entspricht. In die Feststellung der Gesamtkosten sind auch Zinsen für einen Kredit, der zur Anschaffung des Fahrzeugs aufgenommen wurde, einzubeziehen.
c) Aus den nach b) maßgebenden und für einen repräsentativen Zeitraum nachgewiesenen Gesamtkosten kann auch ein Kilometersatz ermittelt werden, der solange anzuerkennen ist, als sich die Verhältnisse nicht wesentlich ändern. Ein Kilometersatz ist ohne besonderen Nachweis der tatsächlich entstandenen Kosten anzuerkennen, soweit er beim Kraftwagen 0,42 DM, beim Motorrad oder Motorroller 0,18 DM, beim Moped oder Mofa 0,11 DM und beim Fahrrad 0,06 DM für den Kilometer nicht übersteigt. Für die Mitnahme jeder weiteren an der Dienstreise oder an dem Dienstgang teilnehmenden Person ist ohne besonderen Nachweis der tatsächlich entstandenen Kosten bei der Mitnahme im eigenen Kraftwagen ein Kilometersatz von 0,03 DM und bei der Mitnahme auf dem eigenen Motorrad oder Motorroller ein Kilometersatz von 0,02 DM anzuerkennen.

d) Mit den Kilometersätzen von c) sind sämtliche mit dem Betrieb des Fahrzeugs verbundenen Aufwendungen abgegolten mit Ausnahme der bei der Dienstreise oder dem Dienstgang anfallenden Parkgebühren. Für die Berücksichtigung außergewöhnlicher Aufwendungen gilt das zu Nr. 84 unter 5., zu Nr. 86 und 87 Gesagte entsprechend.

2. *Unterbringungskosten* in tatsächlich entstandener Höhe.

Die Kosten des Frühstücks gehören zu den Aufwendungen für Verpflegung (Ziff. 3). Für die Kosten der Unterbringung können Sie, außer bei Auslandsreisen (s. unten), keine Pauschbeträge geltend machen. Das schließt nicht aus, daß die Höhe der Übernachtungskosten geschätzt werden kann, wenn ihre Entstehung dem Grunde nach unbestritten ist (z. B. wenn Sie eine Hotelrechnung verloren haben).

3. *Mehraufwendungen für Verpflegung* aus Anlaß der Dienstreise.

Mehraufwand ist der Betrag, der sich nach Abzug der Haushaltsersparnis von den gesamten Aufwendungen für Verpflegung ergibt. Die Haushaltsersparnis ist mit $\frac{1}{5}$ der Aufwendungen für Verpflegung, höchstens mit 6 DM je Reisetag, anzusetzen. Ein Abzug ist jedoch nur insoweit vorzunehmen, als die unter a) aufgeführten Pauschbeträge nicht unterschritten werden. Für die Berücksichtigung als Betriebsausgaben gibt es zwei Möglichkeiten:

a) Sie brauchen Ihren Mehraufwand nicht nachzuweisen, wenn Sie keine höheren Beträge als die *Pauschbeträge* geltend machen, die Sie der folgenden Tabelle entnehmen.
   Bei einer Reise in die DDR spielt die Höhe der Einkünfte keine Rolle. Es kann grundsätzlich der Pauschbetrag für die höchste Gruppe (Inlandsreise) angesetzt werden.

b) Sie können alternativ *tatsächliche Ausgaben* für Verpflegung im einzelnen nachweisen oder glaubhaft machen. In diesem Fall dürfen Sie Mehraufwendungen für Verpflegung nur bis zur Höhe der Höchstbeträge geltend machen, die Sie der folgenden Tabelle entnehmen können.

4. *Nebenkosten* in der nachgewiesenen oder glaubhaft gemachten Höhe.

Dazu gehören z. B. Kosten für die Beförderung und Aufbewahrung von Gepäck, für Telefon, Telegramme, Porto, Garage, Parkplatz sowie für Verkehrsmittel am Zielort der Reise. Auch Trinkgelder können als Nebenkosten behandelt werden. Abziehbar sind schließlich die Beiträge für eine Reiseunfallversicherung, sofern sie für die beruflich bedingte Reise abgeschlossen wurde.

Bei *Auslandsreisen* können Sie ohne Einzelnachweis die Beträge ansetzen, die Sie der übernächsten Tabelle unter Zugrundelegung der anschließenden Ländergruppeneinteilung entnehmen.

Ein-künfte	Dauer der Reise pro Tag	Verpflegungsmehraufwand (Inland)		
		Geschäfts-/Dienstreise		
		Pausch-betrag eintäg. Reise	Pausch-betrag mehrtäg. Reise	Höchst-betrag bei Einzel-nachweis
bis 25 000 DM	über 12 Std.	31,00	42,00	64,00
	über 10 und bis 12 Std.	24,80	33,60	51,20
	über 7 und bis 10 Std.	15,50	21,00	32,00
	über 5 und bis 7 Std.	9,30	12,60	19,20
bis 50 000 DM	über 12 Std.	33,00	44,00	64,00
	über 10 und bis 12 Std.	26,40	35,20	51,20
	über 7 und bis 10 Std.	16,50	22,00	32,00
	über 5 und bis 7 Std.	9,90	13,20	19,20
über 50 000 DM	über 12 Std.	35,00	46,00	64,00
	über 10 und bis 12 Std.	28,00	36,80	51,20
	über 7 und bis 10 Std.	17,50	23,00	32,00
	über 5 und bis 7 Std.	10,50	13,80	19,20

Auslandsreisen

Verpflegungsmehraufwand (Satz des vollen Pauschbetrages)	Einkünfte	Ländergruppen							
		I		II		III		IV	
		pauschal	Einzelnachweis bis zu	pauschal	Einzelnachweis bis zu	pauschal	Einzelnachweis bis zu	pauschal	Einzelnachweis bis zu
10/10	bis 40 000 DM	45,00	70,00	60,00	92,00	75,00	113,00	90,00	134,00
	über 40 000 DM	50,00		66,00		81,00		96,00	
8/10	bis 40 000 DM	36,00	56,00	48,00	73,60	60,00	90,40	72,00	107,20
	über 40 000 DM	40,00		52,80		64,80		76,80	
5/10	bis 40 000 DM	22,50	35,00	30,00	46,00	37,50	56,50	45,00	67,00
	über 40 000 DM	25,00		33,00		40,50		48,00	
3/10	bis 40 000 DM	13,50	21,00	18,00	27,60	22,50	33,90	27,00	40,20
	über 40 000 DM	15,00		19,80		24,30		28,80	
Übernachtung	bis 40 000 DM	41,00	–	55,00	–	69,00	–	84,00	–
	über 40 000 DM	46,00		60,00		74,00		89,00	

Ermittlung des Pauschbetrages bei Auslandsreisen:
Je nach Dauer der Reise wird der Pauschbetrag in Höhe von 10/10, 8/10, 5/10 oder 3/10 angesetzt. Diese Werte werden anhand der folgenden Übersicht ermittelt.

Eintägige Reise:

Reisedauer von

– mehr als 12 Std.:   10/10 des vollen Tagegeldes
– nicht mehr als 12, aber mehr als 10 Std.: 8/10 des vollen Tagegeldes
– nicht mehr als 10, aber mehr als 7 Std.:   5/10 des vollen Tagegeldes
– nicht mehr als 7, aber mehr als 5 Std.:   3/10 des vollen Tagegeldes

Mehrtägige Reise:

Reiseantritt	Rückkehr	Satz
vor 12 Uhr	nach 12 Uhr	10/10
ab 12 Uhr, aber vor 14 Uhr	nach 10 Uhr, aber bis 12 Uhr	8/10
ab 14 Uhr, aber vor 17 Uhr	nach 7 Uhr, aber bis 10 Uhr	5/10
ab 17 Uhr, aber vor 19 Uhr	nach 5 Uhr, aber bis 7 Uhr	3/10

Ländergruppeneinteilung

Land	Gruppe	Land	Gruppe	Land	Gruppe
Ägypten*	IV	Irland	IV	Panama	IV
Äquatorialguinea	II	Island	IV	Papua-Neuguinea	IV
Äthiopien, Sozialistisches*	III	Israel	IV	Paraguay	I
Afghanistan	IV	Italien	III	Peru	I
Algerien	IV	Jamaika*	III	Philippinen	II
Andorra	I	Japan	IV	Polen*	I
Angola	IV	Jemen*	IV	Portugal	I
Argentinien	II	Jemen, Demokratischer	IV	Ruanda	IV
Australien	III	Jordanien*	IV	Rumänien	I
Bahamas	IV	Jugoslawien*	I	Sambia*	II
Bahrain	IV	Kamerun	IV	Samoa	I
Bangladesch	III	Kamputschea, Demokratisches	II	San Marino	III
Barbados	IV	Kanada	III	Sao Tomé u. Principe	I
Belgien	III	Katar	IV	Saudi-Arabien*	IV
Benin	III	Kenia*	II	Schweden	IV
Birma	I	Kolumbien*	II	Schweiz	III
Bolivien	II	Kongo*	IV	Senegal	IV
Botsuana	I	Korea, Republik*	IV	Sierra Leone	II
Brasilien	I	Kuba	II	Simbabwe	I
Brunei Darussalam	IV	Laotische Demokratische		Singapur*	IV
Bulgarien	I	Volksrepublik*	IV	Somalia	I
Burkina Faso	II	Lesotho	I	Sowjetunion*	III
Burundi	IV	Libanon	I	Spanien	I
Chile	I	Liberia	IV	Sri Lanka*	III
China*	II	Libysch-Arabische		Sudan*	I
China Taiwan*	IV	Dschamahirija	IV	Südafrika	II
Costa Rica	I	Liechtenstein	III	Swasiland	II
Dänemark	III	Luxemburg	II	Syrien	IV
Dominikanische Republik	I	Madagaskar	I	Tansania	IV
Dschibuti	IV	Malawi*	II	Thailand*	IV
Ecuador	I	Malaysia*	IV	Togo	IV
Elfenbeinküste	IV	Mali	IV	Trinidad und Tobago	IV
El Salvador	I	Malta	I	Tschad	III
Finnland	IV	Marokko	II	Tschechoslowakei	I
Frankreich	III	Mauretanien	IV	Türkei	I
Gabun	IV	Mauritius	I	Tunesien	III
Gambia	I	Mexiko	I	Uganda	I
Ghana*	IV	Monaco*	II	Ungarn*	I
Griechenland	I	Mongolei	I	Uruguay	I
Großbritannien u. Nordirland	IV	Mosambik	III	Vatikanstadt	III
Guatemala	I	Namibia	II	Venezuela	I
Guinea	IV	Nepal	I	Vereinigte Arabische	
Guinea-Bissau	I	Neuseeland	II	Emirate*	IV
Guyana	II	Nicaragua*	II	Vereinigte Staaten	
Haiti	IV	Niederlande	II	von Amerika	IV
Honduras*	II	Niger	IV	Vietnam*	IV
Hongkong	II	Nigeria*	IV	Zaire	III
Indien*	I	Norwegen	IV	Zentralafrikanische	
Indonesien	IV	Österreich	I	Republik	IV
Irak*	IV	Oman	IV	Zypern	I
Iran, Islamische Republik	IV	Pakistan	II		

Für die in der Übersicht nicht erfaßten Länder ist die Ländergruppe II maßgebend; für die nicht aufgeführten Übersee- und Außengebiete eines Landes ist jedoch die Ländergruppe des Mutterlandes maßgebend.

Für die mit * gekennzeichneten Länder wurden aufgrund der Änderung der Preisverhältnisse Zu- bzw. Abschläge festgesetzt. Gegebenenfalls erkundigen Sie sich danach bei Ihrem Steuerberater oder beim Finanzamt.

93 Sind Sie beruflich außerhalb Ihrer Arbeitsstelle tätig, und zwar länger als fünf Stunden, aber weniger als 15 km entfernt?

In diesem Fall liegt zwar keine Dienstreise (Nr. 92) vor, aber immerhin ein sog. Dienstgang. Sie können Ihre Mehraufwendungen für Verpflegung ohne Einzelnachweis bis zu 3 DM, mit Einzelnachweis bis zu höchstens 19 DM geltend machen.

94 Wurden Sie als Soldat zur Ausbildung usw. außerhalb Ihres Standortes tätig?

Die Aufwendungen von Berufs- und Zeitsoldaten, die zur Ausbildung, Weiterbildung oder zu Übungen für mehrere Wochen oder Monate auswärts tätig werden und anschließend wieder an den Standort zurückkehren, können nach den für Dienstreisen geltenden Grundsätzen geltend gemacht werden (vgl. Nr. 92).

Unentgeltliche Verpflegung muß allerdings angerechnet werden. Immerhin können auch bei Vollverpflegung noch 25% der Pauschale (Nr. 92) geltend gemacht werden.

95 Haben Sie Umzugskosten?

Kosten, die einem privaten Arbeitnehmer durch einen dienstlich veranlaßten Umzug an einen anderen Ort entstehen, sind Werbungskosten, soweit sie vom Arbeitgeber nicht ersetzt werden. Ein dienstlicher Anlaß ist auch der erstmalige Antritt einer Stellung oder ein Wechsel des Arbeitgebers. Bei Umzügen am Ort kann eine dienstliche Veranlassung nur anerkannt werden, wenn der Arbeitgeber den Umzug aus dienstlichen Gründen fordert, z.B. weil eine Dienstwohnung bezogen oder geräumt werden muß.

Der Bundesfinanzhof erkennt neuerdings aber einen freiwilligen Umzug als beruflich bedingt dann an, wenn der Weg zur Arbeitsstätte erheblich verkürzt wird. Liegt diese Voraussetzung vor (erhebliche Verkürzung des Weges), so ist es steuerlich auch unschädlich, wenn es sich bei der neuen Wohnung um das vom Steuerpflichtigen gekaufte eigene Haus handelt.
Diese Entscheidung ist sicher auch auf den öffentlichen Dienst anwendbar. Eine Umzugserstattung wird einem Beamten in einem solchen Fall nicht zustehen, er wird die Kosten aber als Werbungskosten geltend machen können.

Die Umzugskosten können als Werbungskosten bis zur Höhe der Beträge anerkannt werden, die ein vergleichbarer Bundesbeamter bei Versetzung aus dienstlichen Gründen oder Wohnungswechsel auf dienstliche Anordnung als Umzugskostenvergütung erhalten würde. Nach dem Bundesumzugskostengesetz sind abzugsfähig: die Beförderungs-, Reise- und Vorbereitungskosten; u. U. Mietzahlungen, wenn sich alte und neue Miete überschneiden; bestimmte Auslagen für die neue Wohnung; Unterricht bis zu bestimmten Höchstbeträgen für die Kinder; sonstige Umzugsauslagen in nachgewiesener Höhe oder in Form eines Pauschbetrags, und zwar

bei einem Jahresarbeitslohn	Ledige	Verheiratete
bis 25 000 DM	450 DM	750 DM
25 001 DM – 35 000 DM	525 DM	900 DM
35 001 DM – 50 000 DM	600 DM	1050 DM
mehr als 50 000 DM	675 DM	1200 DM

Die Pauschbeträge erhöhen sich um 180 DM für den Ehegatten, für jedes Kind und für jede weitere zum Haushalt des Umziehenden gehörende Person. Bei einem Umzug am Ort können allerdings nur 20% der Pauschbeträge geltend gemacht werden. Die neuen Pauschbeträge gelten für Umzüge, die nach dem 31. 1. 1986 beendet wurden: Werden von dem privaten Arbeitnehmer höhere Aufwendungen geltend gemacht, so muß, auch wenn ein dienstlich veranlaßter Umzug vorliegt, im einzelnen geprüft werden, ob und inwieweit es sich bei den geltend gemachten Beträgen um anzuerkennende Werbungskosten oder um nichtabzugsfähige Kosten der Lebensführung, z. B. um die Neuanschaffung von Einrichtungsgegenständen, handelt.

96 Haben Sie zusätzliche Kosten wegen doppelter Haushaltsführung?

Ist ein Arbeitnehmer außerhalb des Orts beschäftigt, an dem er einen eigenen Hausstand unterhält, so entstehen ihm zwangsläufig Mehraufwendungen, wenn er am Beschäftigungsort wohnt und nicht täglich an den Ort des eigenen Hausstands zurückkehrt. Die notwendigen Mehraufwendungen, soweit sie vom Arbeitgeber nicht steuerfrei ersetzt werden, sind Werbungskosten; Die Begründung des doppelten Haushalts muß durch das Dienstverhältnis veranlaßt sein. Ein beruflicher Anlaß liegt in der Regel vor bei einer Versetzung, beim erstmaligen Antritt einer Stellung oder bei einem Wechsel des Arbeitgebers.

Auch die nachträgliche Begründung eines doppelten Haushalts kann beruflich veranlaßt sein.

Das Finanzgericht München hat entschieden (Entscheidungen der Finanzgerichte 1987, S. 73), daß auch zwischen den Partnern einer eheähnlichen Lebensgemeinschaft ein gemeinsamer Hausstand begründet sein kann, so daß die Vorschriften über die doppelte Haushaltsführung angewendet werden können.

Als abziehbare Werbungskosten kommen insbesondere in Betracht:

1. die tatsächlichen *Fahrtkosten* für die erste Fahrt zum Beschäftigungsort und für die letzte Fahrt vom Beschäftigungsort zum Ort des eigenen Hausstands. Wird für diese Fahrten ein eigenes Kraftfahrzeug benutzt, so sind die einschlägigen Bestimmungen über den Werbungskostenabzug für Dienstreisekosten anwendbar, die unter Nr. 92, 1. wiedergegeben sind;

2. die Fahrtkosten für jeweils eine *Familienheimfahrt* wöchentlich. Für die Fahrtkosten bei Benutzung eines eigenen Kraftfahrzeugs gelten die Pauschbeträge, die bei Fahrten zwischen Wohnung und Arbeitsstätte anzuwenden sind (vgl. Nr. 84). Eine Ausnahme gilt auch hier für erheblich Körperbehinderte (oben Nr. 84). Sie können, sofern sie keine höheren Aufwendungen nachweisen, für Familienheimfahrten 0,42 DM je km für einen Kraftwagen und 0,18 DM für ein Motorrad geltend machen. Ist der Ehemann dienstlich unabkömmlich, können die Reisekosten für den Besuch von Ehefrau und Kindern Werbungskosten sein. Dies gilt jedenfalls soweit, als sie sich im Rahmen der steuerwirksam möglichen Familienheimfahrten bewegen;

3. die notwendigen *Mehraufwendungen für Verpflegung,* und zwar
   a) für die ersten zwei Wochen seit Beginn der Tätigkeit ohne Einzelnachweis mit folgenden Pauschbeträgen bei einem voraussichtlichen Jahresarbeitslohn von

nicht mehr als 25 000 DM	42 DM täglich,
mehr als 25 000 DM, aber nicht mehr als 50 000 DM	44 DM täglich;
mehr als 50 000 DM	46 DM täglich;

   b) für die Folgezeit ohne Einzelnachweis 16 DM täglich; (mit Einzelnachweis bis maximal 22 DM).

4. die notwendigen Kosten der Unterkunft am inländischen Beschäftigungsort in nachgewiesener Höhe, soweit sie nicht überhöht sind;

5. Befindet sich die Arbeitsstätte im Ausland, so werden anerkannt:
   a) für die ersten zwei Wochen seit Beginn der Tätigkeit am ausländischen Beschäftigungsort die notwendigen Mehraufwendun-

gen für Verpflegung und die notwendigen Kosten der Unterbringung am Beschäftigungsort ohne Einzelnachweis wie folgt:

Verpflegungspauschalen Voraussichtlicher Jahresarbeitslohn	Auslandstätigkeiten in Ländern der Ländergruppe (vgl. Nr. 92)			
	I DM	II DM	III DM	IV DM
bis 40 000 DM	45	60	75	90
über 40 000 DM	50	66	81	96

Übernachtungspauschalen Voraussichtlicher Jahresarbeitslohn	Auslandstätigkeiten in Ländern der Ländergruppe (vgl. Nr. 92)			
	I DM	II DM	III DM	IV DM
bis 40 000 DM	41	55	69	84
über 40 000 DM	46	60	74	89

b) für die Folgezeit die notwendigen Mehraufwendungen für Verpflegung und die notwendigen Kosten der Unterbringung am Beschäftigungsort ohne Einzelnachweis jeweils mit 40 v. H. des für das jeweilige Land nach Nr. 92 maßgebenden Auslandstagegeldes und Auslandsübernachtungsgeldes. Dies ergibt folgende Pauschbeträge:

Verpflegungspauschalen Voraussichtlicher Jahresarbeitslohn	Auslandstätigkeiten in Ländern der Ländergruppe			
	I DM	II DM	III DM	IV DM
bis 40 000 DM	18,00	24,00	30,00	36,00
über 40 000 DM	20,00	26,40	32,40	38,40

Übernachtungspauschalen Voraussichtlicher Jahresarbeitslohn	Auslandstätigkeiten in Ländern der Ländergruppe			
	I DM	II DM	III DM	IV DM
bis 40 000 DM	16,40	22,00	27,60	33,60
über 40 000 DM	18,40	24,00	29,60	35,60

6. Abweichend von oben 1. und 5. können auch die tatsächlichen höheren Verpflegungsmehraufwendungen bzw. Übernachtungskosten geltend gemacht werden. Wegen der hierbei zu beachtenden Höchstbeträge und der Haushaltsersparnis wird auf Nr. 92 verwiesen. Der Steuerpflichtige muß sich für jedes Jahr entscheiden, welche Methode (Pauschale oder tatsächliche Aufwendungen) er anwenden will.

7. Nach einem Urteil des Finanzgerichts Nürnberg sind auch die

Kosten der Telefongespräche mit der Ehefrau am Hauptwohnsitz abzugsfähig. (Entscheidungen der Finanzgerichte 1986, S. 340).

8. Besonderheiten gelten für Arbeitnehmer ohne eigenen Hausstand.

97 Haben Sie Kosten für Berufskleidung?

Aufwendungen für übliche Berufskleidung sind Werbungskosten. In Frage kommt z. B. die Arbeitskleidung von Schlossern, Tankwarten, Verkäuferinnen, Ärzten, Richtern usw. Der Bundesfinanzhof hat jetzt auch den ihm vom Arbeitgeber vorgeschriebenen schwarzen Anzug eines Oberkellners anerkannt. Auch die schwarzen Röcke einer Serviererin wurden anerkannt. Absetzbar sind auch die Kosten für Reinigen und Ausbessern der Arbeitskleidung. Das Finanzgericht Berlin hat einem Berufsschullehrer pro Waschgang in seiner privaten Waschmaschine 1,40 DM anerkannt (Entscheidungen der Finanzgerichte 1982 S. 463). Ohne Nachweis erkennt die Finanzverwaltung im allgemeinen 150 DM bis 200 DM an; Beiträge des Arbeitgebers zur Anschaffung der Berufskleidung müssen auf den Werbungskostenbetrag angerechnet werden. Absetzbar sind andererseits Beiträge zu Kleiderkassen.

98 Benützen Sie in der eigenen Wohnung ein Arbeitszimmer?

Auch wenn Sie in Ihrem Betrieb einen ausreichenden Arbeitsplatz zur Verfügung haben, können Sie sich zu Hause ein Arbeitszimmer einrichten.

I. Voraussetzung ist, daß Sie den betreffenden Raum Ihrer Wohnung so gut *wie ausschließlich beruflich nutzen.* Bei der Beurteilung dieses wichtigen Kriteriums geht das Finanzamt von folgenden Gesichtspunkten aus:

1. Gegen eine so gut wie ausschließlich berufliche Nutzung des Raumes spricht es in der Regel, wenn die übrigen Räume der Wohnung für Ihre und Ihrer Familie Wohnbedürfnisse unter Berücksichtigung Ihrer gesellschaftlichen Stellung nicht als ausreichend angesehen werden können.

2. Von Bedeutung ist ferner, ob das Arbeitszimmer von den übrigen Räumen derart getrennt ist, daß eine ausschließlich berufliche Nutzung tatsächlich überhaupt möglich erscheint. So ist dann, wenn das Arbeitszimmer vom Wohnzimmer nicht durch eine Türe abgeschlossen ist, nicht gewährleistet, daß beide Räume getrennt genutzt werden

können. Ebenso ist eine schädliche private Mitbenutzung grundsätzlich auch dann anzunehmen, wenn es sich bei dem Arbeitszimmer um ein Durchgangszimmer, also um ein solches Zimmer handelt, das durchquert werden muß, um andere privat genutzte Räume der Wohnung zu erreichen. In derartigen Fällen kann die private Nutzung nur dann als von untergeordneter Bedeutung angesehen werden, wenn es sich bei den Räumen, die nur durch das Arbeitszimmer erreicht werden können, um solche handelt, die ihrerseits im Rahmen der Wohnung von untergeordneter Funktion sind (z. B. Abstellräume oder nicht besonders gut ausgebaute Balkone).

3. Geht die Einrichtung des Arbeitszimmers über dasjenige hinaus, was zur Erledigung der anfallenden beruflichen Arbeiten erforderlich ist, kann dies für eine schädliche private Mitbenutzung sprechen. Davon ist insbesondere dann auszugehen, wenn in dem Arbeitszimmer Gegenstände untergebracht sind, bei denen eine private Nutzung besonders nahe liegt (z. B. Fernsehgerät oder Musikinstrumente).

4. Im Rahmen der gegebenenfalls erforderlichen Ermittlung der tatsächlichen Verhältnisse wird das Finanzamt in Ausnahmefällen auch eine Ortsbesichtigung durchführen.

II. Abzugsfähige Aufwendungen sind insbesondere die Miete, Kosten für die Heizung, Beleuchtung, Reparaturen und Reinigung. Wegen der Aufwendungen für die Einrichtung siehe die Nr. 83. Befindet sich das Arbeitszimmer im eigenen Haus, so können Sie auch die anteiligen Abschreibung (Nr. 229, Ziff. 2), Grundsteuer und Hausversicherung, sowie eventuelle anteilige Schuldzinsen geltend machen.

III. Sind die Aufwendungen für das Arbeitszimmer dem Grunde nach anzuerkennen, so gilt für die *Berücksichtigung der Höhe nach* folgendes:

1. Befindet sich das Arbeitszimmer in einer gemieteten Wohnung, so kann in der Regel die im Verhältnis zu der gesamten Wohnfläche gezahlte anteilige Miete berücksichtigt werden. Das gilt nicht, wenn sich das Arbeitszimmer in Gebäudeteilen befindet, die bei der Bemessung der Gesamtmiete erkennbar als nicht mit den üblichen Räumen gleichwertig anzusehen sind (z. B. Keller- oder Dachbodenräume).

2. Befindet sich das Arbeitszimmer in Ihrem eigenem Haus, so ist Aufteilungsmaßstab für solche Aufwendungen, die nicht konkret dem Arbeitszimmer allein zugeordnet werden können, das Verhältnis der Fläche des Arbeitszimmers zu der Wohnfläche (ohne Berücksichtigung von Nebenräumen).

3. Die Aufwendungen für Wasser, Strom, Heizung und Reinigung werden grundsätzlich ebenfalls im Verhältnis zur Wohnfläche aufgeteilt.

99 Benützen Sie Ihr Telefon auch zu beruflichen Zwecken?

Wenn das Telefon auch zu beruflichen Zwecken benützt wird, so können die dadurch verursachten Kosten als Betriebsausgaben abgesetzt werden. Nach der Rechtsprechung ist jetzt sogar eine Schätzung möglich. Ein Arbeitnehmer hatte sein Telefon auch beruflich genutzt, ohne irgendwelche Aufzeichnungen darüber zu machen. Der Bundesfinanzhof hält das Finanzamt in solchen Fällen für verpflichtet, den beruflichen Anteil (als Werbungskosten) aufgrund der Angaben des Steuerpflichtigen griffweise zu schätzen. Auch eine Aufteilung der Telefongrundgebühr entsprechend dem nachgewiesenen oder geschätzten Verhältnis der beruflich und privat geführten Gespräche ist zulässig.

100 Benützen Sie Geräte Ihres Haushalts zu beruflichen Zwecken?

Bei Wirtschaftsgütern, deren Nutzung im privaten Lebensbereich üblich ist, z.B. Waschmaschine, Heimbügler, Kühlschrank, Rundfunk-, Tonband- und Fernsehgerät, Schreibmaschine, Tageszeitung, Lexikon und andere Bücher, ist im allgemeinen davon auszugehen, daß sie auch für private Zwecke angeschafft worden sind. Ein betrieblicher oder beruflicher Anteil kann nur dann berücksichtigt werden, wenn sein Umfang anhand objektiv nachprüfbarer Merkmale leicht und einwandfrei feststellbar ist und betragsmäßig ins Gewicht fällt. Die Rechtsprechung hat die Anerkennung eines beruflichen Teils bei einem Richter für ein Tonband abgelehnt, eine Schreibmaschine, die »ganz überwiegend« aus dienstlichen Gründen angeschafft wurde, dagegen als Arbeitsmittel anerkannt. Das Nachschlagewerk bei einem Lehrer wurde wiederum ganz zu den Kosten der Lebensführung gerechnet, ebenso ein Flügel bei der Musiklehrerin eines Gymnasiums.

Aufwendungen hingegen eines Englischlehrers für die Anschaffung eines allgemeinen Nachschlagwerkes in englischer Sprache wurden als Werbungskosten anerkannt.

101 Haben Sie Führerscheinkosten?

Kosten für die Erlangung eines Führerscheins sind nach der Rechtsprechung dann Werbungskosten, wenn der Führerschein unmittelbare Voraussetzung zur Berufsausübung ist. Dies gilt insbesondere für Taxi- und LKW-Fahrer.

102 Verwenden Sie bei der Arbeit eigenes Werkzeug oder sonstige Arbeitsmittel?

Aufwendungen des Arbeitnehmers für Arbeitsmittel (z.B. Werkzeug, Schreib- und Zeichenmaterial, fotografische Ausrüstung, Tonbandgerät, Musikinstrumente, Kraftfahrzeug usw.) sind Werbungskosten, sofern die angeschafften Gegenstände ausschließlich zur Ausübung des Berufs verwendet werden. Dies gilt nach der Rechtsprechung auch dann, wenn sie ungewöhnlich hoch sind (Elektronenrechner). Die Abgrenzung zu Haushaltsgeräten ist nicht selten schwierig. Auf Nr. 100 wird verwiesen.

Aus Vereinfachungsgründen können die Anschaffungskosten im Jahr ihrer Verausgabung in voller Höhe abgesetzt werden, wenn sie für das einzelne Arbeitsmittel 800 DM einschließlich Umsatzsteuer nicht übersteigen. Anderenfalls muß die Absetzung auf die Nutzungsdauer verteilt werden, vgl. auch Nr. 83.

103 Haben Sie sich aus beruflichen Gründen einen Computer angeschafft?

Die technologische Entwicklung hat dazu geführt, daß immer mehr Arbeitnehmer die Anschaffungskosten eines Computers als Werbungskosten geltend machen. Die Rechtsunsicherheit auf diesem Gebiet ist noch groß. Die Verwaltung hält sich neuerdings an die Regelung, wie sie z.B. von der Oberfinanzdirektion Köln am 26.7. 1985 verfügt wurde:

Ob Aufwendungen für einen Computer als Werbungskosten anerkannt werden können, hängt zunächst davon ab, welche Einsatzmöglichkeiten er eröffnet.

Handelt es sich um einen sog. Spielcomputer (einsteckbare Spielkassetten, fest eingebaute Spiele), so spricht schon der objektive Charakter dafür, daß er nur privat verwendet wird.

Ist der Computer dagegen so beschaffen, daß die Vermutung für eine so gut wie ausschließliche berufliche Nutzung spricht (Aktentaschen- und Pocketcomputer), so sind die Aufwendungen als Werbungskosten anzusehen.

Bei Computern, die typischerweise eine berufliche und eine private Nutzung zulassen (Computer mit Kassetten- oder Diskettenlaufwerk,

Schreibmaschinentastatur, Bildschirm, Drucker), ist die Beurteilung schwieriger. Die Verwaltung geht davon aus, daß die Kosten für solche Geräte Aufwendungen für ein gemischt genutztes Wirtschaftsgut sind. Dabei können die Anschaffungskosten regelmäßig nicht einfach und nach objektiven Maßstäben einem beruflichen und einem privaten Teil zugewiesen werden (Nr. 100). Sie werden also ganz dem Privatbereich zugerechnet. Ausnahmsweise können sie jedoch als Werbungskosten behandelt werden. Für die Beurteilung kommt es insoweit besonders auf folgende Gesichtspunkte an:

1. Der Computer wird mit gekauften, berufsspezifischen Programmen als Arbeitsmittel benutzt (z. B. ein Ingenieur erwirbt Programme für Baustatik).
2. Erstellt der Arbeitnehmer eigene Programme, so muß er über Grundkenntnisse verfügen.
3. Die Ergebnisse des Heimgeräts können im Betrieb technisch weiterverarbeitet werden.
4. Ein hoher finanzieller Aufwand (etwa ab 2000 DM) kann ein Indiz für fast ausschließliche berufliche Nutzung sein.
5. Der Computer steht am Arbeitsplatz.
6. Das Fehlen eines Druckers wird im allgemeinen besonders bei Lehrern gegen eine so gut wie ausschließliche berufliche Nutzung sprechen.
7. Hat der Arbeitnehmer in Ausbildung befindliche Kinder, so kann widerlegbar eine private Mitbenutzung vermutet werden.

Für Lehrer kann es nicht darauf ankommen, ob der Computer am Arbeitsplatz steht. Mehrere Finanzgerichte haben jetzt entschieden, daß es bei einem Lehrer ohne Bedeutung ist, ob der Heimcomputer überhaupt im schulischen Bereich eingesetzt wird. Es genügt, wenn der Computer der Vorbereitung und Übung des Lehrers dient, so daß er im Unterricht vor seinen Schülern bestehen kann (Entscheidungen der Finanzgerichte 1987, S. 554). Sind nach den obigen Kriterien die Kosten als beruflich veranlaßt zu behandeln, so geht die Verwaltung im allgemeinen von einer 5jährigen Nutzungsdauer aus (vgl. Nr. 83).

104 Haben Sie Fachbücher oder Fachzeitschriften gekauft?

Ihre Aufwendungen für Fachliteratur können Sie als Werbungskosten absetzen. Gelegentlich kann die Absetzbarkeit zweifelhaft sein, nämlich dann, wenn Bücher, Zeitungen oder Zeitschriften sowohl beruflichen als auch privaten Interessen dienen können. Hier sind die Kosten dann abzugsfähig, wenn das berufliche Interesse an der Publikation plausibel gemacht werden kann und das private Interesse dagegen völlig in den Hintergrund tritt. Die Kosten für eine Tageszeitung können grundsätzlich nicht steuerlich geltend gemacht werden.

105 Zahlen Sie Beiträge zu einem Berufsverband?

Beiträge zu Berufsständen und sonstigen Fachverbänden (z.B. Gewerkschaften, Beamtenbund, Fachverbände) können als Werbungskosten abgesetzt werden. Der Zweck des Berufsverbands darf allerdings nicht auf einen wirtschaftlichen Geschäftsbetrieb gerichtet sein.

106 Haben Sie aus beruflichen Gründen besondere Repräsentationskosten?

Repräsentationsaufwendungen und Aufwendungen für Ernährung, Kleidung und Wohnung sind in der Regel Kosten der Lebensführung. Besteht aber bei solchen Aufwendungen ein Zusammenhang mit der beruflichen Tätigkeit des Arbeitnehmers, ist zu prüfen, ob und in welchem Umfang die Aufwendungen ausschließlich beruflichen Zwecken dienen und nichts mit dem Privatleben des Arbeitnehmers zu tun haben. Dienen die Aufwendungen ausschließlich beruflichen Zwecken, so sind sie als Werbungskosten zu berücksichtigen. Sind die Aufwendungen nur zum Teil durch berufliche Zwecke veranlaßt und läßt sich dieser Teil der Aufwendungen leicht und einwandfrei von den Aufwendungen trennen, die ganz oder teilweise der privaten Lebensführung dienen, so ist dieser Teil der Aufwendungen als Werbungskosten zu berücksichtigen; er kann gegebenenfalls auch geschätzt werden. Lassen sich die Aufwendungen nach ihrer beruflichen Veranlassung (Werbungskosten) und nach ihrer privaten Veranlassung (Kosten der Lebensführung) nicht leicht und eindeutig trennen und ist die private Veranlassung nicht nur von untergeordneter Bedeutung, z.B. bei Aufwendungen für Körperpflege, so gehören sie nach der Rechtsprechung zu den nicht abziehbaren Ausgaben.

107 Hatten Sie Aufwendungen für beruflich veranlaßte Bewirtung oder Geschenke?

(Leitende) Angestellte können sich häufig derartigen Verpflichtungen nicht entziehen. Im allgemeinen werden solche Aufwendungen als Repräsentationskosten angesehen, die sich aus der gesellschaftlichen Stellung des Steuerpflichtigen ergeben und die damit nicht abzugsfähig sind.

Anders liegt der Fall, wenn die Aufwendungen beruflich veranlaßt sind, d. h. wenn ein objektiver Zusammenhang mit dem Beruf besteht. So hat das Finanzgericht Berlin Kosten eines angestellten Vertreters für Blumen, Zigaretten und Getränke, die er an Kunden seines Arbeitgebers gab, als Werbungskosten anerkannt (Entscheidungen der Finanzgerichte 1981, S. 559).

Zuwendungen an andere Arbeitnehmer desselben Betriebs gehören nach der Rechtsprechung grundsätzlich zu den nichtabsetzbaren Kosten der Lebensführung (z. B. Aufmerksamkeiten an enge Mitarbeiter).

In der Literatur wird aber die Meinung vertreten, daß Geschenke eines Arbeitnehmers an ihm unterstellte Mitarbeiter durchaus beruflichen Charakter haben können (Verbesserung des Arbeitsklimas). Auf den in der Finanzverwaltung verwendeten Kommentar von Hartz, Meeßen, Wolf ABC Führer Lohnsteuer, »Geschenke« wird verwiesen.

108 Haben Sie im beruflichen Interesse Schmiergelder gezahlt?

Die anläßlich der Stellenbewerbung oder im Interesse des Arbeitgebers gezahlten (aber von diesem nicht erstatteten) Schmiergelder sind Werbungskosten. Der Abzug ist aber zu versagen, wenn der Arbeitnehmer nicht auf Verlangen des Finanzamts den Empfänger benennt.

109 Haben Sie beruflich bedingte Kontoführungsgebühren?

Die Rechtsprechung erkennt Kontoführungsgebühren als Werbungskosten insoweit an, als sie durch Gutschriften von Einnahmen aus dem Dienstverhältnis und durch beruflich veranlaßte Überweisungen entstanden sind. Pauschale Kontoführungsgebühren sind ggf. nach dem Verhältnis beruflich und privat veranlaßter Kontenbewegungen aufzuteilen. Die Finanzverwaltung erkennt einen Betrag von 30 DM jährlich ohne Nachweis an. In gleicher Höhe kann der Arbeitgeber steuerfreien Kostenersatz an den Arbeitnehmer leisten. Der Werbungskostenabzug des Arbeitnehmers muß um den erstatteten Betrag gekürzt werden.

110 Suchen Sie eine Anstellung?

Werbungskosten können auch im Hinblick auf ein künftiges Dienstverhältnis entstehen. In Betracht kommen z. B. anläßlich einer Stellungssuche die Kosten für Kopien von Zeugnissen, Zeitungsanzeigen, Porto, Telefongebühren, Vorstellungsbesuche usw., soweit sie dem Stellenbewerber nicht ersetzt werden. Der Berücksichtigung solcher Werbungskosten steht es nicht entgegen, daß ein Arbeitnehmer Arbeitslosengeld oder sonstige, für seinen Unterhalt bestimmte steuerfreie Leistungen erhält (wegen Fortbildungskosten vor Berufsaufnahme vgl. Nr. 121).

111 Haben Sie einen Kredit im Zusammenhang mit Ihrer Berufstätigkeit aufgenommen?

Die Schuldzinsen, die für diesen Kredit gezahlt werden, können dann als Werbungskosten behandelt werden, wenn der Kredit im Zusammenhang mit der Berufstätigkeit aufgenommen wurde. In Betracht kommen z. B. die Schuldzinsen für ein Darlehen zum Erwerb eines Kraftfahrzeugs, das ausschließlich beruflich benutzt wird.

112 Zahlen Sie Versicherungsprämien aus beruflichen Gründen?

Diese Versicherungsprämien können grundsätzlich als Werbungskosten abgezogen werden. In Betracht kommen z. B.: Berufshaftpflichtversicherung (Regreßversicherung). – Kraftfahrzeug-Haftpflichtversicherung, wenn das Kraftfahrzeug beruflich genutzt wird. Siehe auch Nr. 164 – Rechtsschutzversicherung, wenn durch die Berufstätigkeit des Arbeitnehmers bedingt. – Bei einer Kraftfahrzeug-Rechtsschutzversicherung können die Prämien entsprechend dem Anteil der beruflichen Nutzung des Fahrzeugs als Werbungskosten abgesetzt werden. Durch die gesetzlichen Pauschbeträge für Fahrten zwischen Wohnung und Arbeitsstätte sind allerdings auch die Beiträge zur Kraftfahrzeug-Rechtsschutzversicherung abgegolten. – Unfallversicherung, die ausschließlich die mit der beruflichen Tätigkeit in unmittelbarem Zusammenhang stehenden Unfälle umfaßt. – Versicherung von Arbeitsmitteln gegen Feuer und Diebstahl. Prämien zu einer Kaskoversicherung werden anteilig als Werbungskosten behandelt, soweit sie auf berufliche Fahrten entfallen. Werden allerdings Kilometer-Pauschalen geltend gemacht (Nrn. 84, 92, 96) so sind die Prämien mit diesen Pauschbeträgen abgegolten.

113 Sind Sie im Kassendienst beschäftigt und erhalten Sie keine Fehlgeldentschädigung?

Wenn der Arbeitnehmer die Fehlgelder aus eigener Tasche ersetzen muß, so können die ersetzten Beträge als Werbungskosten abgezogen werden.

114 Sind Sie im Forstdienst tätig?

Ausgaben für Jagdwaffen sind Werbungskosten, soweit sie nicht durch Zuschüsse des Arbeitgebers gedeckt sind. Übersteigen die Anschaffungskosten z. B. für ein Gewehr 800 DM, müssen sie auf die Nutzungsdauer verteilt werden (Nr. 83). Bei einem Gewehr wurde diese von der Rechtsprechung auf 10 Jahre geschätzt.

Beihilfen für Jagdhunde sind steuerfrei, übersteigende Aufwendungen sind Werbungskosten.

115 Müssen Sie Ihrem Arbeitgeber Schadenersatz leisten?

Schadenersatzleistungen an den Arbeitgeber können grundsätzlich Werbungskosten sein. Voraussetzung dafür ist jedoch, daß die Schadenersatzpflicht auf einer Verletzung der sich aus dem Arbeitsverhältnis selbst ergebenden Pflichten beruht oder daß die Schadenersatzpflicht, wenn sie sich aus einer unerlaubten Handlung ergibt, doch wenigstens mit einer sich aus dem Arbeitsverhältnis ergebenden Tätigkeit im Zusammenhang steht. Werden sie nicht als Werbungskosten anerkannt, können sie außergewöhnliche Belastungen sein (Nr. 198).

116 Müssen Sie Prozeßkosten zahlen?

Prozeßkosten sind die Gerichtskosten und Anwaltsgebühren, die anläßlich eines Rechtsstreits anfallen. Sie sind dann Werbungskosten, wenn der Rechtsstreit im Zusammenhang mit der beruflichen Tätigkeit geführt wurde. Das trifft zunächst ohne weiteres bei einem Rechtsstreit vor dem Arbeitsgericht zu, wenn es dabei um die Zahlung von Arbeitslohn, die Kündigung oder das Fortbestehen eines Arbeits- oder Dienstverhältnisses geht.. Aber auch die Aufwendungen eines Beamten in einem Dienststrafverfahren, z. B. die Gerichts- und Anwaltskosten, sind Werbungskosten, nicht jedoch eine dabei verhängte Geldbuße. Kommt ein Abzug als Werbungskosten nicht in Betracht, so ist zu prüfen, ob die Prozeßkosten als außergewöhnliche Belastung anerkannt werden können (s. dazu die Ausführungen unter Nr. 199).

117 Haben Sie eine Geldbuße oder eine Geldstrafe für eine beruflich bedingte Rechtsverletzung bezahlt?

Geldbußen, Ordnungs- und Verwarnungsgelder, die von deutschen Stellen oder von Organen der Europäischen Gemeinschaft festgesetzt werden, können nicht abgezogen werden, auch wenn sie beruflich veranlaßt sind. Dasselbe gilt für Geldauflagen nach der Strafprozeßordnung sowie für berufsgerichtlich verhängte Auflagen und Weisungen, soweit der Strafcharakter überwiegt. Dient die Auflage allerdings der Wiedergutmachung des Schadens, kann sie steuerlich abgezogen werden.

118 Zahlen Sie Steuerberatungskosten?

Steuerberatungskosten, zu denen auch Aufwendungen für Steuerfachliteratur gehören (dieses Buch), sind insoweit als Werbungskosten abzugsfähig, als sie zur Erzielung der Einkünfte aus nichtselbständiger Arbeit aufgewendet wurden. Genauer gesagt: die Tätigkeit des Beraters muß sich auf die Ermittlung der Einkünfte beziehen. Hinweis auf Nr. 174.

119 Haben Sie Rentenberatungskosten gezahlt?

Beratungs- und Prozeßkosten im Zusammenhang mit der gesetzlichen Rentenversicherung können als Werbungskosten abgezogen werden, und zwar auch schon dann, wenn der Rentenbezug noch gar nicht begonnen hat.

120 Haben Sie Arzt- oder Kurkosten wegen einer in Ausübung des Berufs erlittenen Gesundheitsschädigung?

Die Arzt- oder Kurkosten, die für die Behandlung wegen einer typischen Berufskrankheit entstanden sind, können als Werbungskosten abgezogen werden. Typische Berufskrankheiten sind z.B. Vergiftungserscheinungen bei Arbeitnehmern in der chemischen Industrie, Tuberkulose bei Ärzten oder Schwestern in Tbc-Krankenhäusern. Aber auch dann, wenn es sich nicht um eine typische Berufskrankheit handelt, sind Arztkosten als Werbungskosten anzuerkennen, wenn die behandelte Krankheit nachweisbar eine Folge der Berufsausübung ist.

Das gleiche gilt für die Aufwendungen zur Beseitigung der durch einen Unfall verursachten Gesundheitsschäden, wenn der Arbeitnehmer den Unfall auf dem Weg zur Arbeitsstätte oder auf einer sonstigen beruflich veranlaßten Fahrt erlitten hat (vgl. auch Nr. 186).

121 Haben Sie etwas für Ihre berufliche Fortbildung getan?

Ausbildungskosten für einen Beruf gehören zu den Kosten der Lebensführung. Sie sind nur in einem gewissen Rahmen als Sonderausgaben abzugsfähig (Nr. 175). *Fortbildungskosten* hingegen können ohne Einschränkung als Werbungskosten abgesetzt werden. Die Fortbildung dient dem ausgeübten Beruf in der Weise, daß der Berufstätige fachlich auf dem laufenden bleibt oder auch, daß er besser vorwärtskommt.

Die Rechtsprechung wird häufig mit Zweifelsfällen befaßt. Von allgemeinem Interesse sind etwa folgende neuere Entscheidungen: Anerkannt wurden die Kosten eines Konstrukteurs für den Besuch einer Wirtschaftsakademie, um sich ergänzende Kenntnisse im kaufmännischen Bereich zu erwerben (Entscheidungen der Finanzgerichte 1981 S. 232); der Bundesfinanzhof hat die Kosten für einen Sprachkurs im Ausland unter bestimmten Voraussetzungen zum Abzug zugelassen; ebenso hinsichtlich der Studienkosten eines Offiziers, der auf Weisung seines Dienstherrn unter Fortzahlung des Gehalts an der Hochschule studiert hat; nicht anerkannt wurden die Kosten eines Hochschulstudiums bei einem Lehrer an einer privaten Fachschule zur Erlangung der Lehrbefugnis an einer staatlichen Fachschule sowie die Studienaufwendungen eines Volksschullehrers, um die 2. Teilprüfung als Realschullehrer ablegen zu können; in beiden Fällen wurden nur Ausbildungskosten anerkannt (vgl. Nr. 175).

Als Fortbildungskosten anerkannt wurden die Aufwendungen für ein Zusatzstudium, mit dem ein Realschullehrer die Lehrbefähigung an Sonderschulen erwarb (Entscheidungen der Finanzgerichte 1983 S. 164). Ist ein Soldat zu einem Lehrgang an der Bundeswehrfachschule zur Erlangung der mittleren Reife abgeordnet, so sind die im Rahmen des Lehrgangs entstandenen Aufwendungen nach Ansicht des Bundesfinanzhofs Werbungskosten. In gleichem Sinn wurde der Fall entschieden, daß ein Sanitätsoffiziers-Anwärter von der Bundeswehr beurlaubt wurde, um Zahnmedizin zu studieren. Ein Ingenieur (grad.) der ein Aufbaustudium an einer Technischen Fachhochschule zum Wirtschaftsingenieur (grad.) unternimmt, kann die dadurch verursachten Aufwendungen als Fortbildungskosten absetzen (Entscheidungen der Finanzgerichte 1985 S. 340).

Die Unterscheidung zwischen den beiden Begriffen wird besonders dann schwierig, wenn die in Ausbildung befindliche Person Bezüge erhält, z. B. Unterhaltszuschüsse oder Beihilfen. Sind diese Bezüge steuerpflichtiger Arbeitslohn, so können die im Rahmen eines solchen Dienstverhältnisses entstehenden Aufwendungen für die berufliche Bildung Werbungskosten sein. Es kann sich dabei auch um die Kosten für ein Hochschul- oder Fachhochschulstudium handeln. So hat der Bundesfinanzhof Aufwendungen eines Referendars für die 2. Staatsprüfung und die Bildungsaufwendungen von Beamtenanwärtern anerkannt. Neben den Aufwendungen, die die eigentliche Dienstleistung zum Zwecke der Ausbildung mit sich bringt (Fahrtkosten, doppelte Haushaltsführung), sind in diesen Fällen Werbungskosten auch z. B. die Aufwendungen für Fachliteratur, für Kurse und Repetitorien sowie für entstandenen Verpflegungsmehraufwand.

Fortbildungskosten können schon vor Aufnahme einer Berufstätigkeit entstehen; es muß jedoch ein klarer Zusammenhang mit einer angestrebten Anstellung bestehen. So hat der Bundesfinanzhof Aufwendungen, die eine Hotelsekretärin für einen Sprachlehrgang in Französisch im Hinblick auf eine Anstellung in Frankreich machte, als Fortbildung und damit als Werbungskosten anerkannt. Auf Nr. 175 wird verwiesen.

122 Haben Sie an Fortbildungsveranstaltungen Ihres Berufsstandes, Ihres Berufsverbandes oder Ihrer Gewerkschaft teilgenommen?

Ausgaben bei Veranstaltungen des Berufsstandes, des Berufsverbandes, des Fachverbandes oder der Gewerkschaft eines Arbeitnehmers, die der Förderung des Allgemeinwissens der Teilnehmer dienen, sind nicht Werbungskosten, sondern Kosten der Lebensführung. Um nicht-abzugsfähige Kosten der Lebensführung handelt es sich insbesondere stets bei den Aufwendungen, die der Arbeitnehmer aus Anlaß von gesellschaftlichen Veranstaltungen der genannten Organisationen gemacht hat, und zwar auch dann, wenn die gesellschaftlichen Veranstaltungen im Zusammenhang mit einer rein fachlichen oder beruflichen Tagung oder Sitzung standen.

Veranstaltungen hingegen, die fachbezogen sind, z. B. von Verwaltungsakademien, Volkshochschulen, Gewerkschaften usw., sind nach Auffassung des Bundesfinanzhofs Werbungskosten, so z. B. der zweijährige Lehrgang an einer Wirtschaftsfachschule mit dem Abschluß als »staatlich geprüfter Betriebswirt«.

123 Haben Sie an einer Auslandsgruppenreise oder einem Auslandskongreß teilgenommen?

Die Finanzverwaltung hat jetzt einen Katalog von Prüfungspunkten aufgestellt, aus dem wir hier das Wichtigste bringen:
1. Aufwendungen für Auslandsgruppenreisen können nur dann als Werbungskosten abgezogen werden, wenn die Reiseteilnahme weitaus überwiegend beruflich veranlaßt ist. Das Reiseprogramm muß auf die besonderen beruflichen Bedürfnisse der Teilnehmer zugeschnitten sein. Die Teilnahme des Steuerpflichtigen an allen Programmpunkten muß feststehen.
Ist die Reiseroute weit auseinandergezogen und sind die besuchten Orte beliebte Ziele des Tourismus, so spricht das gegen die berufliche Veranlassung.
Wird die beruflich veranlaßte Reise mit einem Urlaub verbunden, so können die auf den beruflich veranlaßten Reiseabschnitt entfallenden Kosten berücksichtigt werden, wenn sie sich klar und sicher abgrenzen lassen.
2. Die Aufwendungen für die Teilnahme an Fachtagungen, Lehrgängen und Kongressen sind abziehbar, wenn das Programm auf die fachliche Fortbildung zugeschnitten ist. Der Steuerpflichtige hat dies durch Vorlage von Programmen usw. nachzuweisen. Findet die Fortbildung im Ausland statt, so spricht gegen eine steuerliche Anerkennung, wenn die Veranstaltung keinen internationalen Charakter trägt (Teilnehmer nur Deutsche).

Bei Sprachkursen muß das berufliche Bedürfnis des Teilnehmers im Vordergrund stehen. Die Möglichkeit privater Veranlassung ist steuerschädlich (Allgemeinbildung, Landeskunde, Erholung).

3. Sind die Aufwendungen nach dem Gesamtbild der Reise/des Kongresses nicht als beruflich veranlaßt anzusehen, so können gleichwohl einzelne abgrenzbare, ausschließlich und eindeutig beruflich veranlaßte Aufwendungen als Werbungskosten berücksichtigt werden. Sämtliche im übrigen nicht eindeutig und leicht aufteilbaren Aufwendungen (z. B. ein pauschaler Reisepreis) unterliegen jedoch dem Aufteilungs- und Abzugsverbot.

124 Lernen Sie als ausländischer Arbeitnehmer die deutsche Sprache?

Die Aufwendungen dafür sind Fortbildungskosten, also abziehbar, wenn sie berufsbedingt sind und durch geeignete Unterlagen nachgewiesen werden. (Erlaß der Finanzbehörde Bremen vom 20. 5. 1966, 916 – S 2244 – A 1/St 41)

125 Sind Sie zur Ausbildung in einem Dienstverhältnis und beziehen Sie Arbeitslohn?

Grundsätzlich gehören die Ausbildungskosten zur privaten Lebensführung. Spielt sich allerdings die Ausbildung im Rahmen eines Dienstverhältnisses ab (Beamtenanwärter, Lehrlinge) und stellen die Bezüge, Unterhaltszuschüsse usw. steuerpflichtigen Arbeitslohn dar, so sind die im Rahmen eines solchen Dienstverhältnisses entstehenden Aufwendungen für die berufliche Bildung Werbungskosten. Auf Nr. 121 wird verwiesen.

126 Haben Sie Kosten für eine Prüfung?

Die Ausgaben eines Rechtsreferendars für die Zweite juristische Staatsprüfung und die Prüfungsgebühren sind Werbungskosten. Diese Grundsätze sind auf alle ähnlichen Verhältnisse – z. B. Meisterprüfungen – anwendbar.

Abzugsfähig sind nicht nur die Prüfungsgebühren, Hörgelder, Kosten für Fachbücher, Materialien usw., sondern auch eventuelle Fahrtkosten (Nr. 92, 1.), Kosten der doppelten Haushaltsführung (Nr. 96) und Verpflegungsmehraufwand (Nr. 92, 3.).

127 Haben Sie promoviert?

Die Kosten für den Erwerb des Doktorgrades werden im allgemeinen nicht als Werbungskosten anerkannt. Sie können jedoch als Ausbildungskosten nach Maßgabe der Ausführungen unter Nr. 175 berücksichtigt werden.

Die Rechtsprechung erkennt neuerdings unter der Voraussetzung die Aufwendungen als Werbungskosten an, daß das Promotionsstudium Gegenstand eines Dienstverhältnisses ist (z. B. Sanitätsoffiziers-Anwärter).

In der Fachliteratur wird die Meinung vertreten, daß Promotionskosten auch dann abzugsfähig sind, wenn sie zur Bedingung für die Aufnahme eines neuen Sozius in eine Anwaltspraxis gemacht wurden. Dies müßte entsprechend auch für einen Arbeitsvertrag gelten.

128 Haben Sie Aufwendungen als Betriebsratsmitglied?

Im allgemeinen ersetzt der Arbeitgeber den Betriebsratsmitgliedern ihre Aufwendungen. Ist dies nicht der Fall oder wird die Entschädigung als Teil des Arbeitslohns behandelt, dann sind entstehende Ausgaben Werbungskosten.

129 Sind Sie Arbeitnehmervertreter im Aufsichtsrat?

Zuwendungen eines Arbeitnehmer-Aufsichtsratsvertreters an soziale Einrichtungen sind abziehbar, wenn die Abführung auf einer rechtlichen Verpflichtung beruht, die er vor seiner Wahl in den Aufsichtsrat eingehen mußte, um als Kandidat aufgestellt zu werden. (Bundessteuerblatt 1981 II S. 29).

130 Haben Sie Kosten für Ihren Wahlkampf?

Die Aufwendungen des Kandidaten, mit denen er seine Wahl in ein hauptberufliches kommunales Spitzenamt (z.B. Bürgermeister) betreibt, das mit steuerpflichtigen Einnahmen aus nichtselbständiger Arbeit verbunden ist, sind Werbungskosten, auch wenn die Wahl verloren wird. Handelt es sich um ein politisches Ehrenamt, können die Wahlkampfkosten nur abgezogen werden, wenn die mit dem Ehrenamt zusammenhängenden Ausgaben nachgewiesen und anstelle der steuerfreien Aufwandsentschädigung von den Einnahmen abgezogen werden.

Die einem Stadtrat gewährte Aufwandsentschädigung ist übrigens steuerfrei, nicht aber die Verdienstausfallentschädigung.

Die Wahlkampfkosten eines Abgeordneten können kraft gesetzlicher Vorschrift nicht als Werbungskosten abgesetzt werden.

131 Haben Sie ein Ehrenamt mit Rücksicht auf Ihre Berufsstellung übernommen?

Aufwendungen, die einem Arbeitnehmer im Zusammenhang mit einem Ehrenamt (z.B. Funktionär eines Verbandes) erwachsen, können Werbungskosten sein, wenn das Amt im wirtschaftlichen Sinn nicht freiwillig, sondern mit Rücksicht auf die Berufsstellung übernommen worden ist.

Auch die Aufwendungen eines Arbeitnehmers für ein gewerkschaftliches Ehrenamt sind Werbungskosten.

132 Sind Sie Journalist?

Für hauptberufliche Journalisten gilt für die Anerkennung erhöhter Werbungskosten ein Satz von 15% des Arbeitslohns, höchstens 250 DM monatlich, als Richtlinie. Dabei ist folgendes zu beachten: Den Pauschsatz können nur diejenigen Personen erhalten, die in einem Dienstverhältnis die journalistische Tätigkeit hauptberuflich für Zeitungen oder Zeitschriften oder bei einem Nachrichten- oder Korrespondenzbüro oder bei einer Rundfunkgesellschaft ausüben.
Durch den Pauschsatz sind sämtliche Werbungskosten mit Ausnahme der dienstlich veranlaßten Umzugskosten (vgl. Nr. 95) und der Mehraufwendungen für doppelte Haushaltsführung (vgl. Nr. 96) abgegolten. Aufwendungen für Fahrten zwischen Wohnung und Arbeitsstätte (vgl. Nr. 84) können daneben berücksichtigt werden, soweit sie 15 DM monatlich übersteigen. Der Ersatz einzelner Aufwendungen durch den Arbeitgeber in Ausnahmefällen, wie z. B. der Ersatz von Kosten einzelner Telefongespräche oder eines einzelnen Fachbuchs, steht der Inanspruchnahme des Pauschsatzes nicht entgegen. Der Pauschsatz ist auch dann anwendbar, wenn Reisekosten oder Bewirtungsspesen ersetzt werden.

Der genannte Pauschsatz ist nicht um den allgemeinen Pauschbetrag für Werbungskosten von 564 DM jährlich zu kürzen. Er ist im allgemeinen ein Höchstsatz. Höhere Werbungskosten können geltend gemacht werden, wenn sie im einzelnen nachgewiesen oder glaubhaft gemacht werden; der Pauschsatz ist dann nicht anwendbar. Werden bei Inanspruchnahme des Pauschsatzes Werbungskosten geltend gemacht, die durch diesen Pauschsatz nicht abgegolten sind, so sind diese Werbungskosten nicht um den allgemeinen Pauschbetrag für Werbungskosten von 564 DM zu kürzen.

133 Sind Sie Parlaments-Journalist?

Für die beim Bundestag und den Landtagen zugelassenen Parlaments-Journalisten bestehen besondere Werbungskosten-Pauschsätze.

Landtage
Nichtselbständigen Journalisten wird ein Betrag von 25% des Arbeitslohns gewährt, höchstens aber 4800 DM jährlich, selbständigen 30% der Betriebseinnahmen, höchstens 5600 DM jährlich.

Bundestag
Es wird ein Pauschbetrag von 35% der Einnahmen zugestanden, der Höchstbetrag ist bei nichtselbständigen auf 10800 DM beschränkt.

134 Sind Sie Bühnenangehöriger?

Für darstellende Künstler gelten für die Anerkennung erhöhter Werbungskosten die folgenden Sätze als Richtlinien: sofern solistische Leistungen erbracht werden, 25% des Arbeitslohns, höchstens 500 DM monatlich; sofern die künstlerische Leistung innerhalb einer Gruppe erbracht wird (z.B. Chor oder Ballett) oder für Inspizienten oder Souffleure mit Spielverpflichtung 20% des Arbeitslohns, höchstens 400 DM monatlich.

Damit sind alle Aufwendungen, die mit der beruflichen Tätigkeit zusammenhängen, abgegolten, jedoch können dienstlich veranlaßte Umzugskosten (vgl. Nr. 95) und Mehraufwendungen für doppelte Haushaltsführung (vgl. Nr. 96) daneben berücksichtigt werden, außerdem Aufwendungen für Fahrten zwischen Wohnung und Arbeitsstätte (vgl. Nr. 84), soweit sie 15 DM monatlich übersteigen.

Zu den darstellenden Künstlern gehören: Ballett-Tänzer, Ballett-Meister, Ballett-Repetitoren und Choreographen, Schauspieler, Regisseure, Regieassistenten, Inspizienten, Opernsänger, Operettensänger, Musicalsänger, Lied- und Oratoriensänger, Sänger der Unterhaltungsmusik, Solorepetitoren, Puppenspieler; nicht dazu gehören die künstlerisch-technischen Mitarbeiter im Bereich der darstellenden Kunst, z.B. Kostüm- und Maskenbildner, Film- und Fernsehcutter.
Im übrigen s. Nr. 132, letzter Absatz.

135 Sind Sie hauptberuflich tätiger Musiker?

Für hauptberuflich tätige Musiker gelten für die Anerkennung erhöhter Werbungskosten die folgenden Sätze als Richtlinien:

a) zur Abgeltung aller Mehraufwendungen für Unterhalt und Abnutzung der Instrumente sowie für Notenbeschaffung zur eigenen Fortbildung 45 DM monatlich;
b) zur Abgeltung der Mehraufwendungen für Kleidung bei Musikern in

Orchestern oder Kapellen, die in einheitlicher Kleidung auftreten, 45 DM monatlich;

c) zur Abgeltung der Aufwendungen für Notenbeschaffung bei Kapellenleitern und Kapellmeistern in Gaststätten usw. für das eigene Orchester 45 DM monatlich.

Instrumenten-, Kleider- oder Blattgelder, soweit sie als »Werkzeuggeld« (vgl. Nr. 35) steuerfrei sind, sind auf die unter a) bis c) genannten Pauschbeträge für Mehraufwendungen anzurechnen.

Im übrigen s. Nr. 132, letzter Absatz.

136   Sind Sie nebenberuflich Musiker?

Hier geht es häufig um das Problem, ob eine Lohnsteuerkarte vorzulegen ist. Dazu hat das Hessische Finanzgericht entschieden, daß Musiker, die nebenberuflich gelegentlich bei Tanzveranstaltungen einer Kurgemeinde mitwirken, keine Arbeitnehmer sind (Entscheidungen der Finanzgerichte 1981, S. 245).

137   Sind Sie nebenberuflich Kirchenmusiker?

In Betracht kommt nach den Verwaltungsanweisungen bei Arbeitnehmertätigkeit im Hauptberuf ein Werbungskosten-Pauschsatz von 25% der Nebeneinnahmen, höchstens 50 DM monatlich ohne Anrechnung des allgemeinen Werbungskosten-Pauschbetrags von 564 DM.

138   Sind Sie Artist?

Für Artisten gelten nach den Lohnsteuerrichtlinien für die Anerkennung erhöhter Werbungskosten die folgenden Sätze als Richtlinien: Tänzer, Tänzerinnen, Sänger, Sängerinnen, Komiker, Humoristen, Ansager, Discjockeys, Bauchredner, Imitatoren, Schnellmaler und Musikalakte, Zauberkünstler, Akrobaten, Jongleure, Universalakte, Dressurnummern 20% des Arbeitslohns, höchstens 400 DM monatlich.

Damit sind alle Aufwendungen, die mit der beruflichen Tätigkeit zusammenhängen, abgegolten, jedoch können dienstlich veranlaßte Umzugskosten (vgl. Nr. 95) und Mehraufwendungen für doppelte Haushaltsführung (vgl. Nr. 96) daneben berücksichtigt werden, außerdem Aufwendungen für Fahrten zwischen Wohnung und Arbeitsstätte (vgl. Nr. 84), soweit sie 15 DM monatlich übersteigen.

139 Sind Sie in Heimarbeit tätig?

Heimarbeiter erhalten oft neben der sonstigen Entlohnung besondere Lohnzuschläge (Heimarbeiterzuschläge), die zur Abgeltung der Mehraufwendungen bestimmt sind, die durch Heimarbeit entstehen, z.B. Kosten für die Bereitstellung, Heizung und Beleuchtung von Arbeitsräumen und für die Bereitstellung von Arbeitsgerät und Zutaten. Diese Heimarbeiterzuschläge sind wegen der besonderen Verhältnisse der Heimarbeiter nicht zum steuerpflichtigen Arbeitslohn zu rechnen, soweit sie den Betrag von 10% des jeweils gezahlten Stück- oder Werklohns oder des auf den einzelnen Lohnzahlungszeitraum entfallenden Arbeitslohns nicht übersteigen.

Zunächst wird auf die Ausführungen unter Nr. 46 hingewiesen. Dort ist davon die Rede, daß bestimmte Heimarbeiterzuschläge überhaupt nicht zum steuerpflichtigen Arbeitslohn gehören. Als Besonderheit ist zu beachten: In Fällen, in denen nach den Tarifverträgen eine gesonderte Zahlung von Heimarbeiterzuschlägen nicht vorgesehen ist, wird in der Regel der Arbeitslohn (Stücklohn, Werklohn) mit Rücksicht auf die Mehraufwendungen der Heimarbeiter höher bemessen. Es kann in diesen Fällen den Heimarbeitern auf Antrag auch ohne Einzelnachweis und ohne Rücksicht auf die Höhe der sonstigen Werbungskosten auf der Lohnsteuerkarte ein steuerfreier Betrag von 30 DM monatlich eingetragen werden. Wenn die Beträge, die entweder als nicht zum steuerpflichtigen Arbeitslohn gehörig (s. unter Nr. 46) oder als Werbungskosten (s. oben) steuerfrei bleiben, im einzelnen Fall nicht ausreichen, um die Mehraufwendungen zu decken, die dem Heimarbeiter entstehen, so sind die gesamten Aufwendungen nachzuweisen. Der Unterschiedsbetrag zwischen den nachgewiesenen Aufwendungen und den steuerfrei bleibenden Beträgen ist bei der Eintragung eines lohnsteuerfreien Betrags zusätzlich zu berücksichtigen; wegen der Besonderheiten des Verfahrens siehe Nr. 5.

140 Sind Sie Lehrer?

Aufwendungen für Konzert- oder Theaterbesuche sind grundsätzlich keine Werbungskosten, sie können nach der Rechtsprechung aber dann (als Fortbildungskosten) abziehbar sein, wenn die Veranstaltung ihrer Art und Gestaltung nach ausgesprochen auf den Fortbildungszweck ausgerichtet ist. Die nicht ersetzten Aufwendungen eines Lehrers für einen Wandertag oder für Schüler bei einem Klassenausflug sind Werbungskosten (Entscheidungen der Finanzgerichte 1974, S. 516). Die den Begleitlehrern anläßlich eines Schüleraustausches entstehenden Aufwendungen erkennt die Verwaltung jetzt als Werbungskosten an.

Nach den Entscheidungen des Finanzgerichts 1986 S. 15 können die Kosten einer Grundschullehrerin für einen Fortbildungslehrgang »Skilaufen« des Deutschen Sportlehrerverbandes, der Teil des Fortbildungsprogramms der zuständigen Kulturverwaltung ist, als Werbungskosten abgezogen werden.
Ein immer häufiger werdendes Problem ist die Anschaffung von Computern. Vgl. dazu Nr. 103.

141 Sind Sie Sportlehrer?

Nach Auffassung der Verwaltung sind Aufwendungen für Sportkleidung bei Sportlehrern Werbungskosten. Dies soll aber nicht für eine Skiausrüstung gelten. Verschiedene Finanzgerichte (zuletzt Entscheidungen der Finanzgerichte 1986, S. 443) sind dem nicht gefolgt. Sie sehen derartige Aufwendungen (nicht nur die für eine Skiausrüstung) im allgemeinen nicht als Werbungskosten an.

Der Bundesfinanzhof bringt dazu folgende Differenzierung: Aufwendungen für Sportgeräte und Sportkleidung eines Diplom-Pädagogen können in vollem Umfang Werbungskosten sein, wenn die private Nutzung von ganz untergeordneter Bedeutung ist. Eine private Nutzung von 15,5% (Urteilsfall) ist schon zu hoch.(Bundessteuerblatt 1987 II S. 262).

142 Sind Sie Musiklehrer?

Die Pauschbeträge nach Nr. 135 werden Musiklehrern nicht gewährt. Sie müssen vielmehr ihre Werbungskosten nachweisen. Instrumente sind für Musiklehrer grundsätzlich Arbeitsmittel (Nr. 102), nicht aber werden Konzertbesuche als Werbungskosten behandelt. Anders wohl im Einzelfall, wenn der Musiklehrer z. B. im Rahmen des Unterrichts ein bestimmtes Konzert mit den Schülern zu besuchen oder im Unterricht zu besprechen hat. Will ein Musiklehrer die Aufwendungen für seinen Konzertflügel als Werbungskosten geltend machen, so muß nach Auffassung des Bundesfinanzhofs die nur unbedeutende private Nutzung des Instruments festgestellt, sie darf nicht lediglich vermutet werden.

143 Sind Sie Geistlicher?

Seelsorgern (auch von Anstalten und Vereinen, die nicht die Rechte einer öffentlich-rechtlichen Körperschaft haben) sind 100 DM monatlich als steuerfreie Aufwandsentschädigung anzuerkennen. Übernehmen sie die geistliche Mitversorgung einer anderen Gemeinde, so sind daneben ohne Einzelnachweis 40 DM monatlich als Aufwendungen steuerfrei zu belassen. Dies gilt insbesondere für nebenamtliche Militärseelsorger, Anstaltsgeistliche und Krankenhausgeistliche.

144 Üben Sie eine nebenberufliche Lehr- oder Prüfungstätigkeit aus?

Bei nebenamtlicher Lehr- oder Prüfungstätigkeit läßt die Verwaltung einen Werbungskosten-Pauschbetrag von 25% der Vergütungen für die nebenberufliche Tätigkeit zu, höchstens 1200 DM jährlich. Der allgemeine Werbungskosten-Pauschbetrag von 564 DM wird darauf nicht angerechnet. Der Werbungskosten-Pauschbetrag für die nebenberufliche Tätigkeit kommt nur dann in Betracht, wenn im Hauptberuf eine Arbeitnehmertätigkeit ausgeübt wird. Bei pensionierten Lehrkräften liegt nur dann eine Nebentätigkeit vor, wenn die Lehrtätigkeit – ihre Ausübung vor der Pensionierung neben der früheren Haupttätigkeit unterstellt – der Art und dem zeitlichen Umfang nach eine Nebentätigkeit gewesen wäre. Wird die nebenberufliche Lehr- oder Prüfungstätigkeit selbständig ausgeübt, so werden die Aufwendungen (hier Betriebsausgaben) in gleicher Höhe pauschal berücksichtigt.

145 Sind Sie für Film oder Fernsehen tätig?

In Betracht kommen Pauschsätze zwischen 10 und 20% mit verschiedenen Höchstbeträgen, wobei in den Verwaltungsanweisungen zwischen unständig und ständig beschäftigten Arbeitnehmern und auch zwischen den verschiedenen Betätigungen (z. B. Schauspieler, Regisseur, Aufnahmeleiter, Tonmeister usw.) unterschieden wird.

146 Sind Sie nebenberuflich Trainer oder Erzieher?

Aufwandsentschädigungen für nebenberufliche Tätigkeit als Übungsleiter, Ausbilder, Erzieher oder für eine vergleichbare Nebentätigkeit zur Förderung gemeinnütziger, mildtätiger und kirchlicher Zwecke, sind steuerfrei. Die Nebentätigkeit muß für eine inländische juristische Person des öffentlichen Rechts oder eine diesen Zwecken dienende Personenvereinigung ausgeübt werden. Als Aufwandsentschädigungen sind Bezüge bis zu insgesamt 2400 DM jährlich anzusehen. Dabei besteht eine unwiderlegbare gesetzliche Vermutung, daß Einnahmen, die ein Steuerpflichtiger aus einer nebenberuflichen Tätigkeit bezieht, bis zur Höhe von 2400 DM als steuerfreie Aufwandsentschädigung anzusehen sind. Übersteigen die Einnahmen aus einer solchen Tätigkeit diesen Betrag, so richtet sich deren steuerrechtliche Einordnung (z. B. als Einkünfte aus selbständiger oder nichtselbständiger Arbeit) sowie die Berücksichtigung von Betriebsausgaben oder Werbungskosten nach den allgemeinen steuerrechtlichen Vorschriften. Betriebsausgaben oder Werbungskosten können in einem solchen Fall allerdings nur abgezogen werden, wenn sie 2400 DM übersteigen und entsprechend nachgewiesen werden.

Auch Personen, die im steuerrechtlichen Sinn keinen Hauptberuf ausüben (Hausfrauen, Studenten, Rentner, Arbeitslose) fallen unter die Begünstigung. Beispielsweise ist »nebenberuflich« eine Hausfrau als Lehrkraft tätig, wenn ihre wöchentliche Unterrichtszeit unter der Hälfte des Pflichtstundenmaßes einer vollbeschäftigten Lehrkraft liegt.

Der Leiter der Außenstelle einer Volkshochschule kann Ausbilder im Sinne der Bestimmung über den sog. Übungsleiter-Freibetrag sein (Bundesfinanzhof in Bundessteuerblatt 1986 II S. 398).

Auch Korrekturassistenten an den Universitäten können den »Übungsleiter«-Freibetrag dann in Anspruch nehmen, wenn sie im Dienst oder Auftrag der Universität und nicht als Privatangestellte des betreffenden Hochschullehrers tätig sind.

Nach dem neuesten Urteil vom 29. 1. 1987 (Bundessteuerblatt 1987 II S. 783 ist die nebenamtliche Prüfungstätigkeit eines Hochschullehrers am Landesjustizprüfungsamt für die 1. juristische Staatsprüfung ebenfalls begünstigt. Dasselbe gilt für die 1. Staatsprüfung für Lehrämter.

147 Sind Sie Verwaltungsangehöriger im Außendienst?

Entschädigungen, die den im Außendienst tätigen Beamten und Verwaltungsangestellten im Hinblick auf die Besonderheit ihrer Außendiensttätigkeit gezahlt werden, sind zwar grundsätzlich dem Lohnsteuerabzug zu unterwerfen.

Da die Entschädigungen jedoch in der Regel dazu bestimmt sind, die durch den Außendienst entstehenden und zumindest teilweise steuerlich berücksichtigungsfähigen besonderen Aufwendungen abzugelten, können sie aus Vereinfachungsgründen *ohne Eintragung auf der Lohnsteuerkarte* bis zur Höhe eines Pauschbetrags

1. von 60 DM monatlich bei ständig im Außendienst Beschäftigten oder
2. von 2,80 DM täglich bei tageweise im Außendienst Beschäftigten

steuerfrei belassen werden. Als ständig im Außendienst beschäftigt sind Bedienstete anzusehen, die im Kalendermonat mindestens an 12 Tagen eine Außendiensttätigkeit ausüben.

Diese Regelung gilt entsprechend für die im Außendienst tätigen Mitarbeiter der juristischen Personen des öffentlichen Rechts.

148 **Sind Sie ehrenamtlich für das Technische Hilfswerk, den Bundesluftschutzverband, den Luftschutzhilfsdienst, den Luftschutzwarndienst oder Luftschutzsanitätsdienst tätig?**

Arbeiten Sie bei einer der genannten Organisationen mit, so gewährt Ihnen die Verwaltung je nach Funktion einen Werbungskosten-Pauschbetrag zwischen 30 DM und 150 DM monatlich. Erkundigen Sie sich bitte bei Ihrem zuständigen Finanzamt.

Sonderausgaben

149 Wollen Sie sich allgemein über Sonderausgaben informieren?

Sonderausgaben sind Aufwendungen, die aus sozial- und gesellschaftspolitischen Gründen zum steuerlichen Abzug zugelassen sind. Wenn Sie verheiratet sind, ist es für den Abzug gleichgültig, ob Sie oder Ihr Ehegatte die Ausgaben geleistet haben.

Im übrigen gibt es Sonderausgaben, die Sie in unbeschränkter Höhe abziehen können, und solche, deren Abziehbarkeit durch Höchstbeträge beschränkt ist.

Unbeschränkt abzugsfähig sind: Renten und dauernde Lasten (Nrn. 169, 170), Kirchensteuer (Nr. 173) und Steuerberatungskosten (Nr. 174).

Beschränkt abzugsfähig sind: Vorsorgeaufwendungen (Nr. 150), Unterhaltsleistungen an den geschiedenen oder dauernd getrennt lebenden Ehegatten (Nr. 171), Aufwendungen für die Berufsausbildung (Nr. 175), sowie Spenden und Parteibeiträge (Nrn. 176 bis 179).

150 Wollen Sie wissen, wie Ihre Versicherungs- oder Bausparbeiträge (Vorsorgeaufwendungen) steuerlich berücksichtigt werden?

Die tatsächlich gezahlten Versicherungs- und Bausparbeiträge wirken sich steuerlich nur aus, wenn sie die gesetzlichen Pauschalgrenzen übersteigen. Allerdings werden sie in diesem Fall auch nicht unbegrenzt berücksichtigt. Das Gesetz hat vielmehr eine Höchstgrenze gezogen.

1. Die Vorsorgepauschale bei Arbeitnehmern
Wie schon gesagt, hat der Gesetzgeber für Versicherungs- und Bausparbeiträge eine Vorsorgepauschale eingeführt. Auch wenn Ihre Leistungen unter dieser Grenze liegen, kommt Ihnen die gesetzliche Pauschale zugute. Auf der anderen Seite wirken sich dadurch Ihre Zahlungen steuerlich erst aus, sobald diese Grenze überschritten wird.

Die Vorsorgepauschale beträgt mindestens 300/600 DM (Ledige, Verheiratete). Abgesehen von diesem Mindestbetrag bemißt sie sich nach der Höhe des Arbeitslohns. Es gibt aber einen Höchstbetrag. Dieser ist differenziert je nach dem, ob Sie rentenversicherungspflichtig sind oder nicht (Beamte usw., siehe unten 2.).

Für versicherungspflichtige Arbeitnehmer beträgt er insgesamt 3510/ 7020 DM (Ledige/Verheiratete), für nicht rentenversicherungspflichtige (Beamte usw. siehe unten 2.) nur 2000/4000 DM.

2. Die Leistungen übersteigen die Vorsorgepauschale (Höchstbetragsregelung)
Übersteigen Ihre Vorsorgeaufwendungen die Pauschale (oben 1.), können sie (auch bei Beamten usw.) im Rahmen der Höchstbetragsregelung berücksichtigt werden. Verfahrensrechtlich ist dies allerdings nur im Lohnsteuer-Jahresausgleich (oder bei der Veranlagung zur Einkommensteuer), also nachträglich möglich, vgl. dazu Nr. 7.

Die jährlichen Höchstbeträge berechnen sich wie folgt:

a) Beiträge für Versicherungen (vor allem Arbeitnehmeranteil der gesetzlichen Sozialversicherung) und Bausparkassen zusammen bis zu 2340/4680 DM (Ledige/Verheiratete).

b) Beiträge zu Versicherungen zusätzlich bis zu 3000/6000 DM (Ledige/Verheiratete). Diese Beträge vermindern sich bei Arbeitnehmern um den vom Arbeitgeber geleisteten gesetzlichen Beitrag zur gesetzlichen Rentenversicherung sowie um steuerfreie Zuschüsse des Arbeitgebers, die den aufgrund gesetzlicher Verpflichtung geleisteten Ausgaben des Arbeitgebers gleichgestellt werden. Sie verringern sich außerdem bei Steuerpflichtigen, die während des ganzen Kalenderjahres

aa) in der gesetzlichen Rentenversicherung versicherungsfrei oder auf Antrag des Arbeitgebers von der Versicherungspflicht befreit waren und denen für den Fall ihres Ausscheidens aus der Beschäftigung aufgrund des Beschäftigungsverhältnisses eine lebenslängliche Versorgung oder an deren Stelle eine Abfindung zusteht, z. B. Beamte, Berufssoldaten, Richter, (nicht aber Pensionisten dieser Berufe) oder die in der gesetzlichen Rentenversicherung nachzuversichern sind,

bb) nicht der gesetzlichen Rentenversicherungspflicht unterliegen, eine Berufstätigkeit ausgeübt und im Zusammenhang damit aufgrund vertraglicher Vereinbarungen Anwartschaftsrechte auf eine Altersversorgung ganz oder teilweise ohne eigene Beitragsleistung erworben haben,

cc) bestimmte Einkünfte aufgrund der Abgeordnetengesetze in Ausübung eines Mandats bezogen haben, jeweils um 9% der Einnahmen aus der Beschäftigung oder Tätigkeit, höchstens des Jahresbetrags der Beitragsbemessungsgrenze in der gesetzlichen Rentenversicherung der Angestellten (für 1988 72000 DM).

Praktisch bedeutet dies, daß der zusätzliche Abzug von Versicherungsbeiträgen (3000/6000 DM) in den meisten Fällen nicht zum Tragen kommt. Die dargestellten Minderungsbeiträge (vom Arbeitgeber geleistete Rentenversicherungsbeiträge usw.) lassen den zusätzlichen Abzug häufig gegen 0 schrumpfen.

c) Beiträge für Versicherungen und Bausparkassen, die die nach den Ausführungen unter a) und b) abziehbaren Beträge übersteigen, zur Hälfte, höchstens bis zu 50% des Höchstbetrags nach den Ausführungen unter a).

3. Kreditaufnahmeverbot
Vorsorgeaufwendungen dürfen nicht mit Kredit finanziert werden. Dieses Kreditaufnahmeverbot gilt nicht mehr für Risikoversicherungen (Kranken-, Unfallversicherung).

151 Kommen Sie mit den übrigen Sonderausgaben über den Pauschbetrag?

Auch für andere Sonderausgaben als Vorsorgeaufwendungen wird ein Pauschbetrag gewährt. Haben Sie also keine oder nur geringe Aufwendungen beispielsweise für Renten, dauernde Lasten, Unterhaltsleistungen, Kirchensteuer, Spenden, so steht Ihnen ein Pauschbetrag von 270/450 DM (Ledige/Verheiratete) zu. Der Pauschbetrag ist in die Lohnsteuertabellen eingearbeitet. Sie müssen gegenüber dem Finanzamt also nur tätig werden, wenn Ihre tatsächlichen Ausgaben den Pauschbetrag überschreiten.

152 Zahlen Sie Beiträge zur gesetzlichen Sozialversicherung?

Die gesetzliche Sozialversicherung umfaßt die Rentenversicherung für Arbeiter und Angestellte, die gesetzliche Krankenversicherung und die Arbeitslosenversicherung (Beiträge an die Bundesanstalt für Arbeit). Zu beachten ist, daß nur der vom Arbeitslohn einbehaltene Arbeitnehmeranteil abzugsfähig ist, während sich der gesetzliche Arbeitgeberanteil bei der Höchstbetragsregelung mindernd auswirkt (Nr. 150, 2.).

153 Zahlen Sie Beiträge an die Bundesanstalt für Arbeit (Arbeitslosenversicherung)?

Es gelten entsprechend die Ausführungen unter Nr. 152.

154 Zahlen Sie freiwillige Beiträge zur gesetzlichen Rentenversicherung?

Zu denken ist etwa an die Beiträge von Hausfrauen, die diese an die gesetzliche Altersversorgung leisten. Sie sind abzugsfähig.

155 Zahlen Sie Beiträge zu einer privaten Krankenversicherung?

Diese Versicherungsbeiträge – auch Prämien für eine Krankenhaustagegeldversicherung und für eine Krankentagegeldversicherung – und gegebenenfalls eine Ausfertigungsgebühr und die Versicherungssteuer gehören ebenfalls zu den abziehbaren Sonderausgaben. Auf Nr. 150 wird verwiesen.

156 Zahlen Sie Prämien für eine Unfallversicherung?

Sie sind als Sonderausgaben abziehbar. Begünstigt sind alle Unfallversicherungen, die nicht Werbungskosten sind (Nr. 112).

157 Haben Sie eine Insassenunfallversicherung abgeschlossen?

Die Prämien sind wie bei der Unfallversicherung (Nr. 156) abzugsfähig.

158 Zahlen Sie Beiträge für eine Versicherung auf den Erlebens- oder Todesfall (private Lebensversicherung)?

Als Sonderausgaben sind Beiträge zu folgenden Versicherungen abziehbar:
a) Risikoversicherungen, die nur für den Todesfall eine Leistung vorsehen,

b) Rentenversicherungen ohne Kapitalwahlrecht,
c) Rentenversicherungen mit Kapitalwahlrecht gegen laufende Beitragsleistung, wenn das Kapitalwahlrecht nicht vor zwölf Jahren seit Vertragsabschluß ausgeübt werden kann,
d) Kapitalversicherungen gegen laufende Beitragsleistung mit Sparanteil, wenn der Vertrag für die Dauer von mindestens zwölf Jahren abgeschlossen worden ist.

Begünstigt in diesem Sinne sind auch Beiträge zu Witwen-, Waisen-, Versorgungs- und Sterbekassen. Zu beachten sind die Hinweise über Vorsorgeaufwendungen (s. Nr. 150). Keine Sonderausgaben sind insbesondere die Beiträge für:
a) Kapitalversicherungen gegen Einmalbeitrag,
b) Kapitalversicherungen gegen laufende Beitragsleistung, die Sparanteile enthalten, mit einer Vertragsdauer von weniger als 12 Jahren,
c) Rentenversicherungen mit Kapitalwahlrecht gegen Einmalbeitrag,
d) Rentenversicherungen mit Kapitalwahlrecht gegen laufende Beitragsleistung, bei denen die Auszahlung des Kapitals zu einem Zeitpunkt vor Ablauf von 12 Jahren seit Vertragsabschluß verlangt werden kann,
e) fondsgebundene Lebensversicherungen,
f) Sachversicherungen, z. B. Hausratversicherungen, Kfz-Kaskoversicherung.

159 Zahlen Sie Beiträge zu einer Sterbekasse?

Sterbekassen sind meist als Lebens- bzw. Todesfallversicherungen ausgestaltet. Die Beiträge sind dann als Sonderausgaben abzugsfähig.

160 Zahlen Sie Beiträge zu einer Witwen- oder Waisenkasse?

Hier gilt dasselbe wie zu Nr. 159.

161 Zahlen Sie Prämien für eine Ausbildungs- oder Aussteuerversicherung?

Hier gilt dasselbe wie zu Nr. 159.

162 Haben Sie einen Lebensversicherungsbeitrag übernommen, der von einem anderen abgeschlossen wurde?

Ein Steuerpflichtiger, der mit Zustimmung des Versicherers als Versicherungsnehmer in einen von einem anderen abgeschlossenen Lebensversicherungsvertrag gegen laufende Beitragsleistung eintritt, kann die Beiträge, die nach seinem Eintritt fällig werden, nach Maßgabe der für diesen Vertrag geltenden steuerlichen Vorschriften als Sonderausgaben abziehen; der Eintritt gilt nicht als Abschluß eines neuen Vertrages. Dies kann vor allem im Hinblick auf die gesetzliche Mindestlaufzeit wichtig sein.

163 Zahlen Sie Prämien für eine Haftpflichtversicherung?

Sie können sie als Sonderausgaben absetzen, soweit es sich nicht um Werbungskosten handelt (Nr. 112). Eine Haftpflichtversicherung liegt vor, soweit Schäden abgedeckt werden, für die Sie gegenüber Dritten einzustehen haben. Beispiele sind etwa Familien-, Jagd- und Tierhaftpflichtversicherungen. Sachversicherungen (vgl. Nr. 166) sind nicht als Sonderausgaben abzugsfähig!

164 Zahlen Sie Prämien für eine Kraftfahrzeug-Haftpflichtversicherung?

Ihre Beiträge können Sie als Sonderausgaben geltend machen. Als Besonderheit ist noch zu beachten: Werden bei einem Arbeitnehmer wegen Aufwendungen für Fahrten zwischen Wohnung und Arbeitsstätte mit eigenem Kraftfahrzeug Pauschbeträge als Werbungskosten abgezogen (vgl. Nr. 84), so können Aufwendungen des Arbeitnehmers für die Kraftfahrzeug-Haftpflichtversicherung ohne Nachweis des Anteils der privaten Nutzung des Kraftfahrzeugs in voller Höhe als Sonderausgaben berücksichtigt werden.

165 Haben Sie eine Rechtsschutzversicherung abgeschlossen?

Vielfach wird angenommen, daß die Prämien für eine Rechtsschutzversicherung Sonderausgaben sind. Sie müssen beim Abschluß des Vertrags wissen, daß das nicht der Fall ist. Unter Umständen kommt aber ein (teilweiser) Abzug als Werbungskosten in Betracht (vgl. Nr. 112).

166 Haben Sie eine Brandversicherung oder eine sonstige Sachversicherung abgeschlossen?

Die Prämien zu einer Sachversicherung gegen Brand-, Wasser-, Hagelschäden usw. sind keine Sonderausgaben, können aber Werbungskosten bei den Einkünften aus Vermietung und Verpachtung sein (Nr. 230).

167 Haben Sie eine Kaskoversicherung abgeschlossen?

Auch hier sollten Sie beim Abschluß wissen, daß die Prämien keine Sonderausgaben sind. Es kommt allenfalls eine (teilweise) Abzugsfähigkeit als Werbungskosten in Frage (Nr. 112).

168 Zahlen Sie Beiträge an eine Bausparkasse?

Beiträge an Bausparkassen zur Erlangung von Baudarlehen können grundsätzlich als Sonderausgaben abgezogen werden. Beiträge, die nach Ablauf von 4 Jahren seit Vertragsabschluß geleistet werden, können nur insoweit abgezogen werden, als sie das Eineinhalbfache des durchschnittlichen Jahresbetrags der in den ersten 4 Jahren geleisteten Beiträge im Veranlagungszeitraum nicht übersteigen. Zu beachten sind die Hinweise über Vorsorgeaufwendungen (s. Nr. 150).

Sperrfrist: Der Sonderausgabenabzug wird durch eine Nachversteuerung rückgängig gemacht, wenn vor Ablauf von 10 Jahren seit Vertragsabschluß, außer im Fall des Todes des Bausparers oder des Eintritts seiner völligen Erwerbsunfähigkeit, die Bausparsumme ganz oder zum Teil ausgezahlt, geleistete Beiträge ganz oder zum Teil zurückgezahlt oder Ansprüche aus dem Bausparvertrag abgetreten oder beliehen werden. Unschädlich sind jedoch die Auszahlung der Bausparsumme oder die Beleihung von Ansprüchen aus dem Bausparvertrag, wenn der Steuerpflichtige die empfangenen Beträge unverzüglich und unmittelbar zum Wohnungsbau verwendet, und die Abtretung, wenn der Erwerber die Bausparsumme oder die aufgrund einer Beleihung empfangenen Beträge unverzüglich und unmittelbar zum Wohnungsbau für den Abtretenden oder dessen Angehörige verwendet. Als Wohnungsbau gelten auch Maßnahmen des Mieters zur Modernisierung seiner Wohnung.

Statt des Sonderausgabenabzugs kann auch die Wohnungsbauprämie

(Nr. 231) in Anspruch genommen werden. Die getroffene Wahl kann man jetzt bis zur Bestandskraft der Veranlagung bzw. der Prämienfestsetzung noch ändern. Es besteht also ein *Kumulierungsverbot*.

169 Zahlen Sie eine Rente?

Rentenzahlungen sind grundsätzlich abzugsfähige Sonderausgaben. Renten sind in diesem Zusammenhang wiederkehrende Zahlungen, die auf längere Sicht geleistet werden und auf einem besonderen Verpflichtungsgrund beruhen (z. B. Gesetz, Vertrag, Urteil, letztwillige Verfügung). Bei zeitlich befristeten Renten ist regelmäßig ein Zeitraum von zehn Jahren erforderlich. Renten, die aufgrund einer gesetzlichen Unterhaltspflicht oder einer freiwillig begründeten Rechtspflicht gezahlt werden, sind nicht als Sonderausgaben abziehbar, es sei denn, daß den Rentenzahlungen eine Gegenleistung gegenübersteht und weniger der Gesichtspunkt der Unterhaltsgewährung im Vordergrund steht. Siehe auch Nr. 200.

Bei der Zahlung von *Leibrenten* ist zu beachten: als Sonderausgabe abziehbar ist nur der jeweilige Ertragsanteil des Rentenrechts. Zum Begriff der Leibrente und des Ertragsanteils vgl. Nr. 215.

170 Zahlen Sie dauernde Lasten?

Dauernde Lasten sind grundsätzlich abziehbare Sonderausgaben. Es handelt sich dabei um solche wiederkehrende Zahlungen aufgrund besonderer Verpflichtung, die keine Renten sind. Z. B. sind Altenteile und Leibgedinge dauernde Lasten.

171 Zahlen Sie Unterhaltsleistungen an den geschiedenen oder getrennten Ehegatten?

Der Unterhaltsverpflichtete kann seine Unterhaltszahlungen an den geschiedenen oder getrennt lebenden Ehegatten bis zu einem Höchstbetrag von 18000 DM im Kalenderjahr vom Gesamtbetrag seiner Einkünfte abziehen (begrenztes Realsplitting). Voraussetzung ist im Antrag des Unterhaltsverpflichteten die Zustimmung des Berechtigten und daß letzterer unbeschränkt steuerpflichtig ist. Der Antrag ist für jedes Jahr neu zu stellen. Es kommt nicht darauf an, ob die Zahlungen aufgrund gesetzlicher Unterhaltspflicht oder aufgrund einer freiwillig begründeten Rechtspflicht geleistet werden. Auch Sachleistungen (unentgeltliches Wohnen) sind zu berücksichtigen. Übersteigen die Unterhaltsleistungen 18 000 DM pro Empfänger oder wird der Antrag auf Sonderausgabenabzug auf einen niedrigeren Betrag beschränkt, so kann der nicht als Sonderausgaben abziehbare Teil der Unterhaltsleistungen auch nicht als außergewöhnliche Belastung berücksichtigt werden. Leistet jemand Unterhalt an mehrere geschiedene Ehegatten, so sind die Unterhaltsleistungen an jeden Empfänger bis zu 18 000 DM abziehbar.

Der Unterhaltsempfänger muß die ihm zufließende Unterhaltsleistung versteuern, jedoch – entsprechend der Regelung für den Verpflichteten – begrenzt auf einen Höchstbetrag von 18 000 DM im Kalenderjahr.

Kommt es nicht zu einem gemeinsamen Antrag, dann verbleibt es bei der unter Nr. 200 und 202 dargestellten Regelung.

172 Findet zwischen Ihnen und Ihrem geschiedenen Ehegatten ein Versorgungsausgleich statt?

Bei einer Scheidung sieht das Bürgerliche Gesetzbuch (§§ 1587 f.) vor, daß die während der Ehe erworbenen Anwartschaften auf Versorgung im Alter, bzw. bei Berufs- oder Erwerbsunfähigkeit, aufzuteilen sind. Dieser Versorgungsausgleich kann auf verschiedene Weise durchgeführt werden.

1. Rentensplitting (nicht »Realsplitting«, vgl. dazu Nr. 171).
Das Familiengericht teilt die Anwartschaften aus der gesetzlichen Rentenversicherung. Dies ist zunächst ohne steuerliche Auswirkung. Der spätere Rentenbezug ist dann bei beiden geschiedenen Ehegatten nach den in Nr. 215 dargelegten Grundsätzen zu versteuern.

2. Quasi-Splitting oder fiktive Nachversicherung
Insbesondere bei Beamtenpensionen schafft das Familiengericht zum Zwecke des Ausgleichs Rentenanwartschaften in der gesetzlichen Rentenversicherung zu Gunsten des sonst benachteiligten Ehegatten. Die Mittel dieser fiktiven Nachversicherung muß der Versorgungsträger des Pensionsberechtigten zu dessen Lasten aufbringen. Auch dieses Quasi-Splitting hat erst steuerliche Auswirkung, sobald der Versorgungsfall eingetreten ist. Bei dem »Nachversicherten« handelt es sich um Renteneinkünfte (Nr. 215). Der beamtete Ehepartner kann freiwillig Zahlungen zur Wiederauffüllung seines Pensionsanspruchs leisten. Diese kann er steuerlich als Werbungskosten voll absetzen (nicht ganz unbestritten).

3. Nach dem Härteregelungsgesetz (Bundesgesetzblatt 1983 I S. 105) kann der eine geschiedene Ehegatte zugunsten des anderen zur Begründung eines Rentenanspruchs an die gesetzliche Renten-

versicherung Zahlungen leisten. Diese sind steuerlich aber weder als Werbungskosten noch als Sonderausgaben oder außergewöhnliche Belastungen absetzbar. Die späteren Zahlungen an den Berechtigten werden bei diesem als Renteneinkünfte besteuert (Nr. 215).

4. Schuldrechtlicher Versorgungsausgleich
Ist ein Versorgungsausgleich nach den oben dargelegten Grundsätzen nicht möglich, erfolgt der Ausgleich schuldrechtlich. Die laufenden Zahlungen aus einem schuldrechtlichen Versorgungsausgleich sind für den Belasteten als Sonderausgaben (dauernde Lasten) absetzbar (Nr. 170), der Berechtigte hat seine Bezüge dementsprechend voll zu versteuern.

173 Wird von Ihrem Arbeitslohn Kirchensteuer einbehalten?

Kirchensteuern sind Geldleistungen, die von den als Körperschaften des öffentlichen Rechts anerkannten Religionsgemeinschaften von ihren Mitgliedern auf Grund gesetzlicher Bestimmungen erhoben werden. Keine Kirchensteuern sind freiwillige Beiträge, die an öffentlich-rechtliche Religionsgemeinschaften oder andere religiöse Gemeinschaften entrichtet werden. Wegen des Abzugs freiwilliger Beiträge siehe Nrn. 176 bis 179.

Beiträge der Mitglieder von Religionsgemeinschaften, die mindestens in einem Bundesland als Körperschaften des öffentlichen Rechts anerkannt sind, aber während des ganzen Kalenderjahrs keine Kirchensteuer erheben, können wie Kirchensteuern abgezogen werden. Voraussetzung ist, daß der Steuerpflichtige über die geleisteten Beiträge eine Empfangsbestätigung der Religionsgemeinschaft vorlegt. Der Abzug ist bis zur Höhe der Kirchensteuer zulässig, die in dem betreffenden Land unter Berücksichtigung der Kinderermäßigung von den als Körperschaften des öffentlichen Rechts anerkannten Religionsgemeinschaften erhoben wird.

Wurde im Laufe des Jahres Kirchensteuer erstattet (weil z. B. zuviel vorausbezahlt wurde), so ist dieser Betrag beim Sonderausgabenabzug mindernd zu berücksichtigen.

174 Zahlen Sie Steuerberatungskosten?

Steuerberatungskosten, zu denen auch Aufwendungen für Steuerfachliteratur (z. B. die Kosten für dieses Buch) gehören, können nur insoweit als Sonderausgaben abgezogen werden, als sie weder Betriebsausgaben noch Werbungskosten sind. Wegen der Abzugsfähigkeit als Werbungskosten s. Nr. 118. Ist eine einwandfreie Abgrenzung nicht möglich, so müssen die Kosten im Schätzungswege aufgeteilt werden. Dabei kann eine vom Steuerpflichtigen vorgenommene Aufteilung aus Vereinfachungsgründen ohne nähere Prüfung anerkannt werden, wenn der Gesamtbetrag der Steuerberatungskosten im Kalenderjahr nicht mehr als 1000 DM beträgt.

175 Stehen Sie oder Ihr Ehegatte in Berufsausbildung oder lassen Sie sich umschulen oder haben Sie Ausgaben für die Weiterbildung in einem nicht ausgeübten Beruf?

Aufwendungen des Arbeitnehmers für seine Berufsausbildung (auch berufliche Umschulung) sind als Sonderausgaben abzugsfähig, und zwar bis zu 900 DM im Kalenderjahr. Dieser Betrag erhöht sich auf 1200 DM, wenn der Arbeitnehmer wegen der Ausbildung außerhalb des Orts untergebracht ist, in dem er einen eigenen Hausstand unterhält. Die Vergünstigung gilt entsprechend, wenn dem Arbeitnehmer Aufwendungen für eine Berufsausbildung seines Ehegatten erwachsen; in diesem Fall können die Beträge von 900 bzw. 1200 DM für den in der Berufsausbildung befindlichen Ehegatten insgesamt nur einmal abgezogen werden. Zu den Aufwendungen für eine Berufsausbildung gehören nicht Aufwendungen für den Lebensunterhalt, es sei denn, daß es sich um Mehraufwendungen handelt, die durch eine auswärtige Unterbringung entstehen. Soweit der Sonderausgabenabzug nicht in Betracht kommt, kann die Abzugsfähigkeit der Aufwendungen auch noch unter dem Gesichtspunkt einer außergewöhnlichen Belastung geprüft werden (vgl. Nr. 189). Im übrigen sind Aufwendungen für die Weiterbildung in einem nicht ausgeübten Beruf im gleichen Umfang begünstigt. Diese Möglichkeit wird vor allem Ehefrauen, die ihre Berufsausübung unterbrochen haben, interessieren. Aufwendungen für eine hauswirtschaftliche Aus- und Weiterbildung gelten als Aufwendungen für eine Berufsausbildung.

Als Berufsausbildung (im Gegensatz zur Fortbildung in einem bereits ausgeübten Beruf, s. dazu Nrn. 121, 122) ist die Ausbildung für einen künftigen Beruf anzusehen, z. B. die Ausbildung für einen handwerklichen, kaufmännischen, technischen oder wissenschaftlichen Beruf sowie die Ausbildung in der Hauswirtschaft aufgrund eines Lehrvertrags oder an einer Lehranstalt, z. B. Haushaltsschule, Berufsfachschule. Die Berufsausbildung soll die für die Ausübung eines Berufs notwendigen fachlichen Fertigkeiten und Kenntnisse in einem geordneten Ausbildungsgang vermitteln. Darunter fällt z. B. der Besuch von Allgemeinwissen vermittelnden Schulen, von Fachschulen und Hochschulen. Auch Aufwendungen für den Besuch von kurzen Tageskursen oder Abendkursen, die der Berufsausbildung oder der Weiterbildung in einem nicht ausgeübten Beruf dienen, können als Sonderausgaben berücksichtigt werden.

Eine hauswirtschaftliche Aus- oder Weiterbildung gilt auch dann als Berufsausbildung, wenn sie für den eigenen Bedarf erfolgt und nicht die Grundlage für eine entsprechende, später gegen Entgelt auszuübende Tätigkeit ist. Die Kosten zur Erlangung der Doktorwürde (Promotion) fallen unter die hier behandelten Ausbildungskosten, und zwar auch dann, wenn die Doktorprüfung erst nach Eintritt in das Berufsleben abgelegt wird. (Die Aufwendungen hingegen, die ein wissenschaftlicher Assistent für die Habilitation hat, sind Werbungskosten.) Ausbildungskosten sind auch die Aufwendungen eines Hochbauingenieurs, der an einer Hochschule Architektur studiert, selbst wenn er bereits vorher mit den Tätigkeiten eines Architekten befaßt war, sowie die Aufwendungen eines Chemielaboranten für den Besuch einer Ingenieur-Fachschule mit dem Ziel, graduierter Chemieingenieur zu werden, die Aufwendungen für ein berufsintegrierendes Erststudium an einer Fachhochschule mit dem Ziel, den Hochschulgrad eines Diplom-Betriebswirtes (FH) zu erwerben und die Aufwendungen eines Kaufmannsgehilfen für den Besuch einer höheren Wirtschaftsschule, um graduierter Betriebswirt zu werden.

Zu den abzugsfähigen Aufwendungen gehören nicht nur die unmittelbaren Ausbildungs- oder Weiterbildungskosten, z.B. Schul-, Lehrgangs- und Studiengebühren, Aufwendungen für Lernmaterial, Fachbücher usw., sondern auch Aufwendungen für Fahrten zwischen Wohnung und Ausbildungs- oder Weiterbildungsstätte und Mehraufwendungen, die durch eine auswärtige Unterbringung entstehen. Bei Benutzung eines eigenen Kfz oder Fahrrads zu Fahrten zwischen Wohnung und Ausbildungs- oder Weiterbildungsstätte können die in Nr. 92 unter Ziff. 1 c genannten Kilometersätze angewendet werden. Unterhält der Steuerpflichtige am bisherigen Wohnort keinen eigenen Hausstand, so können Kosten der auswärtigen Unterbringung und Verpflegung zum Zwecke der Berufsausbildung oder Weiterbildung in einem nicht ausgeübten Beruf nicht als Sonderausgaben berücksichtigt werden. Wann ein eigener Hausstand vorliegt, richtet sich nach den Ausführungen unter Nr. 88. Erhält der Steuerpflichtige steuerfreie Bezüge zur unmittelbaren Förderung seiner Ausbildung oder Weiterbildung, so entfällt der Abzug insoweit. Das gilt auch dann, wenn die zweckgebundenen steuerfreien Bezüge erst nach Ablauf des betreffenden Kalenderjahrs gezahlt werden. Ergänzend ist in den Lohnsteuerrichtlinien bestimmt, daß eine Kürzung nur dann vorzunehmen ist, wenn die steuerfreien Bezüge *ausschließlich* für die unmittelbaren Ausbildungs- oder Weiterbildungskosten bestimmt sind. Dienen die steuerfreien Bezüge (auch) dem Lebensunterhalt, tritt eine Kürzung nicht ein. Zu den abziehbaren Aufwendungen gehören auch Zinsen für ein Ausbildungsdarlehen, sogar dann, wenn sie nach Abschluß der Berufsausbildung gezahlt werden.

176 Haben Sie mit einer Spende mildtätige, kirchliche, religiöse, wissenschaftliche, kulturelle oder andere gemeinnützige Zwecke gefördert?

Ihre Ausgaben zur Förderung der genannten Zwecke sind grundsätzlich als Sonderausgaben abzugsfähig. Dies gilt aber nur, wenn die Beträge einem spendenberechtigten Empfänger zugewendet werden (z. B. an eine Körperschaft des öffentlichen Rechts, an eine öffentliche Dienststelle oder eine gemeinnützige Körperschaft). Der Empfänger muß bestätigen, daß die Spende zu einem der genannten Zwecke bzw. für satzungsgemäße Zwecke verwendet wird. Wenn Sie eine entsprechende Zuwendung vornehmen wollen, erkundigen Sie sich im Zweifel vorher, ob Sie eine ordnungsgemäße Spendenbestätigung bekommen können. In manchen Fällen genügt für den Nachweis der Zahlungsbeleg der Post oder eines Kreditinstituts, nämlich dann, wenn die Zuwendung an den entsprechend berechtigten Empfänger höchstens 100 DM beträgt oder bei Spenden auf Sonderkonten in Katastrophenfällen.

Nach den neuesten Weisungen der Finanzverwaltung kann auf die Vorlage von Belegen überhaupt verzichtet werden, wenn der Gesamtbetrag der Spenden 200 DM nicht übersteigt. Die Verwaltung verlangt aber eine plausible Angabe, so z. B.: »200 DM für SOS-Kinderdorf und Brot für die Welt.«

Der steuerliche Spendenabzug ist beschränkt. Maximal können Sie pro Jahr bis zu 5% des Gesamtbetrags Ihrer Einkünfte abziehen, für wissenschaftliche oder kulturelle Zwecke bis zu 10%.

177 Zahlen Sie Beiträge und kleinere Spenden an eine Partei?

Mitgliedsbeiträge und Spenden an Parteien sind bis zur Höhe von 1200 DM (2400 DM bei Eheleuten) mit 50% von der Steuerschuld absetzbar. Die maximale Steuerentlastung beträgt also 600 DM (bzw. 1200 DM). Sie ist damit für jeden Steuerzahler gleich, unabhängig wie hoch bei ihm die steuerliche Grenzbelastung ist.

178 Leisten Sie größere Spenden und Beiträge an Parteien?

Spenden und Mitgliedsbeiträge, soweit sie nicht unter die in Nr. 177 aufgezeigte Regelung fallen, sind als Sonderausgaben absetzbar und zwar bis zu höchstens entweder 5% des Gesamtbetrags der Einkünfte oder 2% der Summe der gesamten Umsätze und Löhne und Gehälter der betreffenden Jahre.

Der Steuerpflichtige hat dem Finanzamt durch eine besondere Spendenbestätigung der politischen Partei nachzuweisen, daß die Voraussetzungen für den Abzug der Spende erfüllt sind. Die Spendenbestätigung muß mindestens von einer durch Satzung oder Auftrag zur Entgegennahme von Zahlungen berechtigten Person unterschrieben sein und eine Erklärung darüber enthalten, daß die Partei den ihr zugewendeten Betrag nur für ihre satzungsgemäßen Zwecke verwendet. Bei Sachspenden müssen der Wert und die genaue Bezeichnung der gespendeten Sache angegeben sein. Als Nachweis für die Zahlung von Mitgliedsbeiträgen genügt die Vorlage von Einzahlungsbelegen oder Beitragsquittungen.

Bei Spenden von mehr als 20000 DM pro Kalenderjahr hängt darüber hinaus die steuerliche Berücksichtigung noch davon ab, daß die Spende im Rechenschaftsbericht der Partei verzeichnet und damit veröffentlicht wird. Der Spender trägt also das Risiko der ordnungsgemäßen Behandlung seiner Zuwendung. Die Rechenschaftsberichte sind von den Parteien bis zum 30. September des dem Rechnungsjahr folgenden Jahres zu erstellen und dem Präsidenten des Deutschen Bundestages vorzulegen. Dieser kann die Frist aus besonderen Gründen bis zu 3 Monaten verlängern. Kann der Nachweis deshalb im Zeitpunkt der Veranlagung noch nicht erbracht werden, so ist die Steuer vorläufig festzusetzen, soweit nicht eine Steuerfestsetzung unter dem Vorbehalt der Nachprüfung in Betracht kommt.

Das Bundesverfassungsgericht hat die Spendenregelung insoweit für nichtig erklärt, als sie Parteispenden für einen Betrag über 100000 DM zuläßt (bei Zusammenveranlagung 200000 DM).

179 Haben Sie eine Sachspende geleistet?

Eine Spende kann auch in einer Sachzuwendung bestehen. Die Spendenbescheinigung muß in diesem Fall die Art der Zuwendung und den Wert angeben (z. B. die für einen gemeinnützigen Verein aufgewendeten Fahrtkosten). In Bundessteuerblatt 1972 II S. 613 hat der Bundesfinanzhof die kostenlose Betreuung einer Pilgergruppe durch eine Ärztin anerkannt. Der Wert der Spende hat nach Auffassung des Gerichts in den bei der Reise entstandenen erhöhten Ausgaben für die Lebensführung bestanden. Bei Sachspenden kommt es häufig auf die Art der Vereinbarung an. Es wird zumeist günstig sein, eine entgeltliche Leistung zu vereinbaren, die Sie dann spendenbegünstigt erlassen können. Wird von vornherein auf eine Kostenerstattung verzichtet, liegt keine Spende vor. Im übrigen muß die Spendenbescheinigung in den hier angesprochenen Fällen die Art der Zuwendung und den Wert angeben.

Außergewöhnliche Belastungen

180 Wollen Sie sich allgemein über außergewöhnliche Belastungen informieren?

Zweck der steuerlichen Berücksichtigung außergewöhnlicher Belastungen ist es, der steuerlichen Gleichmäßigkeit und der sozialen Gerechtigkeit zu dienen und Härten zu mildern oder zu beseitigen, die sich durch außergewöhnliche Belastungen im Einzelfall ergeben können. Bei den außergewöhnlichen Belastungen handelt es sich um Aufwendungen, die dem Arbeitnehmer zwangsläufig erwachsen und die größer sind als die Aufwendungen der überwiegenden Mehrzahl der Steuerpflichtigen gleicher Einkommensverhältnisse, gleicher Vermögensverhältnisse und gleichen Familienstands. Gesetzlich ausgeschlossen ist die Berücksichtigung von Aufwendungen für Diätverpflegung.

Außergewöhnliche Belastungen werden vom Arbeitslohn abgezogen, bevor die auf den Arbeitslohn entfallende Lohnsteuer berechnet wird. Sie mindern also im Ergebnis die Steuerschuld. Außergewöhnliche Belastungen können durch Eintragung eines steuerfreien Betrags auf der Lohnsteuerkarte berücksichtigt werden. In diesem Fall muß ein Antrag auf Lohnsteuerermäßigung gestellt werden; wegen der in diesem Zusammenhang zu beachtenden Besonderheiten s. Nr. 5. Nachträglich können außergewöhnliche Belastungen im Wege des Lohnsteuerjahresausgleichs geltend gemacht werden (s. Nr. 7). Im übrigen müssen die außergewöhnlichen Belastungen durch Belege nachgewiesen oder glaubhaft gemacht werden.

Bei der Behandlung der außergewöhnlichen Belastungen wird unterschieden zwischen allgemeinen außergewöhnlichen Belastungen (Nrn. 181 bis 200) und solchen in besonderen Fällen (Nrn. 202 bis 211).

a) außergewöhnliche Belastungen allgemeiner Art

181 **Wollen Sie wissen, unter welchen Voraussetzungen eine außergewöhnliche Belastung allgemeiner Art berücksichtigt werden kann?**

Außergewöhnliche Belastungen allgemeiner Art sind insbesondere die in den Nrn. 182 bis 201 behandelten Fälle. Wenn eine solche *Belastung* berücksichtigt werden soll, so müssen folgende Voraussetzungen erfüllt sein:

1. Was den *Grund* für die außergewöhnliche Belastung betrifft: Der Steuerpflichtige muß belastet sein, d. h. in seiner persönlichen Lebenssphäre muß ein Ereignis eintreten, das für ihn eine Last darstellt. Eine Belastung liegt nur insoweit vor, als der Steuerpflichtige die Ausgaben selbst zu tragen hat. Das Ereignis muß für den Steuerpflichtigen außergewöhnlich sein. Dem Steuerpflichtigen müssen größere Aufwendungen als der überwiegenden Mehrzahl der Steuerpflichtigen gleicher Einkommens-, Vermögens- und Familienverhältnisse erwachsen. Das Ereignis und die Beseitigung seiner Folgen müssen für den Steuerpflichtigen zwangsläufig sein, d. h. er muß sich ihnen aus rechtlichen, tatsächlichen oder sittlichen Gründen nicht entziehen können (Beispiele: Krankheit, Tod, Unfall, Unwetterschäden).

2. Was die *Höhe* der außergewöhnlichen Belastung betrifft: Die Aufwendungen müssen dem Steuerpflichtigen zwangsläufig erwachsen. Die Aufwendungen können daher nur insoweit berücksichtigt werden, als sie den Umständen nach notwendig sind und einen angemessenen Betrag nicht übersteigen.

3. Die berücksichtigungsfähigen Aufwendungen müssen schließlich die dem Steuerpflichtigen *zumutbare Belastung* übersteigen. Dieses Erfordernis dient dem Zweck, die wirtschaftliche Leistungsfähigkeit des Arbeitnehmers zu berücksichtigen. Im einzelnen beträgt die zumutbare Belastung:

bei einem Gesamtbetrag der Einkünfte	bis 30 000 DM	über 30 000 DM bis 100 000 DM	über 100 000 DM
1. bei Steuerpflichtigen, die keine Kinder haben und bei denen die Einkommensteuer			
a) nach der Einkommensteuer-Grundtabelle	5	6	7
b) nach der Einkommensteuer-Splittingtabelle	4	5	6
zu berechnen ist;			
2. bei Steuerpflichtigen mit			
a) einem Kind oder zwei Kindern	2	3	4
b) drei oder mehr Kindern	1	1	2
	Prozent des Gesamtbetrags der Einkünfte		

Als berücksichtigungsfähige Kinder zählen alle, für die der Steuerpflichtige einen Kinderfreibetrag erhält.

Bei Ehegatten, die beide unbeschränkt steuerpflichtig sind und nicht dauernd getrennt leben, genügt es für die Geltendmachung außergewöhnlicher Belastungen, daß die Voraussetzungen für die Eintragung eines Freibetrags auf der Lohnsteuerkarte in der Person eines Ehegatten erfüllt sind.

182 Haben Sie ein Kind bekommen?

Die Kosten, die mit der Geburt eines Kindes in Zusammenhang stehen, können als außergewöhnliche Belastung anerkannt werden. In Frage kommen die Kosten für den Krankenhausaufenthalt, für Arzt und Hebamme, Krankentransport, Krankenpflege, Arzneimittel usw. Die Aufwendungen für eine Säuglingspflegerin können nur dann geltend gemacht werden, wenn eine entsprechende ärztliche Anordnung erteilt wurde. Ausgaben für die Erstausstattung des Kindes (Wäsche, Kinderbett, Kinderwagen usw.) sind dagegen keine außergewöhnlichen Belastungen. Geburtsbeihilfen (vgl. Nr. 45) und Leistungen von Krankenkassen (vgl. Nr. 71) müssen angerechnet werden.

183 Haben Sie Kosten wegen Krankheit?

Aufwendungen zur Heilung einer typischen Berufskrankheit sind Werbungskosten (Nr. 120). Andere Krankheitskosten des Steuerpflichtigen oder die seiner Familie können eine außergewöhnliche Belastung darstellen. Die Rechtsprechung erkennt folgende Aufwendungen an: Arztkosten, Krankenhauskosten und zwar ohne Minderung wegen einer Haushaltsersparnis, Medikamente, dann Kosten für notwendige Heil- und Hilfsmittel wie Brillen, Rollstuhl, Zahnprothesen, sonstige Prothesen usw.; Fahrtkosten zum behandelnden Arzt, Pflegekosten, Umzugskosten (für einen Gelähmten zur leichter zugänglichen Wohnung), Unterbringungskosten bei auswärtiger Behandlung.

Nicht anerkannt wurden Aufwendungen, die nur *mittelbar* Folgen der Krankheit sind, wie z. B. für den Umzug in eine mildere Gegend bei einem Bronchialleiden, für die Anschaffung neuer Kleidung nach einer Abmagerungskur usw.

Auch Maßnahmen, die nur der Vorbeugung dienen, sind nicht absetzbar: Kosten einer Geschirrspülmaschine zur Schonung der kranken Ehefrau, Unterhaltskosten eines Schwimmbads u. ä.

Aufwendungen für die Ausübung eines bestimmten Sports sind nur dann berücksichtigungsfähig, wenn die Notwendigkeit zur Heilung oder Linderung einer Krankheit nachgewiesen ist und wenn der Sport unter ärztlicher Aufsicht ausgeübt wird.

Leistungen von Dritten, wie z. B. Beihilfen des Arbeitgebers oder Zahlungen der Krankenversicherung müssen angerechnet werden. Ausnahme: Bezüge aus einer Krankentagegeldversicherung.

184 Haben Sie Kosten für die Unterbringung in einem Altenpflegeheim?

Der Bundesfinanzhof hat jetzt ausgesprochen, daß derartige Kosten als außergewöhnliche Belastung anzugeben sind, wenn ein Steuerpflichtiger krankheitsbedingt in einem Altenpflegeheim untergebracht wurde. Hat der Steuerpflichtige seinen bisherigen Haushalt aufgelöst, so sind die Aufwendungen um die Haushaltsersparnis zu kürzen. Besteht der bisherige Haushalt weiter, so kann es auch keine Kürzung wegen Haushaltsersparnis geben (Bundessteuerblatt 1981 II S. 23 und S. 25).

185 Haben Sie Aufwendungen für Arznei- oder Stärkungsmittel?

Solche Aufwendungen können als außergewöhnliche Belastung in der Regel nur anerkannt werden, wenn ihre durch Krankheit bedingte Zwangsläufigkeit und Notwendigkeit durch eine ärztliche Verordnung nachgewiesen wird. Ohne besondere ärztliche Bescheinigung können solche Aufwendungen berücksichtigt werden, wenn es sich um länger dauernde Krankheit handelt, deren Vorliegen schon früher glaubhaft gemacht oder nachgewiesen worden ist und die einen laufenden Verbrauch bestimmter Medikamente bedingt.

186 Haben Sie sich einer Kur unterzogen?

Aufwendungen für eine Badekur können – nach Anrechnung von Leistungen Dritter (z. B. einer Krankenkasse) – insoweit berücksichtigt werden, als sie nach den gesamten Umständen des Einzelfalls zwangsläufig und außergewöhnlich sind. Der Arbeitnehmer muß die Kurbedürftigkeit nachweisen, und zwar in der Regel durch Vorlage eines amtsärztlichen Zeugnisses, sofern sich die Notwendigkeit der Kur nicht schon aus anderen Unterlagen, z. B. bei Pflichtversicherten aus der Bescheinigung der Versicherungsanstalt oder der Krankenkasse und bei öffentlich Bediensteten aus der Bestätigung der Behörde, daß die Notwendigkeit der Kur im Rahmen der Bewilligung von Zuschüssen oder Beihilfen geprüft und anerkannt worden ist, offensichtlich ergibt. Außerdem muß sich der Arbeitnehmer am Kurort grundsätzlich in ärztliche Behandlung begeben. Bei der Anerkennung von Verpflegungsaufwendungen anläßlich der Kur ist die Haushaltsersparnis von einem Fünftel der Aufwendungen, höchstens 6 DM täglich, zu berücksichtigen. Hat jedoch der Arbeitnehmer die Badekur anstelle einer nach seinen Einkommensverhältnissen sonst üblichen Erholungsreise gemacht, so können die Kosten der Unterbringung und Verpflegung nur insoweit berücksichtigt werden, als sie die üblichen Kosten einer Erholungsreise übersteigen. Dagegen können die am Badeort entstandenen Arzt- und Kurmittelkosten regelmäßig als zwangsläufig angesehen werden. Als Kosten der Fahrt zu einem Kurort, in dem ein Arbeitnehmer eine berücksichtigungsfähige Badekur macht, sind grundsätzlich die Kosten der öffentlichen Verkehrsmittel anzusetzen. Die Kosten für die Benutzung eines eigenen Kraftfahrzeugs können nur ausnahmsweise berücksichtigt werden, wenn besondere persönliche Verhältnisse des Arbeitnehmers dies erfordern (z. B. eine körperliche Behinderung). Bei alten hilflosen Arbeitnehmern können als außergewöhnliche Belastung auch Kosten für eine Begleitperson berücksichtigt werden. Kosten für Kuren im Ausland sind in der Regel nur bis zur Höhe der Aufwendungen, die in einem dem Heilzweck entsprechenden inländischen Kurort entstehen würden, als außergewöhnliche Belastung anzuerkennen. Aufwendungen für Vorsorgekuren werden nur anerkannt, wenn aus einer amtsärztlichen Bescheinigung zumindest die Gefahr einer Krankheit zu ersehen ist, die durch die Kur abgewendet werden soll, und wenn im übrigen auch die Vorsorgekur unter ärztlicher Aufsicht und Anleitung durchgeführt wird. Aufwendungen für verordnete Nachkuren sind meist nicht außergewöhnlich. Das gilt vor allem, wenn sie nicht unter ärztlicher Aufsicht in einer besonderen Kranken- oder Genesungsanstalt durchgeführt werden.

Die Aufwendungen für eine anerkannte Heilkur können gesondert neben dem Pauschbetrag für Körperbehinderte (Nr. 210) geltend gemacht werden.

187 Haben Sie Kosten für Zahnbehandlung oder Zahnersatz?

Die Aufwendungen können ebenso wie Krankheitskosten (vgl. Nr. 183) als außergewöhnliche Belastung anerkannt werden.

188 Hatten Sie einen Unfall?

Die Aufwendungen für Arzt und Krankenhaus können wie Krankheitskosten (vgl. Nr. 183) berücksichtigt werden. Auch die Aufwendungen für den Ersatz fremden Schadens und für die Beseitigung eigenen Sachschadens können als außergewöhnliche Belastung zu berücksichtigen sein. Anders dann, wenn der Steuerpflichtige für seine Aufwendungen einen Gegenwert erhält (z. B. Anschaffung eines neuen Wagens).

189 Müssen Sie wegen einer Krankheit oder wegen eines Unfalls Ihren Beruf wechseln?

Die Kosten der Umschulung, gegebenenfalls auch eines Studiums, können als außergewöhnliche Belastung geltend gemacht werden. Der Bundesfinanzhof hat ausdrücklich festgestellt, daß dieser Grundsatz auch dann gilt, wenn die Kosten für den Berufswechsel des Ehegatten aufgewendet werden. Aufwendungen für Berufsausbildung (vgl. Nr. 175) können unter dem hier erwähnten Aspekt auch abgezogen werden, soweit sie nicht als Sonderausgaben abziehbar sind.

190 Haben Sie für ein Kind, für das Ihnen Kindergeld zusteht, wegen Krankheit oder Gebrechen außergewöhnliche Kosten?

Mit dem Kindergeld (s. Nr. 17) sollen – mit Ausnahme der Kosten für die auswärtige Unterbringung von in der Berufsausbildung stehenden Kindern (vgl. Nr. 207) – die üblichen Aufwendungen für den Unterhalt, z. B. die Kosten für Berufsausbildung, berücksichtigt werden. Kommen aber zu den üblichen Aufwendungen für das Kind aufgrund außergewöhnlicher Umstände noch andere Aufwendungen hinzu (z. B. infolge von Krankheit oder Unterbringung eines Kindes in einer Blinden-, Taubstummen- oder Heil- und Pflegeanstalt, auch in einer Privatschule für Legastheniker), so können diese Mehraufwendungen als außergewöhnliche Belastung berücksichtigt werden. Gegebenenfalls kommt die Anwendung eines Pauschbetrags für Körperbehinderte (vgl. Nr. 210) in Betracht.

191 Müssen Sie Ihrem Kind Nachhilfeunterricht erteilen lassen?

Die Kosten für den Nachhilfeunterricht können in der Regel nicht als außergewöhnliche Belastung anerkannt werden.

Dies gilt nach neuerer Rechtsprechung jetzt leider auch für den Fall, daß der Nachhilfeunterricht erforderlich ist, weil das Kind infolge eines Wohnungswechsels eine andere als die bisherige Schulart besuchen muß.

192 Befindet sich ein naher Angehöriger von Ihnen im Krankenhaus und haben Sie Kosten für Besuchsfahrten?

Aufwendungen für medizinisch veranlaßte Besuchsfahrten können eine außergewöhnliche Belastung darstellen. Voraussetzung dafür ist nach dem Urteil des Bundesfinanzhofs vom 2. 3. 1984 (Bundessteuerblatt 1984 II S. 484) eine Bescheinigung des behandelnden Krankenhausarztes, aus der hervorgehen muß, daß bei der konkreten Krankheit der Besuch (im Urteilsfall: des Ehegatten) zur Heilung oder Linderung entscheidend beitragen kann. Eine außergewöhnliche Belastung hat das Niedersächsische Finanzministerium mit Erlaß vom 16. 7. 1986 (Betriebs-Berater 1986 S. 1765) für den Fall anerkannt, daß Eltern ein bis zu einem Jahr altes Kleinkind besuchen, das über längere Zeit in einem Krankenhaus stationär behandelt wird. Hier ist kein weiterer Nachweis erforderlich.

193 Ist ein Angehöriger von Ihnen verstorben?

Beerdigungskosten sind Nachlaßverbindlichkeiten, sie können also für den Erben nur insoweit eine außergewöhnliche Belastung darstellen, als sie den Wert des Nachlasses übersteigen. Berücksichtigungsfähig sind gegebenenfalls die Kosten für die Grabstätte, für die Beerdigung, für Todesanzeigen und für Reisekosten in angemessenem Umfang. Die Finanzverwaltung (Verfügung der Oberfinanzdirektion Köln vom 20. 3. 1986, S 2525-8-St 121, Ziff. 21) hat anerkannt, daß Aufwendungen für Reisen zur Beerdigung naher Angehöriger innerhalb Europas und in die Türkei oder in entsprechender Entfernung liegende Länder ohne Rücksicht auf die Höhe des Einkommens als außergewöhnliche Belastung berücksichtigungsfähig sind und ein etwaiger Nachlaß nicht anzurechnen ist.

194 Mußten Sie aus gesundheitlichen Gründen umziehen?

Die Berücksichtigung der Kosten eines Umzugs als außergewöhnliche Belastung kann dann in Betracht kommen, wenn der Umzug aus gesundheitlichen Gründen zwingend erforderlich war, z. B. wegen einer Körperbeehinderung oder wegen klimatischer Verhältnisse. Berufen Sie sich erforderlichenfalls auf das Urteil des Bundesfinanzhofs vom 14. 12. 1965 (Bundessteuerblatt 1986 III S. 113).

Wegen eines Umzugs aus beruflichen Gründen vgl. Nr. 95.

195 Haben Sie Ihrer Tochter eine Aussteuer oder allgemein Ihren Kindern Ausstattungen gezahlt?

Aussteueraufwendungen für eine heiratende Tochter sind regelmäßig nicht als zwangsläufig anzusehen, weil sie grundsätzlich in den Vermögensbereich gehören; etwas anderes hat bisher ausnahmsweise gegolten, wenn die Eltern ihrer Verpflichtung, dem Kind eine Berufsausbildung zuteil werden zu lassen, nicht nachgekommen sind.

Inwieweit die Finanzverwaltung aus dem strengen Urteil des Bundesfinanzhofs in Bundessteuerblatt 1987 II S. 779 Konsequenzen ziehen wird, ist noch nicht abzusehen. Die neuen, nach diesem Urteil erlassenen Einkommensteuerrichtlinien (Abschnitt 186 Absatz 1 Nr. 3) berücksichtigen es jedenfalls noch nicht.

196 Müssen Sie Hausrat und Kleidung nach Verlust wiederbeschaffen?

Aufwendungen für die Anschaffung von Hausrat und Kleidung sind in der Regel keine außergewöhnliche Belastung. Wenn die Gegenstände durch ein unabwendbares Ereignis (z.B. Brand, Diebstahl, Hochwasser, Unwetter, Kriegseinwirkung, Flucht aus der DDR, Vertreibung, politische Verfolgung usw.) verloren wurden und wiederbeschafft werden müssen, können Aufwendungen für die Wiederbeschaffung von Hausrat und Kleidung für den Geschädigten selbst, seinen nicht dauernd getrennt lebenden Ehegatten oder seine Kinder, für die ihm ein Kinderfreibetrag zusteht oder gewährt wird, eine außergewöhnliche Belastung darstellen. Dies gilt auch für Asylanten und Asylbewerber.

197 Haben Sie Ausgaben zur Tilgung von Schulden?

Ausgaben zur Tilgung von Schulden sowie etwaige mit diesen Schulden zusammenhängende Schuldzinsen sind dem Grunde nach eine außergewöhnliche Belastung, soweit die Schuldaufnahme durch Ausgaben veranlaßt ist, die eine außergewöhnliche Belastung darstellen. Ausgaben zur Tilgung einer Schuld sind in der Regel keine außergewöhnliche Belastung, soweit der Schuld eine Forderung gegenübersteht. Aus Darlehensmitteln gezahlte Ausgaben, die ihrer Art nach eine außergewöhnliche Belastung sind, belasten das Einkommen des Steuerpflichtigen nicht; erst die im jeweiligen Veranlagungszeitraum auf das Darlehen geleisteten Tilgungsbeträge können zu einer Steuerermäßigung führen.

198 Haften Sie für einen fremden Schaden?

Die Aufwendungen zum Ersatz des Schadens können außergewöhnliche Belastungen darstellen. Der Schaden darf aber nicht vorsätzlich oder grob fahrlässig herbeigeführt worden sein.

199 Müssen Sie Verteidigungskosten zahlen?

Aufwendungen für die Strafverteidigung und Kosten des Strafverfahrens sind, da sie weder Strafe noch strafähnliche Rechtsfolge sind,

Betriebsausgaben oder Werbungskosten, wenn die dem Strafverfahren zugrunde liegende Tat in Ausübung der betrieblichen bzw. beruflichen Tätigkeit begangen worden ist (vgl. Nr. 117).

Beruht die Tat auf privaten Gründen oder ist sie sowohl privat als auch betrieblich bzw. beruflich veranlaßt, sind die Aufwendungen und Kosten nicht abziehbare Kosten der Lebensführung; jedoch können Strafverteidigungskosten im Fall eines Freispruchs sowie Verteidigungskosten in einem Bußgeld- oder Ordnungsgeldverfahren im Fall einer förmlichen Einstellung außergewöhnliche Belastungen sein.

200 Haben Sie sich scheiden lassen?

Sämtliche Kosten der Ehescheidung einschließlich der Scheidungsfolgeregelungen sind als zwangsläufig anzuerkennen. Insbesondere zählen Kosten hierher, die durch die Regelung der elterlichen Sorge über ein Kind und des persönlichen Verkehrs entstehen. Das gleiche gilt für Kosten der Regelung der Unterhaltspflicht gegenüber Kindern und dem Ehegatten, des Versorgungsausgleichs, der güterrechtlichen Verhältnisse sowie der Rechtsverhältnisse an der Ehewohnung und dem Hausrat. Nicht berücksichtigt werden die Umzugskosten anläßlich einer Scheidung (Entscheidungen der Finanzgerichte 1980, S. 602).

Unterhaltszahlungen an den geschiedenen Ehegatten können bis zum Höchstbetrag von 18 000 DM abgezogen werden (auf Nr. 171 wird verwiesen). Kommt ein Abzug als Sonderausgaben mangels Einigung der geschiedenen Ehegatten nicht in Frage, so können jedoch Unterhaltsleistungen des Verpflichteten nach den Grundsätzen der Nr. 202 als außergewöhnliche Belastung berücksichtigt werden. Die Zwangsläufigkeit wird man bei Unterhaltsleistungen an den Geschiedenen, auch wenn sie ohne gesetzliche Verpflichtung gewährt werden, annehmen müssen. Ein Abzug als Rente oder dauernde Last (Nrn. 169, 170) kommt gegebenenfalls dann in Betracht, wenn die Zahlungen an den ehemaligen Ehepartner nicht zum Unterhalt, sondern zur vermögensrechtlichen Auseinandersetzung erfolgen. Siehe auch Nr. 14.

201 Haben Sie Kosten einer außerordentlichen Wohnraumbeschaffung?

Mieterabfindungen, Maklergebühren und verlorene Baukostenzuschüsse gelten im allgemeinen nicht als außergewöhnliche Belastung. Eine Ausnahme macht der Bundesfinanzhof aber (Bundessteuerblatt

1966 III S. 113), wenn ein Wohnungswechsel zur Beseitigung einer akuten Notlage unumgänglich war (Familienzusammenführung, gesundheitliche Gründe).

b) außergewöhnliche Belastungen in besonderen Fällen

(eine Kürzung des berücksichtigungsfähigen Betrages um die zumutbare Belastung [Nr. 181] wird nicht vorgenommen).

202 Unterstützen Sie eine Person, für die Sie keinen Anspruch auf Kindergeld haben?

Erwachsen einem Steuerpflichtigen zwangsläufig (s. »Außergewöhnliche Belastungen«) Aufwendungen für den Unterhalt und eine etwaige Berufsausbildung von Personen, für die weder der Steuerpflichtige noch eine andere Person Anspruch auf einen Kinderfreibetrag (Nr. 17) hat, so wird auf Antrag die Einkommensteuer dadurch ermäßigt, daß die Aufwendungen vom Gesamtbetrag der Einkünfte abgezogen werden, und zwar im Kalenderjahr 1. bis zu höchstens 4500 DM, wenn die unterhaltene Person das 18. Lebensjahr vollendet hat, 2. bis zu höchstens 2484 DM, wenn die unterhaltene Person noch nicht 18 Jahre ist. Voraussetzung ist, daß die unterhaltene Person kein oder nur ein geringes Vermögen besitzt. Hat die unterhaltene Person andere Einkünfte oder Bezüge, die zur Bestreitung des Unterhalts bestimmt oder geeignet sind, so vermindern sich die Beträge von 4500 DM und 2484 DM um den Betrag, um den diese Einkünfte und Bezüge den Betrag von 4500 DM übersteigen. Der Unterhalt für den Partner einer eheähnlichen Gemeinschaft ist keine außergewöhnliche Belastung. Hingegen hat der Bundesfinanzhof entschieden, daß Aufwendungen für den Unterhalt eines wehrpflichtigen Sohnes außergewöhnliche Belastungen sein können. Wehrsold und Weihnachtsgeld sowie Verpflegung und Unterkunft sind allerdings »andere Einkünfte und Bezüge« des Unterhaltenen, die unter den oben geschilderten Voraussetzungen zur Minderung des gesetzlichen Absetzungsbetrags (4500 DM) führen können. Auch der Unterhalt arbeitsloser Kinder fällt unter die Begünstigung. Werden die Aufwendungen für eine zu unterhaltende Person von mehreren Steuerpflichtigen getragen, so wird bei jedem der Teil des sich danach ergebenden Betrags abgezogen, der seinem Anteil am Gesamtbetrag der Leistungen entspricht. Für jeden vollen Kalendermonat, in dem die Voraussetzungen für den Abzug nicht vorgelegen haben, ermäßigt sich der abziehbare Betrag um ein

Zwölftel. Entsprechendes gilt für die anrechenbaren eigenen Einkünfte des Unterhaltenen.

203 Leisten Sie Unterhalt an Angehörige im Ausland?

Erwachsen einem Steuerpflichtigen zwangsläufig Aufwendungen für den Unterhalt und eine etwaige Berufsausbildung einer Person, für die weder der Steuerpflichtige noch eine andere Person Anspruch auf einen Kinderfreibetrag hat, so wird auf Antrag die Einkommensteuer dadurch ermäßigt, daß die Aufwendungen vom Gesamtbetrag der Einkünfte abgezogen werden, und zwar im Kalenderjahr

1. bis zu höchstens 4500 DM, wenn die unterhaltene Person das 18. Lebensjahr vollendet hat,
2. bis zu höchstens 2484 DM, wenn die unterhaltene Person das 18. Lebensjahr noch nicht vollendet hat.

Voraussetzung ist, daß die unterhaltene Person kein oder nur ein geringes Vermögen besitzt. Hat die unterhaltene Person andere Einkünfte oder Bezüge, die zur Bestreitung des Unterhalts bestimmt oder geeignet sind, so vermindern sich die Beträge von 4500 und 2484 DM um den Betrag, um den diese Einkünfte und Bezüge den Betrag von 4500 DM übersteigen. Ist die unterhaltene Person nicht unbeschränkt einkommensteuerpflichtig, so können die Aufwendungen nur abgezogen werden, soweit sie nach den Verhältnissen des Wohnsitzstaates der unterhaltenen Person notwendig und angemessen sind, höchstens jedoch der Betrag, der sich nach den obigen Ausführungen ergibt: Die Verwaltung hat hierzu eine Vereinfachungsregelung erlassen. Der Höchstbetrag an Unterhaltsleistungen und die Grenze von 4500 DM eigener Einkünfte des Unterhaltenen sind danach wie folgt anzusetzen (ab 1987):

in voller Höhe	mit ⅔	mit ⅓	
	wenn die unterhaltene Person lebt in		
1	2	3	
Europa	Europa	Europa-	Amerika
Andorra	Albanien	Afrika	Belize
Belgien	Bulgarien	Ägypten	Bolivien
Dänemark	Grönland	Äquatorialguinea	Brasilien
Finnland	Jugoslawien	Angola	Costa Rica
Frankreich	Malta	Äthiopien	Dominikanische
Gibraltar	Polen	Benin	Republik
Griechenland	Portugal	Botsuana	Ecuador
Großbritannien	Rumänien	Burundi	El Salvador
Irland	Sowjetunion	Dschibuti	Guatemala
Island	Tschechoslowakei	Elfenbeinküste	Guyana
Italien	Türkei	Gabun	Haiti

in voller Höhe	mit ⅔	mit ⅓	
		wenn die unterhaltene Person lebt in	
1	**2**	**3**	
Liechtenstein	Ungarn	Gambia	Honduras
Luxemburg	Zypern	Ghana	Jamaika
Monaco		Guinea	Kolumbien
Niederlande	Afrika	Guinea-Bissau	Kuba
Norwegen	Algerien	Kamerun	Nicaragua
Österreich	Libyen	Kenia	Paraguay
San Marino	Namibia	Komoren	Peru
Schweden	Südafrika	Kongo	Suriname
Schweiz		Lesotho	
Spanien	Amerika	Liberia	Asien
	Argentinien	Madagaskar	Afghanistan
Afrika-	Barbados	Malawi	Bangladesch
Amerika	Chile	Mali	Birma
Bahamas	Mexiko	Marokko	China (VR)
Bermudas	Panama		Indien
Kanada	Uruguay	Europa-	Indonesien
Trinidad und	Venezuela	Afrika	Irak
Tobago		Mauretanien	Iran
Vereinigte Staaten	Asien	Mauritius	Jemen
von Amerika	Bahrain	Mosambik	(Arab. Rep.)
	China (Taiwan)	Namibia	Jemen (VR)
Asien	Hongkong	Niger	Jordanien
Israel	Korea (DR)	Nigeria	Kamputschea
Japan	Libanon	Obervolta	Korea (VR)
Katar	Macao	Ruanda	Laos
Kuwait	Oman	Sambia	Malaysia
Saudi-Arabien	Singapur	Senegal	Malediven
Vereinigte		Seychellen	Mongolei
Arabische Emirate	Australien,	Sierra Leone	Nepal
	Ozeanien	Simbabwe	Pakistan
Australien	Fidschi	Somalia	Philippinen
Ozeanien		Sudan	Sri Lanka
Australien		Swasiland	Syrien
Neuseeland		Tansania	Thailand
		Togo	Vietnam
		Tschad	
		Tunesien	Australien, Ozeanien
		Uganda	Kiribati
		Zaire	Tonga
		Zentralafrikani-	Salomonen
		sche Republik	Samoa
			Papua-
			Neuguinea
			Tuvalu
			Vanuatu

Ein Türke z. B. kann demnach bis zu 3000 DM (= ⅔ von 4500 DM) für eine unterhaltene Person absetzen. Eigene Einkünfte z. B. der Ehefrau in der Türkei bleiben bis 3000 DM ohne Einfluß auf das Abzugsrecht für die Unterhaltsleistung des Ehemannes in Deutschland.

204 Unterstützen Sie Verwandte in der DDR oder in den Vertreibungsgebieten?

Unterstützungen für Verwandte und sonstige Angehörige, die in der DDR oder in den ost- oder südosteuropäischen Vertreibungsgebieten wohnen, sind ein Unterfall der unter Nr. 202 behandelten Unterstützungen. Wegen der besonderen Verhältnisse wird folgendes Verfahren anerkannt: Ausgaben für *Pakete* bzw. *Päckchen* werden ohne Einzelnachweis als außergewöhnliche Belastung in Höhe von je 40 DM bzw. 30 DM berücksichtigt. – Wer seine Angehörigen in Ost-Berlin, in der DDR oder in den Vertreibungsgebieten *besucht*, kann für jeden Besuch einen Pauschbetrag von 50 DM geltend machen. Der Besuch muß in geeigneter Weise nachgewiesen oder glaubhaft gemacht werden. Mit den Pauschbeträgen werden sämtliche Aufwendungen anläßlich eines Besuchs abgegolten, und zwar unabhängig von der Zahl der Besucher und der Zahl der besuchten Personen.

205 Haben Sie Verwandtenbesuch aus der DDR oder den Vertreibungsgebieten?

Für die Beherbergung und Beköstigung können Sie einen Tagessatz von 10 DM geltend machen.

206 Haben Sie Aufwendungen für die Pflege des Verhältnisses zu Ihrem Kind, das beim anderen Elternteil lebt?

Bei Geschiedenen, Getrenntlebenden und Nichtverheirateten muß das Kind zwangsläufig einem der beiden Elternteile zugeordnet werden. Erwachsen dem anderen Aufwendungen für die Pflege des Eltern-Kind-Verhältnisses, so wird bei ihm auf *Antrag* ein Betrag von 600 DM jährlich berücksichtigt (Besucherfreibetrag). Voraussetzung ist, daß dem Antragsteller für das Kind ein Kinderfreibetrag zusteht.

207 Haben Sie Aufwendungen für die Berufsausbildung Ihres Kindes?

1. Zur Berücksichtigung von Aufwendungen für die Berufsausbildung eines Kindes, für das der Steuerpflichtige einen Kinderfreibetrag erhält, gibt es besondere Ausbildungsfreibeträge. Für Kinder ab 18 Jahren beläuft sich der Freibetrag auf 2400 DM jährlich; bei auswärtiger Unterbringung auf 4200 DM jährlich. Für Kinder unter 18 Jahren wird nur bei auswärtiger Unterbringung ein Ausbildungsfreibetrag gewährt, der 1800 DM beträgt.

Auf diese Freibeträge werden eigene Einkünfte des Kindes soweit sie 3600 DM übersteigen, sowie BAFöG-Zuschüsse (nicht Darlehen), öffentliche Stipendien usw. angerechnet.

Als eigene Einkünfte zählen auch Unterhaltsleistungen, die der Ehegatte des Kindes aufwendet.

2. Erfüllen mehrere Personen diese Voraussetzung (Beispiele siehe nächster Satz), so kann der in Frage kommende Ausbildungsfreibetrag insgesamt nur einmal gewährt werden. Eine Einigung getrennt lebender oder geschiedener Ehegatten, daß der Ausbildungsfreibetrag ganz einem Elternteil übertragen wird, ist zulässig. Das gleiche gilt, wenn es sich um ein uneheliches Kind handelt.

3. Was im einzelnen zur Berufsausbildung gehört, kann zweifelhaft sein. Die Einkommensteuerrichtlinien sprechen u. a. folgende Fälle an: Der Besuch von Abendkursen oder Tageskursen von nur kurzer Dauer täglich kann nicht als Berufsausbildung angesehen werden. Ein schwerbehindertes Kind befindet sich auch dann in der Berufsausbildung, wenn es durch gezielte Maßnahmen auf eine – wenn auch einfache – Erwerbstätigkeit vorbereitet wird, die nicht spezifische Fähigkeiten oder Fertigkeiten erfordert. Bei einem schwerbehinderten Kind kann unter diesem Gesichtspunkt z. B. auch der Besuch einer Behindertenschule, einer Heimsonderschule oder das Arbeitstraining in einer Anlern- oder beschützenden Werkstatt eine Berufsausbildung darstellen. Die Berufsausbildung ist abgeschlossen, wenn das Kind einen Ausbildungsstand erreicht hat, der es zur Berufsausübung befähigt, oder wenn einem schwerbehinderten Kind eine seinen Fähigkeiten angemessene Beschäftigung möglich ist. Der Abschluß einer Berufsausbildung schließt nicht aus, daß das Kind später erneut in eine Berufsausbildung eintritt.

4. Liegen die Voraussetzungen für die Gewährung eines Ausbildungsfreibetrags nur für einen Teil des Jahres vor, so ermäßigt sich dieser für jeden Monat, in dem die Voraussetzungen fehlen, um ein Zwölftel. Entsprechendes gilt für anzurechnende eigene Einkünfte des Kindes.

208 Beschäftigen Sie eine Hausgehilfin?

Erwachsen einem Steuerpflichtigen Aufwendungen durch die Beschäftigung einer Hausgehilfin oder Haushaltshilfe, wenn

1. der Steuerpflichtige oder sein nicht dauernd getrennt lebender Ehegatte das 60. Lebensjahr vollendet hat oder

2. der Steuerpflichtige oder sein nicht dauernd getrennt lebender Ehegatte oder ein zu seinem Haushalt gehöriges Kind oder eine andere zu seinem Haushalt gehörige unterhaltene Person, nicht nur vorübergehend körperlich hilflos oder schwer körperbehindert ist oder die Beschäftigung einer Hausgehilfin oder einer Haushaltshilfe wegen Krankheit einer der genannten Personen erforderlich ist, so können Aufwendungen bis 1200 DM im Jahr abgezogen werden. Wird eine solche Ermäßigung nicht geltend gemacht, so kann ein Betrag von 1200 DM abgezogen werden, wenn der Steuerpflichtige oder sein nicht dauernd getrennt lebender Ehegatte in einem Heim oder dauernd zur Pflege untergebracht ist und die Aufwendungen für die Unterbringung Kosten für Dienstleistungen, die mit denen einer Hausgehilfin oder Haushaltshilfe vergleichbar sind, enthalten.

Eine Haushaltshilfe kann auch eine Person sein, welche die Erledigung der Hausaufgaben beaufsichtigt, ebenso eine Kinderpflegerin.

Als Aufwendungen für eine Haushaltshilfe gelten jetzt auch solche, die dem Steuerpflichtigen durch den Auftrag an einen selbständigen Unternehmer mit häuslichen Arbeiten erwachsen (Fensterputzen, Teppichklopfen, Waschen, Bügeln, Reinigen des Treppenhauses). Nicht hierher rechnet der Auftrag an eine Wäscherei, weil diese ihre Tätigkeit nicht im Haushalt des Steuerpflichtigen durchführt.

Bei Beschäftigung von nahen Angehörigen sind an den Nachweis arbeitsvertraglicher Beziehungen keine strengen Anforderungen zu stellen (Entscheidungen der Finanzgerichte 1975 S. 114). Der abziehbare Betrag ermäßigt sich für jeden vollen Kalendermonat, in dem die Voraussetzungen dafür nicht vorgelegen haben, um je ein Zwölftel. – U. U. besteht Lohnsteuer- und Sozialversicherungspflicht für die beschäftigte Person.

209 Sind Sie oder Ihr Ehegatte in einem Heim oder dauernd zur Pflege untergebracht?

Ein Betrag von 1200 DM kann auch dann als außergewöhnliche Belastung berücksichtigt werden, wenn der Steuerpflichtige oder sein nicht dauernd getrennt lebender Ehegatte in einem Heim oder dauernd zur Pflege untergebracht ist und die Aufwendungen für die Unterbringung Kosten für Dienstleistungen enthalten, die mit denen einer Hausgehilfin oder Haushaltshilfe vergleichbar sind. Heime in diesem Sinne sind Altenheime, Altenwohnheime, Pflegeheime und gleichartige Einrichtungen. Auf die tatsächliche Höhe der Kosten kommt es nicht an. Der Freibetrag wird jedoch nur dann gewährt, wenn die Unterbringung Dienstleistungen enthält, die mit denen einer Hausgehilfin oder Haushaltshilfe vergleichbar sind. Für jeden vollen Kalendermonat, in dem die Voraussetzungen nicht vorgelegen haben, ermäßigt sich der Freibetrag um je ein Zwölftel.

210 Sind Sie, Ihr Ehegatte oder Ihr Kind körperbehindert?

Einkommensteuerlich gibt es folgende Erleichterungen:

1. Pauschbeträge
Wegen der außergewöhnlichen Belastungen, die Körperbehinderten unmittelbar infolge ihrer Körperbehinderung erwachsen, wird auf Antrag ohne Kürzung um die zumutbare Belastung (s. Nr. 181) ein Pauschbetrag abgezogen, wenn nicht Aufwendungen nachgewiesen oder glaubhaft gemacht werden, die nach den allgemeinen Grundsätzen über die Berücksichtigung außergewöhnlicher Belastungen zu einem höheren Abzugsbetrag führen. Als Pauschbeträge werden gewährt:

bei einem Grad der Behinderung			Jahresbetrag
25%	bis	34%	600 DM
35%	bis	44%	840 DM
45%	bis	54%	1110 DM
55%	bis	64%	1410 DM
65%	bis	74%	1740 DM
75%	bis	84%	2070 DM
85%	bis	90%	2400 DM
91%	bis	100%	2760 DM

Für Blinde sowie für Körperbehinderte, die infolge der Körperbehinderung ständig so hilflos sind, daß sie nicht ohne fremde Wartung und Pflege bestehen können, erhöht sich der Pauschbetrag auf 7200 DM.

Die Pauschbeträge erhalten:
1. Körperbehinderte, deren Grad der Behinderung auf weniger als 50%, aber mindestens 25% festgestellt ist, wenn
    a) dem Körperbehinderten wegen seiner Behinderung nach gesetzlichen Vorschriften Renten und andere laufende Be-

züge zustehen, und zwar auch dann, wenn das Recht auf die Bezüge ruht oder der Anspruch auf die Bezüge durch Zahlung eines Kapitals abgefunden worden ist, oder

b) die Körperbehinderung zu einer äußerlich erkennbaren dauernden Einbuße der körperlichen Beweglichkeit geführt hat oder auf einer typischen Berufskrankheit beruht;

2. Körperbehinderte, deren Grad der Behinderung auf mindestens 50% festgestellt ist.

2. Pauschbeträge für behinderte Kinder

Steht der Pauschbetrag für Körperbehinderte einem Kind des Steuerpflichtigen zu, für das er einen Kinderfreibetrag erhält, so wird der Pauschbetrag auf Antrag auf den Steuerpflichtigen übertragen, wenn das Kind ihn nicht in Anspruch nimmt.

Wird für das gemeinsame Kind den geschiedenen, getrennt lebenden oder unverheirateten Eltern jeweils ein Kinderfreibetrag gewährt, so steht jedem Elternteil die Hälfte des Pauschbetrags zu.

Die geschiedenen, dauernd getrennt lebenden oder unverheirateten Eltern können abweichend bei der Veranlagung zur Einkommensteuer (nicht im Lohnsteuer-Ermäßigungsverfahren oder -Jahresausgleichsverfahren) gemeinsam eine andere Aufteilung des auf sie zu übertragenden Pauschbetrags beantragen.

3. Die Pauschbeträge können auf der Lohnsteuerkarte ohne Rücksicht auf die 1800 DM-Grenze (vgl. Nr. 5) eingetragen werden.

4. Berücksichtigung im Rahmen der außergewöhnlichen Belastungen nach Nrn. 182 f.

a) Wahlmöglichkeit

Der Körperbehinderte kann statt des Pauschbetrages (oben 1.) die tatsächlichen Aufwendungen, die ihm selbst (oder für sein Kind) aus der Behinderung erwachsen, geltend machen. Es ist hier aber genau zu prüfen, welche Möglichkeit mehr bringt (zumutbare Belastung, vgl. Nr. 181).

b) Pflegeheim

Derartige Kosten kann der Körperbehinderte geltend machen, sofern sie durch den erhöhten Pauschbetrag von 7200 DM (oben 1.) nicht abgegolten sind.

c) andere außergewöhnliche Belastungen, insbesondere für Privatfahrten

Abgesehen von den außergewöhnlichen Belastungen, die von allen Steuerpflichtigen geltend gemacht werden können (Nrn. 182 bis 201), haben Körperbehinderte darüber hinaus die Möglichkeit, neben dem Pauschbetrag noch bestimmte Aufwendungen, die mit der Körperbehinderung zusammenhängen, in Anspruch zu nehmen (außerordentliche Krankheitskosten, Aufwendungen für den

Privatschulbesuch eines körperbehinderten Kindes in besonderen Fällen).

Vor allem kommen hier Kosten für Privatfahrten in Frage. Bei Körperbehinderten, deren Grad der Behinderung mindestens 80% beträgt, können auch Kraftfahrzeugkosten, soweit sie nicht Betriebsausgaben sind, in angemessenem Rahmen als außergewöhnliche Belastung allgemeiner Art (also unter Kürzung entsprechend der zumutbaren Belastung) neben dem Pauschbetrag berücksichtigt werden. Das gleiche gilt bei Körperbehinderten, deren Grad der Behinderung mindestens 70%, aber weniger als 80% beträgt und bei denen darüber hinaus eine erhebliche Steh- und Gehbehinderung vorliegt. Als angemessen kann im allgemeinen ein nachgewiesener oder glaubhaft gemachter Aufwand für Privatfahrten von insgesamt 3000 km jährlich angesehen werden; dabei kann ein Kilometer-Satz von 0,42 DM – bei 3000 km also 1260 DM jährlich – zugrunde gelegt werden. Bei Körperbehinderten mit dem Merkzeichen »aG« im Ausweis können grundsätzlich alle Kfz-Kosten, soweit sie nicht Werbungskosten sind, als außergewöhnliche Belastung anerkannt werden, d.h. also in angemessenem Rahmen auch die Kosten für Erholungs-, Besuchsfahrten usw. In anderen Fällen können mehr als 3000 km jährlich nur berücksichtigt werden, wenn die Fahrten durch die Behinderung verursacht sind und dies z.B. anhand eines Fahrtenbuches nachgewiesen wird.

d) Körperbehinderte, deren Grad der Behinderung unter 25% liegt, können die mit der Körperbehinderung zusammenhängenden Aufwendungen lediglich im Rahmen der außergewöhnlichen Belastungen allgemeiner Art (Nr. 182f.) geltend machen; das gleiche gilt auch für Körperbehinderte, die zwar mehr als 25%, aber weniger als 50% behindert sind und die Voraussetzungen für die Inanspruchnahme der Pauschbeträge nicht erfüllen, sowie für Körperbehinderte, deren Behinderung überwiegend auf Alterserscheinungen beruht.

5. Fahrten zwischen Wohnung und Arbeitsstätte
Auf Nr. 84 unter 6. wird verwiesen.

6. Andere Vergünstigungen für Körperbehinderte
Wegen der Kosten für eine Haushaltshilfe wird auf Nr. 208 verwiesen, wegen der Kinderbetreuungskosten bei Behinderung des Alleinerziehenden auf Nr. 8.

7. Kinderfreibeträge und sonstige kindbedingte Erleichterungen
Ist ein Kind über 16 bzw. 27 Jahre wegen einer Behinderung steuerlich zu berücksichtigen (Nr. 17 unter II. 7.), so kommen dem Unterhaltspflichtigen sämtliche kindbedingten Erleichterungen zugute.

Auf Nr. 17 (Kinderfreibetrag), Nr. 18 (Haushaltsfreibetrag), Nr. 181 (kindbedingte Minderung der zumutbaren Belastung), Nr. 206 (Besucherfreibetrag), Nr. 207 (Ausbildungsfreibetrag) und Nr. 230 (»Kinderkomponente«) wird verwiesen.

211 Interessiert Sie die Steuervergünstigung für Hinterbliebene?

Personen, denen laufende Hinterbliebenenbezüge bewilligt worden sind, erhalten auf Antrag einen Pauschbetrag von 720 DM, wenn die Hinterbliebenenbezüge geleistet werden

1. nach dem Bundesversorgungsgesetz oder einem anderen Gesetz, das die Vorschriften des Bundesversorgungsgesetzes über Hinterbliebenenbezüge für entsprechend anwendbar erklärt, oder
2. nach den Vorschriften über die gesetzliche Unfallversicherung oder
3. nach den beamtenrechtlichen Vorschriften an Hinterbliebene eines an den Folgen eines Dienstunfalls verstorbenen Beamten oder
4. nach den Vorschriften des Bundesentschädigungsgesetzes über die Entschädigung für Schäden an Leben, Körper oder Gesundheit.

Der Pauschbetrag wird auch dann gewährt, wenn das Recht auf die Bezüge ruht oder der Anspruch auf die Bezüge durch Zahlung eines Kapitals abgefunden worden ist. Die Übertragung des Pauschbetrags von einem Kind auf den Steuerpflichtigen kommt wie bei Nr. 210 in Betracht.

Sonstige Steuervorteile

212 Haben Sie oder Ihr Ehegatte das 64. Lebensjahr vollendet?

Ein Altersfreibetrag von 720 DM wird einem Steuerpflichtigen gewährt, der vor dem Beginn des fraglichen Kalenderjahrs das 64. Lebensjahr vollendet hatte. Bei nicht dauernd getrennt lebenden Ehegatten verdoppelt sich der Freibetrag, wenn beide Ehegatten die Altersvoraussetzung erfüllen. Der Altersfreibetrag wird bei der Einbehaltung der Lohnsteuer durch Eintragung auf der Lohnsteuerkarte berücksichtigt.

213 Haben Sie oder Ihr Ehegatte das 64. Lebensjahr vollendet und haben Sie noch andere Einkünfte als Versorgungs- und Leibrentenbezüge?

Einem Steuerpflichtigen, der vor Beginn des fraglichen Kalenderjahrs das 64. Lebensjahr vollendet hatte und der in dem fraglichen Kalenderjahr andere Einkünfte als Versorgungsbezüge (vgl. Nr. 214) und als Einkünfte aus Leibrenten (vgl. Nr. 215) bezogen hat, wird ein Altersentlastungsbetrag gewährt. Der Altersentlastungsbetrag beläuft sich auf 40% des nicht in Versorgungsbezügen bestehenden Arbeitslohns und der positiven Summe der Einkünfte, die nicht solche aus Arbeitnehmertätigkeit oder aus Leibrenten sind; höchstens beläuft er sich auf insgesamt 3000 DM jährlich. Er ist auch dann mit 40% des maßgebenden Arbeitslohns anzusetzen, wenn die Einkünfte, die nicht solche aus Arbeitnehmertätigkeit sind, zusammen einen Verlustbetrag ergeben. Der Altersentlastungsbetrag wird neben dem Altersfreibetrag (vgl. Nr. 212) gewährt. Bei Ehepaaren verdoppelt sich der Altersentlastungsbetrag nicht automatisch. Er wird nur dann gewährt, wenn entsprechende Einkünfte vorliegen. Damit der volle Freibetrag von 3000 DM je Ehegatte ausgenutzt werden kann, sollte man das ertragbringende Vermögen aufteilen.

214 Erhalten Sie Versorgungsbezüge?

Von Versorgungsbezügen bleibt ein Versorgungs-Freibetrag in Höhe von 40 v.H. dieser Bezüge, höchstens jedoch insgesamt ein Betrag von 4800 DM im Kalenderjahr, steuerfrei. Versorgungsbezüge sind Bezüge und Vorteile aus früheren Dienstleistungen. Schwerbehinderte erhalten diesen Freibetrag bei Pensionierung schon ab dem 60. Lebensjahr, die übrigen Arbeitnehmer ab dem 62.

215 Beziehen Sie eine Rente?

Es gibt Zeitrenten (sie enden nach einem bestimmten Zeitablauf), Leibrenten (sie sind an die Lebensdauer einer Person gebunden) und abgekürzte Leibrenten (sie sind zeitlich begrenzt, erlöschen aber auch dann, wenn die Person, von deren Lebenszeit sie abhängen, früher stirbt).

Zeitrenten sind voll zu versteuern. Sie sind aber zu unterscheiden von Kaufpreisraten, die als solche nicht steuerpflichtig sind. Leibrenten sind nur mit ihrem sog. Ertragsanteil zu versteuern! Dieser ergibt sich aus den nachstehenden Tabellen.

a) Leibrenten (z. B. Sozialversicherungsrenten, Altersruhegeld, Renten aus privaten Lebens- und Unfallversicherungen, »große« Witwenrente, wenn 45. Lebensjahr vollendet, aber auch z. B. private Leibrenten, vgl. Nr. 169):

Bei Beginn der Rente vollendetes Lebensjahr des Rentenberechtigten	Ertragsanteil in v. H.	Bei Beginn der Rente vollendetes Lebensjahr des Rentenberechtigten	Ertragsanteil in v. H.
0 bis 2	72	54	36
3 bis 5	71	55	35
6 bis 8	70	56	34
9 bis 10	69	57	33
11 bis 12	68	58	32
13 bis 14	67	59	31
15 bis 16	66	60	29
17 bis 18	65	61	28
19 bis 20	64	62	27
21 bis 22	63	63	26
23 bis 24	62	64	25
25 bis 26	61	65	24
27	60	66	23
28 bis 29	59	67	22
30	58	68	21
31 bis 32	57	69	20
33	56	70	19
34	55	71	18
35	54	72	17

Bei Beginn der Rente vollendetes Lebensjahr des Rentenberechtigten	Ertrags- anteil in v. H.	Bei Beginn der Rente vollendetes Lebensjahr des Rentenberechtigten	Ertrags- anteil in v. H.
36 bis 37	53	73	16
38	52	74	15
39	51	75	14
40	50	76 bis 77	13
41	49	78	12
42	48	79	11
43 bis 44	47	80	10
45	46	81 bis 82	9
46	45	83	8
47	44	84 bis 85	7
48	43	86 bis 87	6
49	42	88 bis 89	5
50	41	90 bis 91	4
51	39	92 bis 93	3
52	38	94 bis 96	2
53	37	ab 97	1

b) abgekürzte Leibrenten (z. B. Berufs- und Erwerbsunfähigkeits- rente, »kleine« Witwenrente, «große« Witwenrente, wenn 45. Lebens- jahr noch nicht vollendet):

Beschränkung der Laufzeit der Rente auf ... Jahre ab Beginn des Rentenbezugs (ab 1. Januar 1955, falls die Rente vor diesem Zeitpunkt zu laufen begonnen hat)	Der Ertragsanteil beträgt, vorbe- haltlich der Spalte 3, ... v. H.	Der Ertragsanteil ist der Tabelle in § 22 Nr. 1 Buchstabe a des Gesetzes zu entnehmen, wenn der Rentenberechtigte zu Beginn des Rentenbezugs (vor dem 1. Januar 1955, falls die Rente vor diesem Zeitpunkt zu lau- fen begonnen hat) das ... te Lebensjahr vollendet hatte
1	2	3
1	0	entfällt
2	2	97
3	5	90
4	7	86
5	9	83
6	10	81
7	12	79
8	14	76
9	16	74
10	17	73
11	19	71
12	21	69
13	22	68
14	24	66
15	25	65
16	26	64
17	28	62

Beschränkung der Laufzeit der Rente auf ... Jahre ab Beginn des Rentenbezugs (ab 1. Januar 1955, falls die Rente vor diesem Zeitpunkt zu laufen begonnen hat)	Der Ertragsanteil beträgt, vorbehaltlich der Spalte 3, ... v. H.	Der Ertragsanteil ist der Tabelle in § 22 Nr. 1 Buchstabe a des Gesetzes zu entnehmen, wenn der Rentenberechtigte zu Beginn des Rentenbezugs (vor dem 1. Januar 1955, falls die Rente vor diesem Zeitpunkt zu laufen begonnen hat) das ... te Lebensjahr vollendet hatte
1	2	3
18	29	61
19	30	60
20	31	60
21	33	58
22	34	57
23	35	56
24	36	55
25	37	54
26	38	53
27	39	52
28	40	51
29	41	51
30	42	50
31	43	49
32	44	48
33	45	47
34	46	46
35	47	45
36	48	43
37–38	49	42
39	50	41
40	51	40
41–42	52	39
43	53	38
44	54	36
45–46	55	35
47–48	56	34
49	57	33
50–51	58	31
52–53	59	30
54–55	60	28
56–57	61	27
58–59	62	25

Beschränkung der Laufzeit der Rente auf ... Jahre ab Beginn des Rentenbezugs (ab 1. Januar 1955, falls die Rente vor diesem Zeitpunkt zu laufen begonnen hat)	Der Ertragsanteil beträgt, vorbehaltlich der Spalte 3, ... v. H.	Der Ertragsanteil ist der Tabelle in § 22 Nr. 1 Buchstabe a des Gesetzes zu entnehmen, wenn der Rentenberechtigte zu Beginn des Rentenbezugs (vor dem 1. Januar 1955, falls die Rente vor diesem Zeitpunkt zu laufen begonnen hat) das ... te Lebensjahr vollendet hatte
1	2	3
60–62	63	23
63–64	64	21
65–67	65	19
68–70	66	17
71–74	67	15
75–77	68	13
78–82	69	11
83–87	70	9
88–93	71	6
mehr als 93	Der Ertragsanteil ist immer der Tabelle a) zu entnehmen.	

Beispiel für eine (nicht abgekürzte) Leibrente:
Ein alleinstehender Steuerpflichtiger erhält eine Rente aus der gesetzlichen Rentenversicherung von 1500 DM monatlich; er ist zu Beginn des fraglichen Kalenderjahrs 65 Jahre alt. Nach der Tabelle zu a) beträgt der steuerpflichtige Ertragsanteil 24% der Jahresrente (12 × 1500 DM = 18000 DM), also 4320 DM. Von diesem steuerpflichtigen Ertragsanteil können der Werbungskosten-Pauschbetrag in Höhe von 200 DM, der Sonderausgaben-Pauschbetrag von 270 DM, der Vorsorge-Pauschbetrag von 300 DM (vgl. Nrn. 150, 151) und der Altersfreibetrag von 720 DM (vgl. Nr. 209), zusammen 1490 DM abgezogen werden. Steuerpflichtig wären also in diesem Fall nur (4320–1490) = 2830 DM, die aber wegen des Grundfreibetrags (4752 DM) im Ergebnis steuerfrei bleiben.

216 Haben Sie die Nachentrichtung von Beiträgen zur Angestelltenversicherung mit Kredit finanziert?

Die Schuldzinsen können in voller Höhe als Werbungskosten bei den sonstigen Einkünften abgesetzt werden.

217 Arbeiten Sie in West-Berlin?

Arbeitnehmer, die Arbeitslohn für eine Beschäftigung in West-Berlin aus einem gegenwärtigen Dienstverhältnis beziehen, erhalten eine Vergünstigung durch Gewährung von Zulagen. Die Zulage beträgt 8%

des Arbeitslohns zuzüglich eines Zuschlags von 49,50 DM monatlich, 11,25 DM wöchentlich oder 2,25 DM täglich für jedes Kind, für das der Arbeitnehmer Kindergeld erhält. Die Zulagen gehören nicht zum steuerpflichtigen Arbeitslohn. Die Lohnsteuer, die auf Wartegeld, Ruhegeld, Witwen- oder Waisengeld oder andere Bezüge aus früheren Dienstleistungen entfällt, ermäßigt sich um 30% bei Arbeitnehmern, die ihren ausschließlichen Wohnsitz in West-Berlin haben oder bei mehrfachem Wohnsitz während des ganzen Kalenderjahrs einen Wohnsitz in West-Berlin haben und sich dort überwiegend aufhalten oder, wenn sie keinen Wohnsitz im Bundesgebiet haben, ihren gewöhnlichen Aufenthalt in West-Berlin haben.

218 Erhalten Sie als Arbeitnehmer Vergütungen für eine Erfindung?

Zahlt ein Arbeitgeber aufgrund gesetzlicher Vorschriften seinem Arbeitnehmer Vergütungen für eine schutzfähige Erfindung, die aus der Arbeit des Arbeitnehmers im Betrieb entstanden ist, so wird die auf die Erfindervergütungen entfallende Einkommensteuer (Lohnsteuer) nur zur Hälfte erhoben. Rechtsgrundlage für diese Vergünstigung ist die Verordnung über die steuerliche Behandlung der Vergütungen für Arbeitnehmererfindungen. Ihre Geltungsdauer ist bis einschließlich 1988 verlängert worden.

219 Erhalten Sie Prämien für einen Verbesserungsvorschlag?

Zahlt ein Arbeitgeber seinen Arbeitnehmern Prämien für Verbesserungsvorschläge, so gilt folgendes: Übersteigt die Prämie für einen Verbesserungsvorschlag nicht 200 DM, so gehört sie nicht zum steuerpflichtigen Arbeitslohn. Übersteigt sie 200 DM, so gehören ein Betrag von 200 DM und die Hälfte des darüber hinausgehenden Betrags, höchstens jedoch ein Betrag von insgesamt 500 DM, nicht zum steuerpflichtigen Arbeitslohn. Rechtsgrundlage für diese Vergünstigung ist die Verordnung über die steuerliche Behandlung von Prämien für Verbesserungsvorschläge.

220 Haben Sie außer Ihren Lohneinkünften noch andere Nebeneinkünfte?

Viele Arbeitnehmer haben Nebeneinkünfte aus Kapitalvermögen, aus Vermietung oder auch aus selbständiger Nebentätigkeit. Für die Besteuerung dieser Nebeneinkünfte gilt folgende Vergünstigung.

Nach den Ausführungen unter Nr. 10 wird eine Veranlagung zur Einkommensteuer stets durchgeführt, wenn das Einkommen des Arbeitnehmers mehr als 24000 bzw. 48000 DM im Kalenderjahr beträgt. Bei Einkommen bis zu 24000/48000 DM wird eine Veranlagung u. a. nur durchgeführt, wenn die Nebeneinkünfte (Einkünfte, von denen keine Lohnsteuer abgezogen worden ist) insgesamt mehr als 800 DM betragen. Das bedeutet, daß bei einem Jahreseinkommen bis zu 24000/ 48000 DM Nebeneinkünfte bis zu 800 DM steuerfrei bleiben. Wenn die Nebeneinkünfte mehr als 800 DM betragen, so bleibt der Betrag steuerfrei, der die Differenz zwischen 1600 DM und dem Gesamtbetrag der Nebeneinkünfte ausmacht. Damit wird die volle Besteuerung der Nebeneinkünfte stufenweise herbeigeführt.

Beispiel: Die Nebeneinkünfte betragen insgesamt 1200 DM. Steuerfrei bleibt ein Betrag von (1600−1200 DM =) 400 DM.

Wenn eine Veranlagung zur Einkommensteuer aus anderen Gründen oder auf Antrag des Arbeitnehmers (vgl. Nr. 10) durchgeführt wird, so wird ein Betrag in Höhe der Nebeneinkünfte vom Einkommen abgezogen, wenn die Nebeneinkünfte insgesamt nicht mehr als 800 DM betragen; ausgeschlossen von dieser Vergünstigung ist allerdings der Fall, daß die Veranlagung zur Berücksichtigung von Verlusten aus einer anderen Einkunftsart (vgl. Nr. 226) beantragt wird. Auch die Begünstigung der Nebeneinkünfte bis 1600 DM (s. oben) ist hier anwendbar, ausgenommen jedoch der Fall, daß die Veranlagung beantragt wird.

221 Haben Sie Nebeneinkünfte aus selbständiger wissenschaftlicher, künstlerischer oder schriftstellerischer Tätigkeit?

Hier gilt noch eine weitere Vergünstigung. Bei wissenschaftlicher, künstlerischer oder schriftstellerischer Nebentätigkeit (auch Vortrags- und nebenberufliche Lehr- und Prüfungstätigkeit) können bei der Ermittlung der Einkünfte Betriebsausgaben in Höhe von 25% der Betriebseinnahmen höchstens jedoch 1200 DM jährlich pauschal abgesetzt werden.

222 Haben Sie eine Entlohnung für eine Tätigkeit bekommen, die sich über mehrere Jahre erstreckt?

Die Entlohnung zählt zu den sogenannten sonstigen Bezügen, für die die Lohnsteuer in einem besonderen Verfahren berechnet wird. Der Arbeitnehmer kann aber gegebenenfalls ein günstigeres steuerliches Ergebnis dadurch erzielen, daß er die Veranlagung zur Einkommensteuer *beantragt* (vgl. Nr. 10). Die Einkünfte werden dann auf die Jahre verteilt, in deren Verlauf sie erzielt wurden, und als Einkünfte eines jeden dieser Jahre angesehen; die Gesamtverteilung darf allerdings drei Jahre nicht überschreiten. Bei nachträglicher Entlohnung für einen längeren Zeitraum als drei Jahre kann der Steuerpflichtige wählen, auf welche drei Jahre innerhalb dieses Zeitraums die Einkünfte verteilt werden sollen.

223 Haben Sie eine Abfindung erhalten?

Steuerfrei sind Kapitalabfindungen aus der gesetzlichen Rentenversicherung, aus der Knappschaftsversicherung und auf Grund der Beamtengesetze.

Auch Abfindungen für echte Schadensersatzleistungen durch den Arbeitgeber (z. B. Haftung für einen Arbeitsunfall) sind steuerfrei.

224 Haben Sie eine Streikunterstützung erhalten?

Streikgelder, die von der Gewerkschaft bezahlt werden, sind nach der Auffassung des Bundesfinanzhofs steuerpflichtig. Sie unterliegen zwar nicht dem Lohnsteuer-Abzug, sind aber durch die Veranlagung zu erfassen, wenn sie die Freigrenze von 800 DM überschreiten (Nr. 220).

225 Fallen Sie unter das Vorruhestandsgesetz?

Ab 1984 können Arbeitnehmer, die das 58. Lebensjahr vollendet haben, in den sog. Vorruhestand treten.
Dabei gelten die Vorruhestandsleistungen stets als steuerbegünstigte Abfindungen (Nr. 56).

226 Haben Sie bei einer anderen Einkunftsart Verluste?

Zu den Einkünften gehören nicht nur die positiven Einkünfte, sondern auch die negativen, d. h. die Verluste. Die Summe der Einkünfte ist die Verrechnung der positiven mit den negativen Einkünften. Die praktische Folge davon ist, daß ein Arbeitnehmer, der insgesamt Verluste aus anderen Einkunftsarten als derjenigen aus nichtselbständiger

Arbeit hat, diese mit seinen Arbeitseinkünften verrechnen kann. Zu diesem Zweck muß die Veranlagung zur Einkommensteuer *beantragt* werden (vgl. Nr. 10).

227 Hat sich bei Ihnen in einem Jahr insgesamt ein Verlust ergeben?

Die Möglichkeit des steuerlichen Verlustabzugs (Verlustrücktrag und Verlustvortrag) ist für Verluste bei allen Einkunftsarten, also auch bei Arbeitnehmern anwendbar. Sie müssen in einem solchen Fall Antrag auf Veranlagung stellen (Nr. 10).

228 Haben Sie Kapitalertragsteuer gezahlt?

Einbehaltene Kapitalertragsteuer wird auf die Einkommensteuerschuld angerechnet, wenn der Arbeitnehmer zu diesem Zweck die Veranlagung zur Einkommensteuer *beantragt* hat (Nr. 10).

229 Haben Sie ein Haus oder eine Eigentumswohnung?

1. Möglichkeit: Sie bewohnen Ihr Objekt selbst
Nach den seit Anfang 1987 geltenden Bestimmungen ist die selbstgenutzte Wohnung im Prinzip reine Privatsache, die das Finanzamt grundsätzlich nichts angeht. Das bedeutet vor allem, daß keine fiktiven Mieteinnahmen mehr angesetzt werden. Folglich sind aber auch keine Abzüge mehr möglich. Damit haben die erhöhten Absetzungen nach § 7 b für das selbstbewohnte Objekt keinen Sinn mehr.

Ab 1987 spielt der § 10 e des Einkommensteuergesetzes bei der steuerlichen Wohneigentumsförderung die Rolle, die bis 1986 der bekannte § 7 b gespielt hat. Die Änderung des Paragraphen drückt aus, daß die Wohneigentumsförderung jetzt nach einem neuen System funktioniert. Es werden nicht mehr Absetzungen von (bei Selbstnutzung fiktiven) Einnahmen zugelassen, sondern es werden bestimmte Beträge wie Sonderausgaben abgezogen.

Begünstigt nach § 10 e ist, anders als früher nach § 7 b, nur noch das selbstbewohnte Objekt, und zwar unabhängig davon, ob es sich um eine Eigentumswohnung oder um eine Wohnung im eigenen Ein-, Zwei- oder Mehrfamilienhaus handelt. Nicht begünstigt ist ein Objekt im Ausland und ein (auch inländisches) Ferien- oder Wochenendhaus bzw. eine entsprechende Wohnung.

Die Steuerbegünstigung nach § 10e bedeutet, daß Sie im Jahr der Fertigstellung bzw. des Kaufs Ihres Hauses oder Ihrer Eigentumswohnung und in den sieben folgenden Jahren jeweils einen bestimmten Betrag bei der Steuerberechnung abziehen können, und zwar in der Rubrik »Sonderausgaben«. Der 10e-Abzugsbetrag wird jeweils in Höhe von 5% der Bemessungsgrundlage berechnet, höchstens darf er 15000 DM pro Jahr betragen. Die Bemessungsgrundlage für die Berechnung sind entweder die Baukosten oder der Kaufpreis für das Gebäude zuzüglich der Hälfte der Anschaffungskosten für das dazugehörende Grundstück.

Beispiel einer Berechnung: Auf einem Grundstück, das zu einem Kaufpreis von 120000 DM erworben wurde, wird ein Einfamilienhaus mit Baukosten von 200000 DM errichtet. Die Bemessungsgrundlage beträgt: 200000 DM zuzüglich 50% von 120000 DM, also insgesamt 260000 DM. Der abziehbare Betrag pro Jahr beträgt 5% von 260000 DM, also 13000 DM.

Die 10e-Steuerbegünstigung gilt auch für die Baukosten von Ausbauten und Erweiterungen, die an einer eigenen Wohnung vorgenommen werden. Nach der Fertigstellung müssen aber sowohl der Ausbau oder die Erweiterung als auch die Wohnung, an der der Ausbau oder die Erweiterung vorgenommen worden ist, vom Anspruchsberechtigten selbst bewohnt werden.

Im Rahmen der Steuerbegünstigung nach § 10e können Sie auch solche Aufwendungen wie Sonderausgaben abziehen, die Ihnen vor dem erstmaligen Selbstbewohnen Ihres 10e-Objekts entstanden sind. Als abziehbare Aufwendungen kommen z. B. Finanzierungs- und Reparaturkosten in Betracht. Vorausgezahlte Aufwendungen können grundsätzlich nur bis zu der Höhe abgezogen werden, in der sie auf den Zeitraum bis zum erstmaligen Selbstbewohnen des 10e-Objekts entfallen. Schuldzinsen, die auf die Zeit vor dem erstmaligen Selbstbewohnen entfallen und in einem engen wirtschaftlichen Zusammenhang mit dem Bau oder Kauf stehen, können im Jahr der Zahlung wie Sonderausgaben abgezogen werden. Wie Schuldzinsen sind Geldbeschaffungskosten (z. B. Schätzungsgebühren, Gebühren für Hypothekenvermittlung, Bürgschaftsgebühren, Bereitstellungszinsen für Bankkredite, Notariatsgebühren) und Erbbauzinsen zu behandeln. Ein vor Beginn des erstmaligen Selbstbewohnens geleistetes Damnum, das in einem engen wirtschaftlichen Zusammenhang mit dem Bau oder dem Kauf steht, kann im Jahr der Zahlung in voller Höhe wie Sonderausgaben abgezogen werden.

Wenn Sie Ihr Objekt vor 1987 gebaut oder gekauft haben und Sie bereits mit den erhöhten Absetzungen nach § 7b begonnen haben, so können Sie die 7b-Abschreibung ab 1987 bis zum Auslaufen fortsetzen; die erhöhten Absetzungsbeträge werden aber jetzt wie Sonderausgaben abgezogen. Das gleiche gilt für Sonderabschreibungen (z. B. für moderne Heizungsanlagen) und für den erweiterten Schuldzinsenabzug. – Haben Sie im Jahr 1986 den Nutzungswert Ihrer Wohnung als Überschuß des Mietwerts über die Werbungskosten ermittelt (z. B. bei einem Zweifamilienhaus mit vermieteter Einliegerwohnung), so können Sie dieses steuerliche Verfahren ab 1987 für maximal zwölf Jahre (also bis einschließlich 1998) beibehalten. Das ist dann günstig, wenn Sie für Ihre Wohnung noch hohe Werbungskosten (z. B. Schuldzinsen) haben und sich dadurch bei Ihren Einkünften aus Vermietung und Verpachtung ein negativer Betrag ergibt.

Auf diese steuerliche Behandlung können Sie aber auch schon während des Zwölf-Jahreszeitraums verzichten. Dann werden für Ihre selbstbewohnte Wohnung keine fiktiven Einnahmen mehr angesetzt, es können aber auch keine Werbungskosten mehr abgezogen werden. Diese Variante werden Sie dann wählen, wenn Sie keine wesentlichen Werbungskosten mehr haben und Sie auch absehen können, daß keine besonders großen Reparaturkosten auf Sie zukommen.

Wenn Sie die 10 e-Steuerbegünstigung in Anspruch nehmen und Kinder haben, ermäßigt sich auf Ihren Antrag Ihre Einkommensteuer um je 600 DM für jedes Ihrer Kinder.

Auf Ihrer Lohnsteuerkarte können Sie sich aufgrund eines entsprechenden Antrags vom Finanzamt den Betrag als Freibetrag eintragen lassen, den Sie im Zusammenhang mit der 10 e-Steuerbegünstigung abziehen können. Ein zusätzlicher Freibetrag von 2400 DM kommt für jedes Kind zur Vorab-Berücksichtigung des genannten Freibetrags von 600 DM pro Kind in Betracht. Der Freibetrag, der sich danach insgesamt ergibt, darf grundsätzlich erst nach Fertigstellung bzw. nach dem Kauf des begünstigten Objekts auf Ihrer Lohnsteuerkarte eingetragen werden. Für das Jahr, für das ein Freibetrag auf der Lohnsteuerkarte eingetragen war, müssen Sie übrigens eine Einkommensteuer-Erklärung abgeben.

2. Möglichkeit:
Sie haben ein Objekt ganz oder zum Teil vermietet
In diesem Fall ermitteln Sie Ihre steuerpflichtigen Einkünfte aus Vermietung und Verpachtung als Überschuß der Mieteinnahmen über die Werbungskosten. Als Werbungskosten kommen alle Aufwendungen im Zusammenhang mit der Vermietung in Betracht, insbesondere auch die Abschreibungen für Ihr Haus.

Für Gebäude gelten normalerweise folgende jährliche Abschreibungssätze: Wenn das Gebäude nach dem 31. 12. 1924 fertiggestellt worden ist, 2% der Anschaffungs- oder Herstellungskosten; wenn das Haus vor dem 1. 1. 1925 fertiggestellt worden ist, 2,5%. Ist die tatsächliche Nutzungsdauer des Gebäudes kürzer, so können anstelle der genannten Sätze die der tatsächlichen Nutzungsdauer entsprechenden Absetzungen vorgenommen werden.

Wenn Sie ein Gebäude im Inland selbst haben bauen lassen oder wenn Sie ein Gebäude bis zum Ende des Jahres seiner Fertigstellung gekauft haben, so können Sie statt der soeben beschriebenen (linearen) Absetzungs-Methode die folgenden Beträge abziehen (degressive Absetzungsmethode): im Jahr der Fertigstellung oder Anschaffung und in den folgenden sieben Jahren jeweils 5%, in den darauffolgenden sechs Jahren jeweils 2,5%, in den dann folgenden 36 Jahren jeweils 1,25% der Herstellungs- oder Anschaffungskosten.

Für ein vor dem 1. 1. 1987 gebautes oder gekauftes Einfamilienhaus, Zweifamilienhaus oder eine Eigentumswohnung können Sie anstelle der beschriebenen linearen oder degressiven Absetzung erhöhte Absetzungen nach § 7 b vornehmen. Die erhöhten Absetzungen betragen im Jahr der Anschaffung und in den folgenden sieben Jahren jeweils bis zu 5% der Herstellungs- bzw. Anschaffungskosten. Voraussetzung für die Vornahme dieser erhöhten Absetzungen ist, daß das betreffende Objekt zu mehr als 66⅔% Wohnzwecken dient. Wenn die Herstellungs- bzw. die Anschaffungskosten bei einem Einfamilienhaus oder einer Eigentumswohnung die Grenze von 200000 DM und bei einem Zweifamilienhaus die Grenze von 250000 DM übersteigen, so sind für den übersteigenden Teil der Herstellungskosten die Absetzungen mit einem jährlichen Satz von 2% vorzunehmen.

Abgesehen von der Gebäudeabschreibung können Sie Aufwendungen für die Erhaltung Ihres Gebäudes jeweils sofort in voller Höhe absetzen (größeren Erhaltungsaufwand können Sie auf zwei bis fünf Jahre verteilen), Aufwendungen für ein modernes Heizungssystem oder für die Modernisierung Ihrer Heizungs- und Warmwasseranlage können vorteilhaft berücksichtigt werden. Absetzen können Sie im übrigen sämtliche Werbungskosten für Ihr vermietetes Objekt (Schuldzinsen, Rentenzahlungen, Erbbauzinsen, Grundsteuer, Versicherungen, Hausverwaltung usw.).

Und noch etwas: Wenn Sie eine Wohnung für eine Miete von weniger als 50% der ortsüblichen Marktmiete vermietet haben, so müssen Sie die Überlassung der Wohnung an den Mieter in einen entgeltlichen und einen unentgeltlichen Teil aufteilen. Das hat zur Folge, daß Sie nur die auf den entgeltlichen Teil entfallenden Werbungskosten abziehen können, im übrigen aber der Werbungskostenabzug ausgeschlossen ist, weil insoweit keine Mieteinnahmen gegeben sind.

230 Zahlen Sie Beiträge an eine Bausparkasse?

Wenn die Beiträge nicht als Sonderausgaben behandelt werden (vgl. Nr. 168, insbesondere vorletzter Absatz), so wird nach dem Wohnungsbau-Prämiengesetz auf Antrag eine Prämie gewährt. Sie beträgt 14% der im Kalenderjahr geleisteten Beiträge und erhöht sich bei unter 17 Jahre alten Kindern um jeweils 2%; die Aufwendungen sind je Kalenderjahr bis zu einem Höchstbetrag von 800 DM, bei Ehegatten bis zu 1600 DM prämienbegünstigt.

Die Einkommensgrenze beträgt 24000 DM, für Ehegatten 48000 DM und erhöht sich je Kind um 1800 DM. Wird ein Kind einem Elternteil zugeordnet und kommt der andere Elternteil seiner Unterhaltsverpflichtung gegenüber dem Kind für das Jahr der Sparleistung nach, so erhöht sich die Einkommensgrenze bei jedem Elternteil um 900 DM. Die Antragsfrist endet am 30. September des Kalenderjahrs, das dem Kalenderjahr folgt, in dem die Aufwendungen geleistet worden sind. Der Antrag muß an das Unternehmen oder Institut (Bausparkasse) gerichtet werden, an das die prämienbegünstigten Aufwendungen geleistet worden sind.

Das Subventionsabbaugesetz hat die Festlegungsfrist für eine prämienunschädliche Verwendung des Bausparguthabens von bisher 7 auf künftig 10 Jahre verlängert. Diese Verlängerung gilt nur für nach dem 12. 11. 1980 abgeschlossene Verträge. Für Verträge, die ab dem 2. 11. 1984 abgeschlossen wurden, gilt wieder die 7jährige Frist.

231 Zahlen Sie Sparbeiträge?

Das Subventionsabbaugesetz hat die Sparprämien für alle Sparverträge, die seit 13. 11. 1980 geschlossen wurden, abgeschafft. Die seit diesem Zeitpunkt geschlossenen Verträge sind nur noch für die Anlage vermögenswirksamer Leistungen (Nr. 232) von Bedeutung.

232 Zahlt Ihr Arbeitgeber vermögenswirksame Leistungen nach dem 5. Vermögensbildungsgesetz?

Der Arbeitnehmer erhält in diesem Fall eine Arbeitnehmer-Sparzulage. Voraussetzung dafür ist, daß der zu versteuernde Einkommensbetrag im Kalenderjahr der vermögenswirksamen Leistung 24 000 DM (bei zusammenveranlagten Ehegatten 48 000 DM) nicht übersteigt. Die Einkommensgrenze erhöht sich für jeden vollen Kinderfreibetrag um 1800 DM, für jeden halben Kinderfreibetrag um 900 DM (vgl. Nr. 17). Die Arbeitnehmer-Sparzulage beträgt 23% (z. B. Aktien, Aufwendungen entsprechend dem Wohnungsbau-Prämiengesetz), bzw. 16% (z. B. Sparprämien, Schuldverschreibungen, Kapitalversicherungen). Diese Sätze erhöhen sich um jeweils 10% (also auf 33% bzw. 26%) für Arbeitnehmer mit 3 oder mehr Kindern. Die Arbeitnehmer-Sparzulage gehört nicht zum steuerpflichtigen Arbeitslohn. Sie wird vom Arbeitgeber an die Arbeitnehmer ausgezahlt, falls der Arbeitnehmer nicht auf die Auszahlung verzichtet. Die vermögenswirksamen Leistungen selbst sind steuerpflichtiger Arbeitslohn.

233 Können Sie sich am Unternehmen Ihres Arbeitgebers beteiligen?

Die Vermögensbildung der Arbeitnehmer wird schon seit längerem durch das Vermögensbildungsgesetz (Nr. 232) gefördert. Neu ist die Förderung durch § 19a Einkommensteuergesetz. Die Regelung ist nicht einfach, ein Überblick dürfte aber für viele Steuerzahler von Interesse sein.

Die genannte Vorschrift gewährt den Arbeitnehmern bei unentgeltlicher oder verbilligter Überlassung von bestimmten Vermögensbeteiligungen eine Steuervergünstigung. Der gewährte wirtschaftliche Vorteil ist nämlich steuerfrei, soweit er nicht höher als der halbe Wert der Vermögensbeteiligung ist und insgesamt 500 DM jährlich nicht übersteigt. Die Vermögensbeteiligung muß mindestens für eine Sperrfrist von 6 Jahren festgelegt werden. Als Vermögensbeteiligung kommen in erster Linie Aktien, aber auch z. B. Schuldverschreibungen, Anteilscheine und Geschäftsguthaben bei einer Genossenschaft in Frage. Auch Arbeitnehmer kleiner Unternehmen können begünstigt werden, weil die Beteiligung als stiller Gesellschafter oder eine Darlehensforderung gegen den Arbeitgeber ebenfalls als Vermögensbeteiligung zählt.

234 Wollen Sie sich darüber informieren, was allgemein bei der Steuer zu beachten ist?

a) In Zweifelsfällen kann man auch vom Finanzamt eine *Auskunft* erfragen. Um klare Verhältnisse zu schaffen, sollte man eine Anfrage schriftlich verfassen.

b) Es empfiehlt sich, im Lauf eines Jahres *alle Belege* (Quittungen usw.) zu sammeln, die für steuerliche Zwecke verwertbar sind. Falls erforderlich, muß man sich Belege doppelt ausstellen lassen, z. B.

Arztrechnungen dann, wenn das Original bei einer Krankenkasse bleibt.

c) Nützlich ist es, grundsätzlich alles zu *kontrollieren*. Das gilt sowohl für die Durchführung des Lohnsteuerabzugs als auch für die Bearbeitung von Anträgen durch das Finanzamt. Eine Kontrolle ist aber nur möglich, wenn man sich rechtzeitig Zweitschriften oder Durchschläge von allen bedeutsamen Schriftstücken (z. B. von den Eintragungen auf der Lohnsteuerkarte von den gestellten Anträgen) angefertigt hat.

d) Anträge sollten immer möglichst *sofort* gestellt werden. Man kann damit erreichen, daß man früher in den Besitz eines Lohnsteuer-Erstattungsbetrags kommt. Sicher wird man aber verhindern, daß eine Antragsfrist versäumt wird.

e) *Antragsformulare* kann man sich vom Finanzamt zuschicken lassen. Auch die ausgefüllten Anträge kann man mit der Post an das Finanzamt schicken. Das empfiehlt sich in einfacheren Fällen – wenn keine Rückfragen beim Finanzamt erforderlich sind – zur Vermeidung lästiger Wartezeiten.

f) Wenn eine *Antragsfrist versäumt* wurde, so sollte man überlegen, ob das Finanzamt »Wiedereinsetzung in den vorigen Stand« wegen der Versäumung gewähren kann. Das Finanzamt hat dies auf Antrag zu gewähren, wenn jemand ohne Verschulden verhindert war, eine Frist einzuhalten. Der Antrag muß dann innerhalb eines Monats nach Wegfall des Hindernisses gestellt werden.

g) In Notfällen sollte man schließlich an die Möglichkeit denken, daß Steuern ganz oder zum Teil erlassen, erstattet oder angerechnet werden können, wenn ihre Einziehung nach Lage des einzelnen Falles unbillig wäre. Ein solcher Antrag auf *Billigkeitserlaß* könnte z. B. in Betracht kommen, wenn das Finanzamt in einem Einkommensteuerbescheid eine hohe Steuerschuld anfordert, sich aber die wirtschaftlichen Verhältnisse des Steuerpflichtigen inzwischen so sehr verschlechtert haben, daß bei ihm ohne eine Billigkeitsmaßnahme eine Existenzgefährdung eintreten würde.

235 Wollen Sie sich über die bevorstehende Steuerreform informieren?

Seit vielen Monaten wird von der Steuerreform 1990 gesprochen. Sie ist der letzte Teil einer insgesamt dreistufigen Gesamtreform. Die beiden ersten Teile sind bereits seit 1986 bzw. ab 1988 wirksam. Die einzelnen Maßnahmen des letzten Teils treten, soweit nichts anderes angegeben ist, Anfang 1990 in Kraft. Das sind für Sie die wichtigsten Punkte:

Familie

Der Kinderfreibetrag (Nr. 17) wird für jedes Kind von bisher 2484 DM auf 3042 DM angehoben. Der Haushaltsfreibetrag (Nr. 18) wird auf 5616 DM erhöht. Die Höchstbeträge für den Abzug von Unterhaltsaufwendungen (Nr. 202) werden von 4500 DM auf 5400 DM erhöht. Dazu kommt ein Freibetrag für besonders schwere Fälle häuslicher Pflege (1800 DM).

Sonderausgaben

Der Sonderausgaben-Pauschbetrag (Nr. 151) von bisher 270 DM/540 DM (Ledige/Verheiratete) wird für Kirchensteuer und Spenden auf 108 DM/216 DM herabgesetzt.

Arbeitnehmer-Pauschbetrag

Für berufliche Aufwendungen wird die Werbungskostenpauschale von 564 DM jährlich (Nr. 82) durch einen neuen Arbeitnehmer-Pauschbetrag von 2000 DM ersetzt. Es entfallen der Arbeitnehmer-Freibetrag Seite 172 und der Weihnachts-Freibetrag (Nr. 49).

Kilometerpauschale

Die Kilometerpauschale, die für die Fahrten zur Arbeit gilt (Nr. 84), wird im Jahr 1989 von bisher 0,36 DM auf 0,43 DM angehoben. Sie beträgt ab 1990 0,50 DM.

Arbeitszimmer

Es war geplant, die Aufwendungen für ein Arbeitszimmer in der Wohnung (Nr. 98) mit einer Pauschale abzugelten. Dieser Plan wurde aber nicht durchgeführt.

Sonntags-, Feiertags- und Nachtarbeit

Die steuerliche Behandlung der Lohnzuschläge für Sonntags-, Feiertags- und Nachtarbeit (Nr. 41) wird wie folgt geändert:

Bei Nachtarbeit bleiben grundsätzlich 25% des Grundlohns steuerfrei, bei Sonntagsarbeit 50%, für Arbeit an gesetzlichen Feiertagen und Silvester ab 14.00 Uhr 125% des Grundlohns und für Arbeit am 24. Dezember ab 14.00 Uhr und an den beiden Weihnachtsfeiertagen sowie am 1. Mai 150%.

Als Nachtarbeit gilt die Zeit von 20.00 bis 6.00 Uhr. Für Arbeitnehmer, die wie Zeitungsdrucker mehr als 50% Nachtarbeit leisten und mit der Nachtarbeit bereits vor 0 Uhr beginnen, gilt in der Kern-Nachtarbeitszeit von 0 bis 4.00 Uhr von 25 auf 40% erhöhter Zuschlagsatz. Die Sonn- und Feiertagssätze gelten bis 4.00 Uhr des folgenden Werktages.

Belegschaftsrabatte

Diese werden zum Teil versteuert. Vorgesehen sind ein jährlicher Freibetrag von 2400 DM und ein 4%iger Preisabschlag vom Listen- oder Verkaufspreis. Das betrifft vor allem die Jahreswagen der Mitarbeiter in der Automobilindustrie.

Zinszuschüsse

Die begrenzte Steuerbefreiung der vom Arbeitgeber gewährten Zinszuschüsse und Zinsverbilligungen bei Erwerb oder Errichtung von Wohneigentum (Nr. 38) wird aufgehoben.

Progressionsvorbehalt

Der unter Nr. 67 beschriebene Progressionsvorbehalt gilt künftig auch für das Kranken- und Mutterschaftsgeld.

Vermögensbildung

Das Konten- und Versicherungssparen bleibt zwar im Anlagekatalog des 936 DM-Gesetzes (Nr. 232), es gibt dafür aber keine Sparzulage mehr. Die Einkommensgrenze für die Gewährung einer Sparzulage wird von 24 000 DM/48 000 DM (Ledige/Verheiratete) auf 27 000 DM/ 54 000 DM angehoben. Für das Bausparen wird die Sparzulage auf 10% gesenkt.

Steuertarif

Der Einkommensteuertarif (dazu Hinweis auf Seite 172) wird für die Zeit ab 1990 nochmals verbessert: Der Grundfreibetrag wird auf 5616 DM/11 232 DM (Ledige/Verheiratete) angehoben. Der Eingangssteuersatz wird von 22% auf 19% gesenkt. Die Tarifprogression wird weiter begradigt. Der Spitzensteuersatz wird von 56% auf 53% gesenkt.

Anleitung zum Ausfüllen
der Formulare

(Bei den ab Seite 160 wiedergegebenen Formularen ist aus drucktechnischen Gründen die Grau-Tönung der Originalformulare nicht wiedergegeben.)

I. Antrag auf Lohnsteuerermäßigung 1989[1]

Mit diesem Antrag wird ein steuerfreier Betrag geltend gemacht, der beim Lohnsteuerabzug während des bevorstehenden bzw. laufenden Kalenderjahrs zu berücksichtigen ist (s. dazu Nr. 5). Zu beachten ist vor allem, daß beim Lohnsteuer-Ermäßigungsverfahren keine Vorsorgeaufwendungen (Versicherungs- und Bausparkassenbeiträge) berücksichtigt werden können, und daß grundsätzlich die Antragsgrenze von 1800 DM überschritten werden muß. Ein als Beispiel ausgefüllter Mustervordruck (für 1988) ist auf den diesem Abschnitt folgenden Seiten wiedergegeben. Hier folgen noch einige Hinweise zum Ausfüllen des Antrags; dabei wird auf die in dem Antrag aufgeführten Buchstaben und Ziffern Bezug genommen.

A: Angaben zur Person
Diese Angaben sind zunächst zur technischen Durchführung des Lohnsteuer-Ermäßigungsverfahrens erforderlich. Außerdem dienen sie der Feststellung, ob von bestimmten Steuervorteilen Gebrauch gemacht werden kann. So ist das Geburtsdatum von Bedeutung für die Freibeträge nach Nr. 212. Besonders wichtig für den Lohnsteuerabzug sind Familienstand und Zahl der Kinder. Zur Frage, ob eine Einkommensteuerveranlagung durchgeführt wird, siehe die Ausführungen unter Nr. 10.

B: Kinder
I. Alles Wissenswerte darüber lesen Sie unter Nr. 17

C: Unbeschränkt antragsfähige Ermäßigungsgründe
Ohne Rücksicht auf die Antragsgrenze: Altersfreibetrag = Nr. 212; Freibetrag für Körperbehinderte = Nr. 210; Freibetrag für Hinterbliebene = Nr. 211; Verluste bei Inanspruchnahme erhöhter Absetzungen nach § 7b bzw. § 10e = Nr. 229.

D: Beschränkt antragsfähige Ermäßigungsgründe
I. Werbungskosten des Antragstellers
1. Aufwendungen für Fahrten zwischen Wohnung und Arbeitsstätte = Nr. 84
2. Beiträge zu Berufsverbänden = Nr. 105
3. Aufwendungen für Arbeitsmittel = Nrn. 83, 97–104
4. Weitere Werbungskosten: Prüfen Sie anhand der Fragenliste (Nr. 83 f.)
5. Mehraufwendungen für Verpflegung = Nrn. 89–91, 93, 94
6. Mehraufwendungen für doppelte Haushaltsführung = Nr. 96

---

[1] Die Formulare für 1989 sind noch nicht erschienen. Sie werden aber nicht wesentlich von denen für 1988 abweichen.

7. Besondere Pauschsätze für bestimmte Berufsgruppen: Ob der Ansatz eines Pauschbetrags für Sie in Betracht kommt, stellen Sie anhand der Fragenliste fest (Nrn. 132–141, 143–145, 147, 148).

II. Werbungskosten des Ehegatten siehe I.

III. Sonderausgaben
1. Renten, dauernde Lasten = Nrn. 169, 170
2. Unterhaltsleistungen an den geschiedenen (dauernd getrennt lebenden) Ehegatten vgl. Nr. 171
3. Kirchensteuer = Nr. 173
4. Steuerberatungskosten = Nr. 174
5. Aufwendungen für die Berufsausbildung oder die Weiterbildung in einem nicht ausgeübten Beruf = Nr. 175
6. Ausgaben für steuerbegünstigte Zwecke vgl. Nrn. 176 bis 179

IV. Außergewöhnliche Belastungen
1. Allgemeine außergewöhnliche Belastungen
   a) Kinderbetreuungskosten = Nr. 18
   b) andere allgemeine außergewöhnliche Belastungen
      Prüfen Sie anhand der Checkliste (Nrn. 182 bis 201)
2. Freibetrag für Aufwendungen zur Pflege des Eltern-Kind-Verhältnisses Nr. 206
3. Aufwendungen für eine Hausgehilfin/Haushaltshilfe oder Heim-/Pflegeunterbringung, vgl. Nrn. 208, 209
4. Ausbildungsfreibeträge vgl. Nr. 207
5. Unterstützung bedürftiger Personen, vgl. Nrn. 200, 202–205

Verteilung der Freibeträge
Bei nicht dauernd getrennt lebenden Ehegatten wird der gesamte lohnsteuerfreie Betrag grundsätzlich je zur Hälfte auf die Ehegatten aufgeteilt, wenn für jeden Ehegatten eine Lohnsteuerkarte ausgestellt worden ist. Die Ehegatten können aber eine andere Aufteilung wählen. Das ist vor allem dann sinnvoll, wenn der eine Ehegatte seinen Anteil wegen niedrigen Arbeitslohns gar nicht voll ausnützen könnte. Nicht aufteilbar ist aber ein Freibetrag wegen erhöhter Werbungskosten. Dieser darf nur auf der Lohnsteuerkarte des Ehegatten eingetragen werden, dem die Werbungskosten entstanden sind.

II. Antrag auf Lohnsteuerjahresausgleich 1988[1]

Mit diesem Antrag wird die Zurückzahlung von im abgelaufenen Kalenderjahr zuviel bezahlter Lohnsteuer verlangt (s. dazu Nr. 7).
Ein als Beispiel ausgefüllter Mustervordruck ist auf den diesem Abschnitt folgenden Seiten wiedergegeben. Hier folgen noch einige Hinweise zum Ausfüllen des Antrags; dabei wird auf die in dem Antrag aufgeführten Zeilennummern Bezug genommen.

Allgemeine Angaben
Diese Angaben betreffen vor allem die Person des Antragstellers und ggf. auch seines Ehegatten. Sie sind zunächst zur technischen Durchführung des Lohnsteuerjahres-

---

[1] Die Formulare für 1988 sind noch nicht erschienen. Sie werden aber nicht wesentlich von denen für 1987 abweichen.

ausgleichs erforderlich. Außerdem dienen sie der Feststellung, ob von bestimmten Steuervorteilen Gebrauch gemacht werden kann. So ist das Geburtsdatum von Bedeutung für die Freibeträge nach Nr. 212. Wegen der Bedeutung des Familienstands vgl. Nrn. 2, 3, 6. Die Angaben für die Bankverbindung sind selbstverständlich für die Überweisung der Lohnsteuererstattung erforderlich.

Angaben zu Kindern Siehe dazu die Hinweise unter Nrn. 17, 18

Einkünfte im Kalenderjahr 1987
Wenn das Formular nur für den Lohnsteuer-Jahresausgleich in Betracht kommt, wird in Zeile 1 das »Ja« für Anlage N angekreuzt. Wenn noch andere Einkünfte und Einnahmen vorliegen, kommt eine Veranlagung zur Einkommensteuer mit einer der anderen Anlagen in Frage.

Sonstige Angaben Zeile 55 bis 59: vgl. Nr. 79

Sonderausgaben
Zeilen 63 bis 74: Wegen der Geltendmachung von Beiträgen zu Versicherungen und Bausparkassen vgl. Nr. 150–168.
Zeile 75: vgl. Nr. 169
Zeile 76: vgl. Nr. 170
Zeile 77: vgl. Nr. 171
Zeile 78: vgl. Nr. 173
Zeile 79: vgl. Nr. 174
Zeile 80: vgl. Nr. 175
Zeilen 81 bis 83: vgl. Nrn. 176–179

Außergewöhnliche Belastungen
Zeile 88: vgl. Nrn. 210, 211
Zeile 91: vgl. Nrn. 208, 209
Zeile 94: vgl. Nr. 206
Zeile 95: vgl. Nrn. 182–186
Zeile 101f: vgl. Nr. 200, 202–205
Zeile 109f: vgl. Nr. 18
Zeile 115f: Prüfen Sie anhand der Fragenliste (Nrn. 182f.)

Einkünfte aus nichtselbständiger Arbeit (Anlage N)
Angaben zum Arbeitslohn
Zeilen 3f.: Die hier erforderlichen Angaben können weitgehend aus der Lohnsteuerkarte entnommen werden.
Zeile 7f.: vgl. Nr. 232
Zeile 13, 14: vgl. Nr. 67
Zeile 15: Diese Angaben sind für die Besteuerung nicht erforderlich; sie dienen lediglich Kontrollzwecken.
Zeile 17: vgl. Nr. 79
Zeile 19: vgl. Nr. 222
Zeile 21: vgl. Nr. 218
Zeile 23: vgl. Nr. 214
Zeile 25, 26: vgl. Nr. 217

Werbungskosten
Zeile 38 bis 44: vgl. Nr. 84
Zeile 45: vgl. Nr. 105
Zeile 46: vgl. Nrn. 83, 97–104
Zeile 47f: Prüfen Sie anhand der Checkliste (Nr. 85f.)
Zeile 49f: vgl. Nrn. 85, 89–94
Zeile 55f: vgl. Nr. 96
Zeile 63: vgl. Nrn. 132–139, 143–145, 147, 148

198

Ⓐ Angaben zur Person

		Die Angaben für den Ehegatten bitte immer ausfüllen!	
Antragstellende Person	Familienname, Vorname *Meister Hans*	Ehegatte (Familienname, Vorname) *Meister Wiltrud*	
	Straße und Hausnummer *Trautweg 17*	Straße und Hausnummer *Trautweg 17*	
1) Auch dann angeben, wenn die Ehe in 1988 geschieden wurde.	Postleitzahl, Wohnort *8000 München 24*	Postleitzahl, Wohnort *8000 München 24*	

Geburtsdatum

	Tag	Monat	Jahr	Religion		Tag	Monat	Jahr	Religion
Geburtsdatum	21	11	45	ev.	Geburtsdatum	02	05	50	ev.

Verheiratet seit	Verwitwet seit	Geschieden seit	Dauernd getrennt lebend seit[1]
1975			

Ausgeübter Beruf *Monteur*	Ausgeübter Beruf *Verkäuferin*
Telefonisch tagsüber zu erreichen unter Nr. *22 57 14*	Telefonisch tagsüber zu erreichen unter Nr.

2) Lt. Lohnsteuerkarte				Ist eine Lohnsteuerkarte ausgestellt? Nein Ja			

	Steuerklasse[2]	Zahl der Kinderfreibeträge[2]	Zahl der Kinder[2]	Steuerklasse[2]	Zahl der Kinderfreibeträge[2]	Zahl der Kinder[2]
	3	*2,0*	*0,2*	*5*		

Arbeitgeber	Name (Firma) *Meier & Co.*	Name (Firma) *XY- Großmarkt*
	Straße und Hausnummer *Neuburger Str. 1*	Straße und Hausnummer *Hansastr. 317*
	Postleitzahl, Ort *8000 München 25*	Postleitzahl, Ort *8000 München 26*

Voraussichtlicher Bruttoarbeitslohn	(einschl. Sachbezüge, Gratifikationen, Tantiemen usw.) im Kalenderjahr *35.000* DM	(einschl. Sachbezüge, Gratifikationen, Tantiemen usw.) im Kalenderjahr *13.000* DM
	darin enthaltene steuerbegünstigte Versorgungsbezüge DM	darin enthaltene steuerbegünstigte Versorgungsbezüge DM

Voraussichtliche andere Einkünfte	(z. B. aus Gewerbebetrieb, Kapitalvermögen, Vermietung, Verpachtung, Renten)	(z. B. aus Gewerbebetrieb, Kapitalvermögen, Vermietung, Verpachtung, Renten)
	im Kalenderjahr DM	im Kalenderjahr DM

Werden Sie zur Einkommensteuer veranlagt?	Nein	Ja, beim Finanzamt	Nein	Ja, beim Finanzamt
		Steuernummer		Steuernummer

Wurde ein Antrag auf Lohnsteuerermäßigung für 1987 gestellt?	Nein	Ja, beim Finanzamt *München III*	Nein	Ja, beim Finanzamt *München III*
Wurde ein Antrag auf Lohnsteuer-Jahresausgleich für 1986 gestellt?	Nein	Ja, beim Finanzamt *München IV*	Nein	Ja, beim Finanzamt *München III*

Bitte auch Kinder eintragen, die bereits auf der Lohnsteuerkarte bescheinigt sind. Leibliche Kinder sind nicht anzugeben, wenn das Verwandtschaftsverhältnis durch Adoption vor dem 1.1.1988 erloschen ist. **Vorname des Kindes** (ggf. auch abweichender Familienname)	geboren am	Kindschaftsverhältnis zur antragstellenden Person		zum Ehegatten		Bei Kindern unter 16 Jahren (nach dem 1.1.1972 geboren): Auf der Lohnsteuerkarte ist das Kind		
		leibliches Kind/ Adoptivkind	Pflegekind	leibliches Kind/ Adoptivkind	Pflegekind	bereits berücksichtigt	noch zu berücksichtigen	Lebensbescheinigung ist beigefügt
1 *Birgit*	6.6.76	☒	☐	☒	☐	☒	☐	☐
2 *Wolfgang*	10.11.77	☒	☐	☒	☐	☒	☐	☐
3		☐	☐	☐	☐	☐	☐	☐
4		☐	☐	☐	☐	☐	☐	☐

Das Kind ist/war am 1.1.198 (oder erstmals in 198 im Inland mit Hauptwohnung gemeldet **bei der antragstellenden Person** und/oder bei sonstigen Personen (Name und Anschrift, ggf. Verwandtschaftsverhältnis zum Kind) oder in (Anschrift)	Angaben entfallen bei nicht dauernd getrennt lebenden Ehegatten, soweit für jeden Ehegatten dasselbe Kindschaftsverhältnis angekreuzt ist: Gehört das Kind lt. – beigef. – Bescheinigung der zuständigen Behörde (z.B. der Meldebehörde oder des Jugendamtes) zum Haushalt des Vaters?
Zu 1: ☒	☐ Ja ☐ Nein
Zu 2: ☒	☐ Ja ☐ Nein
Zu 3: ☐	☐ Ja ☐ Nein
Zu 4: ☐	☐ Ja ☐ Nein

Von den in Nr. 1 bis 4 genannten Kindern stehen folgende zu einer weiteren Person in einem Kindschaftsverhältnis:

zu Nr.	Name und Anschrift dieser Person, Art des Kindschaftsverhältnisses

Bei Kindern über 16 Jahre (vor dem 2.1.1972 geboren):
Die Eintragung auf der Lohnsteuerkarte wird beantragt, weil das Kind
a) in Berufsausbildung steht (ggf. Angabe der Schule, des Lehrherrn usw.)[3]
b) eine Berufsausbildung mangels Ausbildungsplatzes nicht beginnen oder fortsetzen kann[3]
c) Grundwehrdienst, Zivildienst, befreienden Dienst leistet (nur bei Unterbrechung der Berufsausbildung, bitte erläutern)[3]
d) ein freiwilliges soziales Jahr leistet[3]
e) sich wegen körperlicher, geistiger oder seelischer Behinderung nicht selbst unterhalten kann (ggf. ist anzugeben, warum der Ehegatte oder frühere Ehegatte des Kindes keinen ausreichenden Unterhalt leistet)

3) Die Kinder werden nur bis zum 27. Lebensjahr berücksichtigt (nach dem 1.1.1961 geboren)   vom – bis

zu Nr.	Antragsgrund	

Ergänzende Angaben für folgende, in Nr. 1 bis 4 genannte Kinder:

Pflegekinder, für die Sie Pflegegeld oder andere Unterhaltsleistungen erhalten

zu Nr.	Höhe der Leistungen	zu Nr.	Höhe der Leistungen	zu Nr.	Höhe der Leistungen
	DM		DM		DM

leibliche Kinder oder Adoptivkinder, für die vor dem 1.1.1988 zusätzlich ein Pflegekindschaftsverhältnis zu einer weiteren Person begründet worden ist

zu Nr.	Unterhaltsverpflichtung	geleisteter Unterhalt	zu Nr.	Unterhaltsverpflichtung	geleisteter Unterhalt
	DM	DM		DM	DM

leibliche Kinder, bei denen durch Adoption vor dem 1.1.1988 das Verwandtschaftsverhältnis nicht erloschen ist

zu Nr.	Unterhaltsverpflichtung	geleisteter Unterhalt	zu Nr.	Unterhaltsverpflichtung	geleisteter Unterhalt
	DM	DM		DM	DM

Ⓒ Unbeschränkt antragsfähige Ermäßigungsgründe

I. Freibetrag für besondere Fälle in der Regel nur für das Jahr des Eintritts der Voraussetzungen und die beiden folgenden Kalenderjahre. Die steuerliche Berücksichtigung kommt nur in Betracht, wenn der Ⓓ Teil IV Nr. 1 Buchst. b Aufwendungen für die Wiederbeschaffung von Hausrat geltend gemacht werden. Bei Kindern auch Ⓑ ausfüllen.

☐ Flüchtling	☐ Vertriebener	☐ Heimatvertriebener		☐ Spätaussiedler		☐ Politisch Verfolgter
☐ Ausweis	vom	☐ Amtliche Bescheinigung	vom	☐ ist beigefügt.	☐ hat dem Finanzamt bereits vorgelegen.	

Bitte Belege beifügen!

	Vermerke des Finanzamts

II. Altersfreibetrag,
weil ich oder (und) mein Ehegatte vor dem 2. 1. 1924 geboren bin (sind)

III. Körperbehinderte und Hinterbliebene
(Bei Kindern auch Abschnitt (B) ausfüllen.)

		Nach-weis		ist beigefügt.		hat bereits vorgelegen.	
Name	Ausweis/Rentenbescheid/Bescheinigung ausgestellt am / gültig bis	Hinter-bliebener	Körper-behinderter	blind/ständig pflege-bedürftig	geh- und steh-behindert	Grad der Be-hinderung

IV. Freibetrag wegen Förderung des Wohneigentums
(z. B. §§ 7 b, 10 e und 34 f des Einkommensteuergesetzes, §§ 14 a, 15 oder 15 b des Berlinförderungsgesetzes)
☐ Wie im Vorjahr ☐ Erstmalige Antragstellung oder Änderung gegenüber dem Vorjahr
(Bitte den Vordruck LSt 3 D ausfüllen und beifügen.)

Anfrage an V-Stelle am:

(D) ⬤ Beschränkt antragsfähige Ermäßigungsgründe

I. Werbungskosten der antragstellenden Person
1. Aufwendungen für Fahrten zwischen Wohnung und Arbeitsstätte
a) mit eigenem   Letztes amtl. Kennzeichen
☒ Pkw ☐ Motorrad/Motorroller $M - A\ 111$ ☐ Moped/Mofa ☐ Fahrrad

Der Arbeitgeber ersetzt steuerfrei _____ DM

Arbeitstage je Woche	Urlaubs- und ggf. Krankheitstage	Erhöhter Kilometersatz wegen Körperbehinderung		Im Kalenderjahr volle DM
		Behinderungsgrad mindestens 70	Behinderungsgrad mindestens 50 und Gehbehinderung	
5	30			

Arbeitsstätte in (Ort und Straße) – ggf. nach besonderer Aufstellung –	benutzt an Tagen	einfache Ent (km)[4]	Ständig wechselnde Einsatzstelle vom – bis[5]
München, Neuburger Str. 1	200	15	

1.080

b) mit öffentlichen Verkehrsmitteln (monatlich _____ DM) Gesamtaufwendungen _____ DM
Davon werden vom Arbeitgeber steuerfrei ersetzt _____ DM

2. Beiträge zu Berufsverbänden (Bezeichnung der Verbände)

3. Aufwendungen für Arbeitsmittel (Art der Aufwendungen, z. B. typische Berufskleidung)[6]

4. Weitere Werbungskosten (z. B. Fortbildungs- und Reisekosten)[6] – soweit sie nicht steuerfrei ersetzt werden –

5. Mehraufwendungen für Verpflegung	Arbeitszeit von – bis	Abwesenheit von – bis	Tage		
bei über 12 Stunden Abwesenheit von der Wohnung (3 DM täglich)	7 - 17	6.15 - 18.30	100	Vom Arbeit-geber werden steuerfrei ersetzt	
bei ständig wechselnden Einsatzstellen und über 10 Stunden Abwesenheit von der Wohnung (6 DM täglich)	Arbeitszeit von – bis	Abwesenheit von – bis	Tage		
bei Berufskraftfahrern (Art der Tätigkeit)	Fahrtätigkeit über 6 Std. Anzahl der Tage	Fahrtätigkeit über 12 Std. Anzahl der Tage	▼ DM		300

6. Mehraufwendungen für doppelte Haushaltsführung
Der doppelte Haushalt ist aus beruflichem Anlaß begründet worden[6]

Grund[6]	am	und hat seitdem ununter-brochen bestanden bis	Beschäftigungsort
			Mein Ehegatte hat sich an vom – bis meinem Beschäftigungs-ort aufgehalten

Eigener Hausstand	seit	Falls nein, wurde Unterkunft am bisherigen Ort beibehalten?
☐ Nein ☐ Ja, in		☐ Nein ☐ Ja

Kosten der ersten Fahrt zum Beschäftigungsort und der letzten Fahrt zum eigenen Hausstand			
☐ mit öffentlichen Verkehrsmitteln	☐ mit eigenem Kfz (Entfernung _____ km × _____ DM)	=	_____ DM

Fahrkosten für Heimfahrten		Einzelfahrt DM	Anzahl		
☐ mit öffentlichen Verkehrsmitteln	☐ mit eig. Kfz (Entfernung _____ km)	×	=	_____ DM	Vom Arbeit-geber werden steuerfrei ersetzt ▼

Kosten der Unterkunft am Arbeitsort (lt. Nachweis) _____ DM

Mehraufwendungen für Verpflegung	Zahl der Tage				
täglich _____ DM ×		=	_____ DM	_____ DM	

7. Besondere Pauschsätze für bestimmte Berufsgruppen (genaue Bezeichnung der Berufsgruppe)[7]

Summe

Bitte Belege beifügen!

Summe

– 564 DM

---

[4] Kürzeste Straßen-verbindung zwischen Wohnung und Arbeitsstätte

[5] Nur ausfüllen, wenn die Ein-satzstelle mehr als 30 km von der Wohnung entfernt ist

[6] Ggf. auf besonde-rem Blatt erläutern

[7] Bitte Aufstellung über steuerfrei Ersatzleistungen des Arbeitgebers beifügen

(Abzug unterbleibt, wenn außerdem Pauschsätze nach Nr. 7 anzusetzen sind)

Se.:

Übertragen in Vfg.; ggf. Pauschsätze abziehen und getrennt über-tragen.

II. Werbungskosten des Ehegatten

	Der Arbeitgeber ersetzt steuerfrei	Vermerke des Finanzamts

1. Aufwendungen für Fahrten zwischen Wohnung und Arbeitsstätte

a) mit eigenem ☐ Pkw ☐ Motorrad/ Motorroller — Letztes amtl. Kennzeichen ☐ Moped/ Mofa ☐ Fahrrad

Vermerke des Finanzamts:
4) Kürzeste Straßenverbindung zwischen Wohnung und Arbeitsstätte

Arbeitstage je Woche	Urlaubs- und ggf. Krankheitstage	Erhöhter Kilometersatz wegen Körperbehinderung		
		Behinderungsgrad mindestens 70	Behinderungsgrad mindestens 50 und Gehbehinderung	

DM / Im Kalenderjahr volle DM

5) Nur ausfüllen, wenn die Einsatzstelle mehr als 30 km von der Wohnung entfernt ist

Arbeitsstätte in (Ort und Straße) – ggf. nach besonderer Aufstellung –   benutzt an Tagen   einfache Entf. (km)[4]   Ständig wechselnde Einsatzstelle vom – bis [5]

6) Ggf. auf besonderem Blatt erläutern

b) mit öffentlichen Verkehrsmitteln (monatlich **80** DM) Gesamtaufwendungen **960** DM
Davon werden vom Arbeitgeber steuerfrei ersetzt DM — **960**

7) Bitte Aufstellung über steuerfreie Ersatzleistungen des Arbeitgebers beifügen

2. Beiträge zu Berufsverbänden (Bezeichnung der Verbände)

3. Aufwendungen für Arbeitsmittel (Art der Aufwendungen, z. B. typische Berufskleidung)[6]
Arbeitskleidung — **200**

4. Weitere Werbungskosten (z. B. Fortbildungs- und Reisekosten)[6] – soweit sie nicht steuerfrei ersetzt werden –

5. Mehraufwendungen für Verpflegung

	Arbeitszeit von – bis	Abwesenheit von – bis	Tage	
bei über 12 Stunden Abwesenheit von der Wohnung (3 DM täglich)				Vom Arbeitgeber werden steuerfrei ersetzt
bei ständig wechselnden Einsatzstellen und über 10 Stunden Abwesenheit von der Wohnung (5 DM täglich)	Arbeitszeit von – bis	Abwesenheit von – bis	Tage	
bei Berufskraftfahrern (Art der Tätigkeit)	Fahrtätigkeit über 6 Std. Anzahl der Tage	Fahrtätigkeit über 12 Std. Anzahl der Tage	▼ DM	

6. Mehraufwendungen für doppelte Haushaltsführung
Der doppelte Haushalt ist aus beruflichem Anlaß begründet worden   Grund[6]   am   Beschäftigungsort

und hat seitdem ununterbrochen bestanden bis   Mein Ehegatte hat sich an meinem Beschäftigungsort aufgehalten   vom – bis

Eigener Hausstand: ☐ Nein ☐ Ja, in   seit   Falls nein, wurde Unterkunft am bisherigen Ort beibehalten? ☐ Nein ☐ Ja

Kosten der ersten Fahrt zum Beschäftigungsort und der letzten Fahrt zum eigenen Hausstand	mit öffentlichen Verkehrsmitteln	mit eigenem Kfz (Entfernung km × DM)	=	DM
Fahrkosten für Heimfahrten	mit öffentlichen Verkehrsmitteln	mit eig. Kfz (Entfernung km)	Einzelfahrt DM × Anzahl	= DM

Vom Arbeitgeber werden steuerfrei ersetzt ▼

Kosten der Unterkunft am Arbeitsort (lt. Nachweis)   DM

Mehraufwendungen für Verpflegung   täglich   DM × Zahl der Tage   = DM   DM

Summe → **Summe**

Summe
− **564 DM** (Abzug unterbleibt, wenn außerdem Pauschsätze nach Nr. 7 anzusetzen sind)

Se.:

7. Besondere Pauschsätze für bestimmte Berufsgruppen (genaue Bezeichnung der Berufsgruppe)[7]

Summe

Übertragen in Vfg.; ggf. Pauschsätze addieren und getrennt übertragen.

III. Sonderausgaben

Versicherungsbeiträge (z. B. Beiträge zu gesetzlichen Rentenversicherungen, Krankenversicherungen, Lebensversicherungen usw.) sowie Beiträge zu Bausparkassen können nicht im Ermäßigungsverfahren geltend gemacht werden. Diese sogenannten Vorsorgeaufwendungen werden beim laufenden Lohnsteuerabzug pauschal berücksichtigt.

1. Renten, dauernde Lasten (Empfänger, Art und Grund der Lasten)

2. Unterhaltsleistungen an den geschiedenen/dauernd getrennt lebenden Ehegatten (Bitte den Vordruck Anlage U ausfüllen und beifügen)

3. Kirchensteuer — **400**

4. Steuerberatungskosten — **50**

5. Aufwendungen für die eigene Berufsausbildung oder die Weiterbildung in einem nicht ausgeübten Beruf (Bitte auf besonderem Blatt erläutern)

Summe

6. Spenden und Beiträge (Bitte Bescheinigungen nach vorgeschriebenem Muster beifügen)
a) für wissenschaftliche und kulturelle Zwecke

b) für mildtätige, kirchliche, religiöse und gemeinnützige Zwecke — **200**

− **270 DM**
− **540 DM**

c) für staatspolitische Zwecke (Mitgliedsbeiträge und Spenden an politische Parteien)

Se.:

Summe

Übertragen in Vfg.

Bitte Belege beifügen!

IV. Außergewöhnliche Belastungen

		Vermerke des Finanzamts

1. Allgemeine außergewöhnliche Belastungen (ggf. auf besonderem Blatt erläutern und zusammenstellen)

a) Kinderbetreuungskosten für haushaltszugehörige Kinder bis 16 Jahre (Bitte auch Abschnitt Ⓑ ausfüllen!)

Antragsgründe

Aufwendungen für Kinderbetreuung

Erwerbstätigkeit der antragstellenden Person	vom – bis	Körperbehinderung der antragstellenden Person	vom – bis	Krankheit der antragstellenden Person	vom – bis

Bei Alleinstehenden: | Es besteht ein gemeinsamer Haushalt der Elternteile | vom – bis

☐ DM

Übertragen in Berechnungsschema auf Seite 6

Erwerbstätigkeit des Ehegatten bzw. des anderen Elternteils bei gemeinsamem Haushalt	vom – bis	Körperbehinderung des Ehegatten bzw. des anderen Elternteils bei gemeinsamem Haushalt	vom – bis	Krankheit des Ehegatten bzw. des anderen Elternteils bei gemeinsamem Haushalt	vom – bis

Vorname und Anschrift des Kindes | Das Kind gehört zu meinem Haushalt | vom – bis

Gesamtbetrag der anderen allgemeinen außergewöhnlichen Belastungen

Art der Aufwendungen (entbehrlich, wenn Pauschbetrag beantragt wird) | Gesamtbetrag DM | Dienstleistungen | vom – bis

☐ DM

b) Andere allgemeine außergewöhnliche Belastungen

Art der Belastung (z. B. durch Krankheit, Todesfall)	Gesamtaufwendungen DM	Abzüglich erhaltene oder zu erwartende Ersatzleistungen DM	Zu berücksichtigende Aufwendungen DM

Übertragen in Berechnungsschema auf Seite 6

2. Freibetrag für Aufwendungen zur Pflege des Eltern-Kind-Verhältnisses, wenn das Kind dem anderen Elternteil zuzuordnen ist. (Kinder von geschiedenen oder dauernd getrennt lebenden Eltern sowie nichteheliche Kinder, wenn beide Elternteile im Inland wohnen.)

Voraussetzung ist, daß Sie für das Kind einen Kinderfreibetrag erhalten. (Bitte auch Abschnitt Ⓑ ausfüllen!)

☐ DM

Vorname des Kindes	Aufwendungen entstehen	vom – bis	Es besteht ein gemeinsamer Haushalt der Elternteile	vom – bis

\+ ☐ DM

Summe

Vorname des Kindes	Aufwendungen entstehen	vom – bis	Es besteht ein gemeinsamer Haushalt der Elternteile	vom – bis

☐ DM

Übertragen in Vfg.

3. Aufwendungen für eine Hausgehilfin/Haushaltshilfe oder Heim-/Pflegeunterbringung

☐ Beschäftigung einer Hausgehilfin/Haushaltshilfe | vom – bis | Aufwendungen im Kalenderjahr | DM

Name und Anschrift der beschäftigten Person oder des mit den Dienstleistungen beauftragten Unternehmens

Abziehbar

☐ DM

☐ Die antragstellende Person oder der Ehegatte ist in einem **Heim** oder **dauernd zur Pflege** untergebracht. Dadurch entstehen auch Kosten für Dienstleistungen, die mit denen einer Hausgehilfin oder Haushaltshilfe vergleichbar sind.

Name und Anschrift der untergebrachten Person (einschließlich Bezeichnung des Heimes usw.)

Abziehbar

Unterbringung vom – bis	Art der Dienstleistungskosten

\+ ☐ DM

Antragsgründe

☐ Vollendung des 60. Lebensjahres

☐ Nicht nur vorübergehende körperliche Hilflosigkeit, schwere Körperbehinderung, Krankheit (ärztliche Bescheinigung beifügen) der antragstellenden Person, des Ehegatten, eines Kindes oder einer zum Haushalt gehörenden unterhaltenen Person

4. Ausbildungsfreibeträge

Ein Ausbildungsfreibetrag kommt nur in Betracht, wenn Sie für das Kind einen Kinderfreibetrag erhalten und Ihnen Aufwendungen für die Berufsausbildung entstehen. (Bitte auch Abschnitt Ⓑ ausfüllen!)

1. Kind: Vorname, Familienstand und Anschrift

Auswärtige Unterbringung	vom – bis	Ausbildungsort		Aufwendungen für die Berufsausbildung	vom – bis

Abziehbar

\+ ☐ DM

Einnahmen des Kindes a) im Ausbildungszeitraum 1988	Bruttoarbeitslohn DM	Öffentliche Ausbildungshilfen DM	andere Einkünfte/Bezüge (Art und Höhe)
b) außerhalb des Ausbildungszeitraums 1988	Bruttoarbeitslohn DM	Öffentliche Ausbildungshilfen DM	andere Einkünfte/Bezüge (Art und Höhe)

2. Kind: Vorname, Familienstand und Anschrift

Auswärtige Unterbringung	vom – bis	Ausbildungsort		Aufwendungen für die Berufsausbildung	vom – bis

Übertrag

☐ DM

Einnahmen des Kindes a) im Ausbildungszeitraum 1988	Bruttoarbeitslohn DM	Öffentliche Ausbildungshilfen DM	andere Einkünfte/Bezüge (Art und Höhe)
b) außerhalb des Ausbildungszeitraums 1988	Bruttoarbeitslohn DM	Öffentliche Ausbildungshilfen DM	andere Einkünfte/Bezüge (Art und Höhe)

Bitte Belege beifügen!

5. Unterstützung bedürftiger Personen (z. B. Eltern, geschiedene Ehegatten, im Ausland lebende Kinder. Hier sind auch Pakete und Päckchen an Angehörige in der DDR oder in Berlin (Ost) einzutragen. Bei mehreren Personen besonderes Blatt verwenden.)

	Vermerke des Finanzamts

Eine Steuerermäßigung kommt nur in Betracht, wenn weder Sie noch andere Personen für den Unterstützten Anspruch auf einen Kinderfreibetrag haben.

Übertrag

Name und Anschrift der unterstützten Person

8) Angaben nicht erforderlich, wenn die unterstützte Person in der DDR oder in Berlin (Ost) wohnt

DM

Alter, Familienstand, Beruf, Verwandtschaftsverhältnis der unterstützten Person

Diese Person hat im	Bruttoarbeitslohn 8)	Renten 8)	andere Einkünfte/Bezüge sowie Vermögen (Art und Höhe) 8)	Abziehbar
a) Unterstützungszeitraum 198.	DM	DM		+
b) außerhalb des Unterstützungszeitraums 198.	Bruttoarbeitslohn 8) DM	Renten 8) DM	andere Einkünfte/Bezüge (Art und Höhe) 8)	DM

Diese Person lebt		zusammen mit folgenden Angehörigen	
☐ in meinem Haushalt	☐ im eigenen/anderen Haushalt		

Eigene Aufwendungen für die unterstützte Person (Art und Zeitraum)	Höhe im Kalenderjahr
	DM

Nur ausfüllen, wenn der Antragsteller im Haushalt der unterstützten Person lebt:	Höhe im Kalenderjahr
Die unterstützte Person erhält außerdem für Verpflegung und Wohnung des Antragstellers	DM

Grund der Unterstützung (z. B. Alter, Krankheit)

Summe

Zum Unterhalt der unterstützten Person tragen bei (Name, Anschrift, Zeitraum und Höhe der Unterstützung)

DM

Übertragen in Vfg.

Verteilung der Freibeträge

Werbungskosten können nur auf die Lohnsteuerkarte des Ehegatten eingetragen werden, bei dem sie entstanden sind. Wenn der Freibetrag im übrigen anders als je zur Hälfte auf die Lohnsteuerkarte des Ehegatten aufgeteilt werden soll, dann geben Sie bitte das Aufteilungsverhältnis an (:   v. H.) und fügen Sie die Lohnsteuerkarte des Ehegatten bei.

Versicherung

Bei der Ausfertigung dieses Antrags und der Anlagen hat mitgewirkt

Herr/Frau/Firma   in   Fernsprecher

Ich versichere, daß ich die Angaben in diesem Antrag und in den ihm beigefügten Anlagen wahrheitsgemäß nach bestem Wissen und Gewissen gemacht habe. Ich nehme zur Kenntnis, daß ich verpflichtet bin, unverzüglich die Änderung des Freibetrags auf meiner Lohnsteuerkarte zu beantragen, wenn sich die in Abschnitt Ⓓ Teil I und II Nrn. 1 a und 6 sowie in Teil IV Nrn. 3, 4 und 5 angegebenen Verhältnisse im Laufe des Kalenderjahrs 1988 derart ändern, daß die Aufwendungen um mindestens 400 DM geringer sein werden. Mir ist bekannt, daß erforderlichenfalls Angaben über Kindschaftsverhältnisse der für die Ausstellung von Lohnsteuerkarten zuständigen Gemeinde mitgeteilt werden.

Datum   15. 12. 1988   *Klaus Meister*   *Wiltrud Meister*

(Unterschrift der antragstellenden Person)   (Unterschrift des Ehegatten)

Vermerk des Finanzamts Berechnung des Freibetrags nach §§ 33, 33c EStG	Antragsteller/Ehegatten	Kinderbetreuungskosten für _____ Kinder	andere außergewöhnliche Belastungen
Jahresarbeitslohn	DM	DM	DM
abzüglich Versorgungs-, Weihnachts-, Arbeitnehmer-Freibetrag, Altersentlastungsbetrag, Werbungskosten (mindestens 564 DM)	DM	höchstens Kinderbetreuungskosten 9)	restliche zumutbare Belastung
Zumutbare Belastung nach § 33 Abs. 3 EStG: _____ v. H. von	DM		
9) nur, soweit die anerkannten Kinderbetreuungskosten den Pauschbetrag nach § 33c Abs. 4 EStG übersteigen	DM ▶ –	DM = –	DM
10) ggf. anteilmäßig nach § 33c Abs. 3 Satz 3 und 4 EStG	Überbelastungsbetrag =	DM =	DM in Vfg. übertragen
	davon höchstens abziehbar nach § 33c Abs. 3 EStG 10)	DM	höheren Betrag in Vfg. übertragen
	mindestens Pauschbetrag nach § 33c Abs. 4 EStG 10)	DM	
11) einschl. Zahl der Kinderfreibeträge und Zahl der Kinder	DM		

Verfügung

1. Freibetrag für besondere Fälle .... _____

Altersfreibetrag .... _____

Pauschbeträge f. Körperbehinderte u. Hinterbliebene _____

Freibetrag wegen Förd. des Wohneigentums .... _____

Sonderausgaben .... _____

Kinderbetreuungskosten .... _____

Andere allgemeine außergewöhnliche Belastungen _____

Freibetrag zur Pflege Eltern-Kind-Verhältnis .... _____

Außergewöhnliche Belastungen in besonderen Fällen _____

Zwischensumme .... _____

Werbungskosten .... _____

Jahresfreibetrag .... _____

bisher berücksichtigt .... _____

verbleibender Freibetrag .... _____

Monatsbetrag _____
Wochenbetrag _____
Tagesbetrag _____

(Sachgebietsleiter)

	Antragsteller/Ehegatten	Kinderbetreuungskosten für	andere außergewöhnliche Belastungen
	Antragsteller Ehegatte		
	DM DM		

Gültig vom ____

bis ____ 1988

2. Freibetrag bei WK-Pauschsätzen v.H.-Satz monatlich

Gültig vom – bis DM

1988

3. Änderung der StK 11) in StK 11)

Gültig vom – bis

1988

4. LStK und Belege an Antragsteller zurück am

5. Bescheid zur Post am

6. ☐ Mitteilung für Gemeinde fertigen

7. Z. d. A. Datum

(Sachbearbeiter)

165

| 12 | Nummer | | 87 | 11 | FA-Nr. | Steuernummer | | 10 | 87 | 4 | Fallgruppe | **198** |

Eingangsstempel

An das Finanzamt
München II

Zutreffende weiße Felder bitte ausfüllen
oder ☒ ankreuzen

☒ **Antrag auf Lohnsteuer-
Jahresausgleich**

☐ **Einkommensteuererklärung**
☐ Ich rechne mit einer Einkommen-
steuererstattung

| BP-Fall | Gesell-schafter | Kst. § 13a EStG | Arbeit-nehmer |

Kenn-Nr. / Steuernummer / Aktenzeichen des Jahres 1986   Steuernummer
257 888

| Pfändg./Abtretg. | | Fristablauf |

| 99 | 10 | **Allgemeine Angaben** | | Telefonisch tagsüber erreichbar unter Nr. | 68 | Kenn-Nr. des Vorjahrs/Aktenzeichen |

Steuerpflichtige Person (Stpfl.), bei Ehegatten: Ehemann

Zeile						
2	11	Name **Greisel**		69		Anschrift
3	13	Vorname **Albert**		14		Titel des Stpfl./Ehemanns
4	72	Geburtsdatum Tag **20** Monat **09** Jahr **44** Religion **ev.** Ausgeübter Beruf **Maschinenschlosser**		18		Titel der Ehefrau
5	22	Straße und Hausnummer **Lindenstr. 58**		10		Anrede des Stpfl.
6	20	Postleitzahl derzeitiger Wohnort **8000 München 12**		40		Anrede des Postempfängers
7		Anschrift wie 1986? ☒ Ja ☐ Nein Von Zeilen 5 und 6 abweichender Wohnsitz am 31.12.1987		Kz	Wert	
8		Verheiratet seit dem **1974** Verwitwet seit dem Geschieden seit dem Dauernd getrennt lebend seit dem				
9	15	Ehefrau (Vorname) **Ursula**				
10	16	ggf. von Zeile 2 abweichender Name		99	17	

11	73	Geburtsdatum Tag **06** Monat **06** Jahr **53** Religion **r.k.** Ausgeübter Beruf **Hausfrau**		10			Art der Steuerfestsetzung				
12		Straße und Hausnummer, Postleitzahl, derzeitiger Wohnort (falls von Zeilen 5 und 6 abweichend)		11		KFB 1		Alter A B	Religion A B		
13		Von Zeile 12 abweichender Wohnsitz am 31.12.1987		24		KFB 0,5	14	Zugeordnete Kinder für	Zula- gen		
14		**Nur bei Einkommensteuererklärung von Ehegatten ausfüllen:** ☐ Zusammen-veranlagung ☐ Getrennte veranlagung ☐ Besondere Veranlagung für das Jahr der Eheschließung Wir haben Gütergemeinschaft vereinbart ☐ Nein ☐ Ja		86		Haushaltsfrei-betrag Ja = 1	Kz	Wert			
15		**Bankverbindung Bitte stets angeben!** Konto wie 1986? ☒ Ja ☐ Nein		77		von		bis	A KiSt.-Pflicht		
16	31	Nummer des Bankkontos, Postgirokontos, Sparbuchs, Postsparbuchs **89 69 10** Bankleitzahl 30 **8 30 5 00 00 1**		78		von		bis	B von Monat bis Monat		
17	34	Geldinstitut (Zweigstelle) und Ort **Darlehensbank München**		73			Angaben zur Er-stattung	83	Bescheid ohne Anschrift Ja = 1		
18		Kontoinhaber ☒ Stpfl. oder: ☐ (Zeilen 2 u. 3) Name (im Fall der Abtretung bitte amtlichen Abtretungsvordruck beifügen) 32		74		Veran-lagungs-art	75	Zahl d. zusätzl. Bescheide		
19		**Der Steuerbescheid soll nicht mir/uns zugesandt werden, sondern**		N 19	Anzahl	V 23					
20	41	Name		KSO 22		FW 53					
21	42	Vorname		GSE 21		L 20					
22	43	Straße und Hausnummer oder Postfach		FA 52		GV 51					
23	45	Postleitzahl Wohnort		Kz	Wert						

24	**Unterschrift** Die mit der Steuererklärung angeforderten Daten werden aufgrund der §§ 149 ff. der Abgabenordnung und der §§ 25, 42 des Einkommensteuergesetzes erhoben.
25	Ich versichere, daß ich die Angaben in diesem Vordruck und den Einkommensteuererklärungen wahrheitsgemäß nach bestem Wissen und Gewissen gemacht habe. Mir ist bekannt, daß Angaben über Kindschaftsverhältnisse erforderlichenfalls der für die Ausstellung von Lohnsteuerkarten zuständigen Gemeinde mitgeteilt werden. Wir sind damit einverstanden, daß der Steuerbescheid und Änderungsbescheide jedem der unterzeichnenden Ehegatten zugleich mit Wirkung für und gegen den anderen Ehegatten bekanntgegeben werden.
26 27	**19.7. 1989 Albert Greisel Ursula Greisel** Datum, Unterschrift(en) Anträge/Steuererklärungen sind eigenhändig - bei Ehegatten von beiden - zu unterschreiben.

Bei der Anfertigung dieses Antrags/dieser Steuererklärung
und der Anlagen hat mitgewirkt:

ESt/LSt 1 A - Aug. 87 (3) **(Bayern)**   7 800 000/70/7.87-15/1622/88

Zeile	Angaben zu Kindern mit Wohnsitz im Inland			Kindschaftsverhältnis zum/ zur				Bei Pflegekindern: Empfangene Unterhaltsleistungen/Pflegegelder DM
29	Vorname des Kindes (ggf. auch abweichender der Familienname)	Geboren am	Wohnort im Inland	**Stpfl./Ehemann**		**Ehefrau**		
				leibliches Kind/ Adoptivkind	Pflegekind	leibliches Kind/ Adoptivkind	Pflegekind	
30	Bettina	20.5.76	München	X	☐	X	☐	
31	2 Ralf	16.9.78	München	X	☐	X	☐	
32	3			☐	☐	☐	☐	
33	4			☐	☐	☐	☐	
34	5			☐	☐	☐	☐	

	Von diesen Kindern sind vor dem 2.1.1971 – bei a bis d nach dem 1.1.1960 – geboren und	
35	a) standen in Berufsausbildung (Angabe der Schule, des Lehrherrn usw.)	vom – bis
36	b) konnten eine Berufsausbildung mangels Ausbildungsplatzes nicht beginnen oder fortsetzen	
37	c) leisteten Grundwehrdienst, Zivildienst, befreienden Dienst (nur bei Unterbrechung der Berufsausbildung; bitte erläutern)	
	d) leisteten ein freiwilliges soziales Jahr	
38	e) konnten sich wegen körperlicher, geistiger oder seelischer Behinderung nicht selbst unterhalten	
	zu Nr.	
39		
40		

41	Von den in den Zeilen 30 bis 34 genannten Kindern stehen folgende zu weiteren Personen in einem Kindschaftsverhältnis:	Angaben nur bei leiblichen Eltern (Elternteil) eines Pflegekindes, falls das Pflegekindschaftsverhältnis am 1.1.1987 bestand:	
42	zu Nr. Name und Anschrift dieser Personen, Art des Kindschaftsverhältnisses	Höhe der Unterhaltsverpflichtung DM	Geleisteter Unterhalt DM
43			

	Das Kind lt. Zeile 42/43 war am 1.1.1987 (oder erstmals 1987) mit Hauptwohnung gemeldet		Gehörte das Kind lt. – beigefügter – Bescheinigung der zuständigen Behörde zum Haushalt des Vaters?	Ich beantrage den vollen Kinderfreibetrag, weil der anderen Elternteil keinen wesentlichen Unterhaltsbeitrag geleistet hat	Ich habe der Übertragung des Kinderfreibetrags auf den anderen Elternteil zugestimmt
44	beim Stpfl./ nicht dauernd getrennt lebenden Ehegatten	und/oder bei sonstigen Personen (Name und Anschrift, ggf. Verwandtschaftsverhältnis zum Kind) oder in (Anschrift)			
45					
46	zu Nr.		Ja ☐ Nein ☐	Ja ☐	Ja ☐
47			Ja ☐ Nein ☐	Ja ☐	Ja ☐

	Einkünfte im Kalenderjahr 198⬛ (inländische und ausländische steuerpflichtige Einkünfte)				99	18
48	aus					
49	**Nichtselbständiger Arbeit** lt. Anlage N für X Stpfl./Ehemann ☐ Ehefrau	**Gewerbebetrieb/Selbständiger Arbeit** lt. Anlage GSE			32 33	
50	**Land- und Forstwirtschaft** lt. Anlage L	**Kapitalvermögen** lt. Anlage KSO			81	
51	**Sonstige Einkünfte** lt. Anlage KSO	oder ohne Anlage KSO nur bei Spar- und Bausparzinsen	32 Einnahmen Stpfl./Ehem. DM	33 Einnahmen Ehefrau DM	82	§ 22 EStG – A –
52	oder ohne Anlage KSO nur bei Alters- renten (Einnahmen) Stpfl./Ehemann DM Ehefrau DM	Dividenden	81 DM	82 DM	34 35	§ 22 EStG – B –
53	laufen seit dem	**Vermietung und Verpachtung** lt. Anlage(n) V	Anzahl		36	V. u. V. – A –
54	**Sonstige Angaben** Steuerbegünstigung zur Förderung des Wohneigentums lt. Anlage(n) FW		Anzahl		37	V. u. V. – B –
55	Anzurechnende Steuern Körperschaftsteuer ▶	55 DM Pf	Kapitalertragsteuer 25 v.H. ▶	47 DM Pf	55	DM Pf
56	Aufgrund von Doppelbesteuerungsabkommen steuerfreie ausländische Einkünfte ohne Arbeitslohn lt. Anlage N Zeile 17 (Einzelangaben je Staat auf besonderem Blatt)		Staat ▶	40 Einkünfte (Stpfl./Ehem.)	41 Einkünfte (Ehefrau)	47
57	Ausländische Einkünfte (in den Anlagen enthalten) 1. Staat i.S.d. § 34c EStG Abs.1 Antrag n.Abs.2 Abs.5			42 Einkünfte	43 Ausländ. Steuer	84 Anlage n. § 34c Abs. 2 EStG Staat Nr. Nr. Nr.
58	Ausländische Einkünfte (in den Anlagen enthalten) 2. Staat i.S.d. § 34c EStG Abs.1 Antrag n.Abs.2 Abs.5			44 Einkünfte	45 Ausländ. Steuer	Kz Wert
59	Beteiligung i.S. des § 7 des Außensteuergesetzes oder Berechnung i.S. des § 15 des Außensteuergesetzes		Ausländische Steuern vom Einkommen im Sinne des § 34c Abs. 3 EStG ▶		DM	
60	Im Kalenderjahr 1987 hingegebene Darlehen im Sinne d. §§ 16, 17 BerlinFG lt. beigefügter Anlage B		Darlehnsbetrag DM	49 Ermäßigungsbetrag DM		
61	Vermögenswirksame Leistungen **als Arbeitgeber**, die über den geschuldeten Arbeitslohn hinaus erbracht wurden		Zahl der Arbeitnehmer am 1.10.1986 Verm. Leistungen DM	50 Ermäßigungsbetrag DM		

167

Zeile						
	Sonderausgaben				Bitte nur volle DM-Beträge eintragen	**99** **13**
62	– Nicht rentenversicherungspflichtige Arbeitnehmer bitte die Zeilen 31 bis 36 der Anlage N ausfüllen –				30	30
63	Gesetzliche **Sozialversicherung** (nur Arbeitnehmeranteil) und/oder befreiende Lebensversicherung sowie andere gleichgestellte Aufwendungen (ohne steuerfreie Zuschüsse des Arbeitgebers)		Stpfl./Ehemann		*7.488*	
64	– In der Regel auf der Lohnsteuerkarte bescheinigt –		Ehefrau		31	31
65	Gesetzlicher Arbeit**geber**anteil zur gesetzlichen **Rentenversicherung,** steuerfreie Zuschüsse des Arbeitgebers zu gleichgestellten Aufwendungen (in der Regel auf der Lohnsteuerkarte bescheinigt),		Stpfl./Ehemann		32 *4.321*	32
66	steuerfreie Beträge der Künstlersozialkasse an die BfA Es bestand Knappschaftsversicherungspflicht		Ehefrau		33	33
67	Freiwillige Angestellten-, Arbeiterrenten-, Höher**versicherung** (abzüglich steuerfreier Arbeitgeberzuschuß) sowie Beiträge von Nichtarbeitnehmern zur gesetzlichen Altersversorgung			Stpfl./Ehegatten	41	41
68	**Krankenversicherung** (freiwillige Beiträge sowie Beiträge von Nichtarbeitnehmern zur gesetzlichen Krankenversicherung – abzüglich steuerfreier Zuschüsse, z. B. des Arbeitgebers –)	in 1987 gezahl	in 1987 erstattet – ▶		40	40
69	**Unfallversicherung**		– ▶		42 *350*	42
70	**Lebensversicherung** ohne vermögenswirksame Leistungen (einschl. Sterbekasse u. Zusatzversorgung; ohne Beträge in Zeilen 63 u. 64)		– ▶		44 *1.676*	44
71	**Haftpflichtversicherung** (ohne Kasko-, Hausrat- und Rechtsschutzversicherung)		– ▶		43 *1.052*	43
72	Beiträge an **Bausparkassen,** die als Sonderausgaben geltend gemacht werden – ohne vermögenswirksame Leistungen –				34	
73	Institut, Vertrags-Nr. und Vertragsbeginn				35 Beiträge	35
74	Für 1987 habe(n) ich/wir und die nach dem 1. 1. 1970 geborenen Kinder eine **Wohnungsbauprämie** beantragt: Nein □ Ja □				Eingangsdatum 38	
75	**Renten**		11 tatsächlich gezahlt	abziehbar	12 v. H.	11
76	**Dauernde Lasten**		10		12 v. H.	
					10	
77	**Unterhaltsleistungen** an den geschiedenen/dauernd getrennt lebenden Ehegatten lt. **Anlage U**				39	39
78	**Kirchensteuer**		13 in 1987 gezahlt *311*	in 1987 erstattet *18*	13	13
79	**Steuerberatungskosten**				16	14
80	Aufwendungen für die eigene **Berufsausbildung** oder die Weiterbildung in einem nicht ausgeübten Beruf	Art der Aus-/Weiterbildung			17	16
81	**Spenden** und Beiträge für wissenschaftliche und kulturelle Zwecke	lt. beigef. Bestätigungen +	lt. Nachweis Betriebsfinanzamt ▶		18	17
82	für mildtätige, kirchliche, religiöse und gemeinnützige Zwecke	*200* +	▶		19 *200*	18
83	Mitgliedsbeiträge und Spenden an politische Parteien (§§ 34 g, 10 b EStG)	+	▶		20	19
84	Nur bei Einkommensteuererklärung ausfüllen: **Verlustabzug** nach § 10 d EStG und/oder § 2 Abs. 1 Satz 2 Auslandsinvestitionsgesetz (Bitte weder in Rot noch mit Minuszeichen eintragen)	24 aus 1982	25 aus 1983	26 aus 1984	Summe der Umsätze, Gehälter und Löhne 21	20
85		Verlustrücktrag	27 aus 1985	28 aus 1986	Kz Wert	
86	**Außergewöhnliche Belastungen**					
	Körperbehinderte und Hinterbliebene		Nachweis ☒ ist beigefügt.	hat bereits vorgelegen.		

Zeile	Name	Ausweis/Rentenbescheid/Bescheinigung ausgestellt am	gültig bis	Hinterbliebener	Körperbehinderter	blind/ständig pflegebedürftig	geh- und stehbehindert	Grad der Behinderung		
87										
88	*Greisel Ursula*				☒			56 *50*	56 1. Person*)	
89									57	57 2. Person*)

90	**Beschäftigung einer** Hausgehilfin Haushaltshilfe	Aufwendungen DM	**Heim- oder Pflegeunterbringung**	Unterbringung: Art der Dienstleistungskosten	*) bei Blinden und ständig Pflegebedürftigen: „300" eintragen
91	vom – bis		Antragsgrund, Name und Anschrift der Beschäftigten / der untergebrachten Person		Hinterbliebl.Pauschbetrag 58 Anzahl
92	**Freibetrag für besondere Fälle** (bitte Ausweis beifügen) Flüchtling □ Vertriebener □ Heimatvertriebener □ Spätaussiedler □ Politisch Verfolgter □				Hausgehilfin/Unterbr. 60 Freibetrag f. bes. Fälle
93	**Freibetrag für Aufwendungen zur Pflege des Eltern-Kind-Verhältnisses,** wenn das Kind dem anderen Elternteil zuzuordnen ist				63 Ja = 1
	Vorname des Kindes	Aufwendungen vom – bis	Vorname des Kindes	Aufwendungen vom – bis	Freibetrag nach § 33 a Abs. 1 a EStG
94					66

Zeile		
95	**Unterstützung bedürftiger Personen** Name und Anschrift der unterstützten Person, Beruf, Familienstand	Summe der Unterstützungszeiträume in Monaten insgesamt **50**
96	Hatte jemand Anspruch auf einen Kinderfreibetrag für diese Person? Nein ☐ Ja ☐ Verwandtschaftsverhältnis zu dieser Person Geburtsdatum	Eigene Einnahmen der unterstützten Person(en), ggf. „0" **51**
97	Aufwand für diese Person vom – bis DM Grund der Unterstützung	Betriebsausgaben, Werbungskosten/ Unkosten-Pauschbetrag **52**
98	Diese Person hatte im Unterstützungszeitraum Bruttoarbeitslohn DM Renten DM andere Einkünfte/Bezüge sowie Vermögen (Art und Höhe)	Unterhaltsleistungen Dritter **53**
99	außerhalb des Unterstützungszeitraums Einnahmen (Art und Höhe auf bes. Blatt erläutern) Diese Person lebte in meinem Haushalt ☐ im eigenen/ anderen Haushalt ☐ zusammen mit folgenden Angehörigen	Tatsächl. Unterhaltsaufwendungen des Antragstellers **54**
100	Zum Unterhalt dieser Person haben auch beigetragen (Name, Anschrift, Zeitraum und Höhe der Unterstützung)	
101	**Ausbildungsfreibetrag (1. Kind)** Vorname, Familienstand und Anschrift des Kindes	Ausbildungsfreibeträge **65**
102	Auswärtige Unterbringung vom – bis Ausbildungsort Aufwendungen für die Berufsausbildung entstanden vom – bis	Kz Wert
103	Einnahmen d. Kindes im maßgebl. Ausbildungszeitraum Bruttoarbeitslohn DM Öfftl. Ausbildungshilfen DM andere Einkünfte/Bezüge (Art und Höhe)	
104	außerhalb des maßgebenden Ausbildungszeitraums Bruttoarbeitslohn DM Öfftl. Ausbildungshilfen DM andere Einkünfte/Bezüge (Art und Höhe)	
105	**Ausbildungsfreibetrag (2. Kind)** Vorname, Familienstand und Anschrift des Kindes	Kinderbetreuungskosten Aufwendungen **84**
106	Auswärtige Unterbringung vom – bis Ausbildungsort Aufwendungen für die Berufsausbildung entstanden vom – bis	Höchstbetrag **85**
107	Einnahmen d. Kindes im maßgeb. Ausbildungszeitraum Bruttoarbeitslohn DM Öfftl. Ausbildungshilfen DM andere Einkünfte/Bezüge (Art und Höhe)	Pauschbetrag **86**
108	außerhalb des maßgebenden Ausbildungszeitraums Bruttoarbeitslohn DM Öfftl. Ausbildungshilfen DM andere Einkünfte/Bezüge (Art und Höhe)	
109	**Kinderbetreuungskosten** für haushaltszugehörige Kinder bis 16 Jahre Bei Alleinstehenden: Es bestand ein gemeinsamer Haushalt der Elternteile vom – bis	Personell berechneter Betrag (§§ 33a, 33b EStG) **61**
110	Ich war vom – bis erwerbstätig körperbehindert krank	Anerkannte außergewöhnliche Belastung – vor Abzug der zumutbaren Belastung – **62**
111	Der Ehegatte bzw. der andere Elternteil bei gemeinsamem Haushalt war vom – bis erwerbstätig körperbehindert krank	
112	Vorname und Anschrift des Kindes Das Kind gehörte zu meinem Haushalt vom – bis	
113	Pauschbetrag oder Art und Höhe der Aufwendungen Dienstleistungen vom – bis	**99** **12**
114	**Andere außergewöhnliche Belastungen** Art der Belastung Gesamtaufwand im Kalenderjahr DM Erhaltene/zu erwartende Versicherungsleistungen, Beihilfen, Unterstützungen/ Wert des Nachlasses usw. DM	Nr. Wert
115		
116		
117		
118	**Nur bei geschiedenen oder dauernd getrennt lebenden Elternpaaren oder bei Eltern nichtehelicher Kinder:** Laut beigefügtem gemeinsamen Antrag sind die Ausbildungsfreibeträge auf einen Elternteil zu übertragen und/oder die für Kinder zu gewährenden Pauschbeträge für Körperbehinderte/Hinterbliebene in einem anderen Verhältnis als je zur Hälfte aufzuteilen.	
119	**Nur bei getrennter Veranlagung von Ehegatten ausfüllen:** Laut beigefügtem gemeinsamen Antrag beträgt der bei mir zu berücksichtigende Anteil an den Sonderausgaben v. H. außergewöhnlichen Belastungen v. H.	

99 **30**	Versp. Zuschl. in v.H. **10**	Versp. Zuschl. in DM **11**	Vorauszahlungen **38**	Kz Wert	Kz Wert
Kz Wert	Kz Wert	Kz Wert	Kz Wert	Kz Wert	Kz Wert

Verfügung 1. Die aufgeführten Daten sind mit Hilfe des geprüften und genehmigten Programms sowie unter Berücksichtigung der ggf. gespeicherten Daten maschinell zu verarbeiten. In Höhe der maschinell ermittelten Ergebnisse werden die Steuern, die Nachzahlungen oder Rückforderungen von Arbeitnehmer-Sparzulagen, der Verspätungszuschlag und die Vorauszahlungen festgesetzt oder es wird die Nichtveranlagung verfügt. Das Ergebnis ist bekanntzugeben.

Erledigt (Namensz., Datum)   Erledigt (Namensz., Datum)

2. ☐ Grunddaten prüfen . . . . ___ 7. ☐ In V-Liste/Z-Kartei vermerken . . . . ___
3. ☐ KM fertigen . . . . ___ 8. ☐ Auf LSt-Karte vermerken . . . . . . ___
4. ☐ Belege zurückgeben . . . . ___ 9. ☐ Bescheid ergänzen (Anlage beifügen) ___
5. ☐ Änderung/Berichtigung vermerken ___ 10. Z. d. A.
6. ☐ Zur Datenerfassung . . . . ___ Kontrollzahl

Erfaßt

Sachgebietsleiter   Datum   Bearbeiter

Name und Vorname des Arbeitnehmers
Greisel Albert
Kenn-Nr. des Jahres 198.../Aktenzeichen/Steuernummer
257 888

Anlage N

Einkünfte aus
nichtselbständiger Arbeit

	99	2	StpN / Eheft. = 7 Eheft. = 8

Jeder Ehegatte mit Einkünften aus nichtselbständiger Arbeit hat eine eigene Anlage N abzugeben

Zeile	Steuerklasse, Zahl d. Kinderfreibeträge u. d. Kinder	Bei Ehegatten: ist auch für den Ehegatten eine Lohnsteuerkarte ausgestellt?				
1	lt. Lohnsteuerkarte **3 / 20 / 02**	☒ Nein	Ja, und zwar Steuerklasse			89

		DM	Pf	DM	Pf	
	Angaben zum Arbeitslohn	Erste Lohnsteuerkarte		Weitere Lohnsteuerkarte(n)		Veranlagungsgrund
2		10		11		85 10
3	**Bruttoarbeitslohn**	**45.860**	—		—	40
4	**Lohnsteuer**	40 **5.083** 24		41	—	42
5	**Kirchensteuer des Arbeitnehmers** Nur für konfessionsverschiedener Ehe:	nach Abzug der vom Arbeitgeber im Jahresausgleich erstatteten Beträge 42 **155** 30		43	—	44 11
6	**Kirchensteuer für den Ehegatten** (lt. Abschnitt IV Nr. 6 Ihrer Lohnsteuerkarte)	44 **155** 30		45		41
7	**Vermögenswirksame Leistungen** Lebensversicherungsvertrag	Versicherungsunternehmen und Vertragsnummer			54	43
8	Zulagensatz 16/26 v. H. Sparvertrag	Kreditinstitut, Nr. und Datum des Vertrags			58	45 54
9	Kapitalbeteiligungen	Vertragsart, Unternehmen und Datum des Vertrags			52	Institutsschlüssel zu Kz 54 55
10	Zulagensatz 23/33 v. H. Bausparbeiträge	Bausparkasse, Nr. und Datum des Vertrags **Bausparkasse „Heim"**	56 **624**		58	Institutsschlüssel zu Kz 58 59
11	Andere Anlage(n)	Anlageart, Unternehmen, Nr. und Datum des Vertrags			60	52
12	**Ausgezahlte Arbeitnehmer-Sparzulage**		**144** 00	51		Institutsschlüssel zu Kz 52 64
13	**Kurzarbeiter- und Schlechtwettergeld** (Beträge lt. Lohnsteuerkarte)	34 Ausgezahlter Betrag **459** —		19 Bruttobetrag **630**	—	56
14	**Arbeitslosengeld, Arbeitslosenhilfe** (Bruttobetrag lt. Bescheinigung des Arbeitsamts)			20	—	57 60
15	Angaben über Zeiten und Gründe der Nichtbeschäftigung (Nachweise bitte beifügen)					Institutsschlüssel zu Kz 60 61
16						51
17	**Steuerfreier Arbeitslohn für Tätigkeit im Ausland** nach Doppelbesteuerungsabkommen (DBA), Auslandstätigkeitserlaß (ATE)	Staat 39	DBA	36	ATE	34 19
18	**Arbeitslohn für mehrere Jahre** Antrag auf Verteilung auf mehrere Jahre durch Veranlagung (§ 34 Abs. 3 EStG)		auf andere Jahre entfallender Arbeitslohn ►	14		20
19	Bei Jahresausgleich: Einbeziehung wird beantragt	13 Arbeitslohn	46 Lohnsteuer	48 Kirchenst. Arbeitn.	49 Kirchenst. Ehegatte	14 47 ESt zu Kz 14
20	**Entschädigungen** sind einzubeziehen zur Anwendung des ermäß. Steuersatzes	66 Arbeitslohn in d. Jahresausgleich (ohne Ermäßigung)	80 Lohnsteuer	84 Kirchenst. Arbeitn.	87 Kirchenst. Ehegatte	37 Einkünfte zu Kz 66
21	**Arbeitslohn-Erfindervergütungen** sollen nicht einbezogen werden. sollen einbezogen werden.	Arbeitslohn	Lohnsteuer	Kirchenst. Arbeitn.	Kirchenst. Ehegatte	32
22	**Versorgungsbezüge** (im Bruttoarbeitslohn – Zeilen 3 und 19 – enthalten)	aus einem früheren Dienstverhältnis 32	aus allen weiteren früheren Dienstverhältnissen 33	davon Bezüge mit ausgezahlter Berlin-Zulage lt. Lohnsteuerkarte 23		33 Kz Wert
23						
24	Nach dem Berlinförderungsgesetz ausgezahlte **Arbeitnehmerzulagen** lt. Lohnsteuerkarte			26		26
25	**Berlinvergünstigung** Nur ausfüllen bei Abgabe des Vordrucks **in Berlin (West)**	In Zeilen 3 und 19 enthaltene Arbeitslöhne (ohne Versorgungsbezüge), die nicht aus Berlin (West) sind		22		26 22
26	Nur ausfüllen bei Abgabe des Vordrucks **außerhalb von Berlin (West)**	In Zeilen 3 und 19 enthaltene Arbeitslöhne, für die Berlin-Zulagen ausgezahlt worden sind			—	zu Zeile 26: § 22 BerlinFG 38
27	Grenzgänger nach	Beschäftigungsland	Arbeitslohn ►	16 in ausländ. Währung		zu Zeile 26: § 21 BerlinFG 21
28	**Steuerpflichtiger Arbeitslohn**, von dem kein Steuerabzug vorgenommen worden ist	65 Streikgelder		15 andere Beträge		16 17
29	**Steuerfrei erhaltene Aufwandsentschädigung**	aus der Tätigkeit als		Betrag		65

Anlage N für Einkünfte aus nichtselbständiger Arbeit – Aug. 87 (3)

5 500 000/70/7.87-15/1623/88

Zeile					Vorsorgepauschale gekürzt = 1 ungekürzt = 2
31	Ich habe in 198? bezogen: beamtenrechtliche od. gleichgestellte Versorgungsbezüge ☐	Altersruhegeld aus der gesetzlichen Rentenversicherung ☐			

	Es bestand 198? keine gesetzliche Rentenversicherungspflicht			35
32	a) jedoch eine Anwartschaft auf Altersversorgung (ganz oder teilweise ohne eigene Beitragsleistung) aus dem aktiven Dienstverhältnis als			Kz Wert
33	als Beamter ☐ als Vorstandsmitglied ☐			
34	Das aktive Beschäftigungsverhältnis bestand 1987 während des ☐ nur ☐ ganzen Jahres vom – bis	Arbeitslohn für diesen Teil des Jahres ▶	DM	Summe der Zeilen 34 und 36
35	b) und auch keine Anwartschaft auf Altersversorgung oder eine Anwartschaft nur aufgrund eigener Beitragsleistung aus der Tätigkeit			
36	als Vorstandsmitglied ☐ GmbH-Gesellschafter- Geschäftsführer ☐	im Rahmen v. Ehegattenarbeits- als (z. B. Praktikant, Student) verträgen, die vor dem 1.1.1987 abgeschlossen wurden ☐	Arbeitslohn DM	12

Werbungskosten

				Kz Wert
37	**Fahrten zwischen Wohnung und Arbeitsstätte** Aufwendungen für Fahrten mit eigenem	Letztes amtl. Kennzeichen		
38	☒ Pkw ☐ Motorrad/ Motorroller	**M – Y 448** Moped/Mofa ☐ Fahr-rad ☐		
39	Arbeitstage je Woche Urlaubs- und Krankheitstage	Erhöhter Kilometersatz wegen Körperbehinderung Behinderungsgrad mindestens 70 ☐ Behinderungsgrad mindestens 50 und erhebliche Gehbehinderung ☐		
40	Arbeitsstätte in (Ort und Straße) – ggf. nach besonderer Aufstellung – **München, Inninger Str. 18**	benutzt in Tagen **225** einfache Entf. (km) **11**	Ständig wechselnde Einsatzstelle vom – bis	70 | Tage | km | Pf
41				71
42				72
43	Aufwendungen für Fahrten mit öffentlichen Verkehrsmitteln		74	74
44	Vom Arbeitgeber 1987 für Fahrten zwischen Wohnung und Arbeitsstätte steuerfrei ersetzte Fahrkosten		73	73

			Kz Wert
45	Beiträge zu Berufsverbänden (Bezeichnung der Verbände) **IG Metall**	**274**	
46	Aufwendungen für Arbeitsmittel (Art der Aufwendungen) **Berufskleidung**	+ **200**	
47	Weitere Werbungskosten (z. B. Fortbildungs- und Reisekosten) – soweit nicht steuerfrei ersetzt – **Kontoführung**	+ **30**	
48	**Fachbuch**	+ **48** ▸	77 **552**

					Kz Wert
49	**Mehraufwendungen für Verpflegung bei** über zwölfstündiger Abwesenheit von der Wohnung				
50	Arbeitszeit von – bis Uhr	Abwesenheit von – bis Uhr	Zahl d. Tage × 3 DM =	DM	
51	ständig wechselnden Einsatzstellen und über zehnstündiger Abwesenheit von der Wohnung				
52	Arbeitszeit von – bis Uhr	Abwesenheit von – bis Uhr	Zahl d. Tage × 5 DM =	DM	Vom Arbeit-geber steuerfrei ersetzt ▼
53	Berufskraftfahrern mit Fahrtätigkeit	über 6 Stunden Zahl der Tage	über 12 Stunden Zahl der Tage	DM	
54	Art der Tätigkeit		Summe Zeilen 50 bis 53 DM – ▶	DM	76 | 76

55	**Mehraufwendungen für doppelte Haushaltsführung** Der doppelte Haushalt wurde aus beruflichem Anlaß begründet	Beschäftigungsort			
56	Grund am	und hat seitdem ununter-brochen bestanden bis 1987	Mein Ehegatte hat sich an meinem Beschäftigungs-ort aufgehalten	vom – bis	Werbungskosten zu Kz 21 oder 38
57	Eigener Hausstand seit Nein ☐ Ja, in		Falls nein, wurde Unterkunft am bisherigen Ort beibehalten? Nein ☐ Ja ☐		25
58	Kosten d. ersten Fahrt zum Beschäftigungsort u. d. letzten Fahrt zum eigenen Hausstand mit öffentlichen Verkehrsmitteln	mit eigenem Kfz. Entfernung km ×	=	DM	Werbungskosten zu Kz 22
59	Kosten für Heimfahrten mit öffentlichen Verkehrsmitteln	m. eigenem Kfz. (Ent-fernung km)	Einzelfahrt DM Anzahl ×	= DM	28
60	Kosten der Unterkunft am Arbeitsort (lt. Nachweis)			DM	Vom Arbeit-geber steuerfrei ersetzt ▼	Werbungskosten zu Versorgungs-bezügen
61	Mehraufwendungen für Verpflegung täglich DM ×	Zahl der Tage	=	DM	27
62		Summe Zeilen 58 bis 61	DM – ▶	DM	75 | 75
63	**Besondere Pauschsätze für bestimmte Berufsgruppen** (Bitte die Berufsgruppe genau bezeichnen und Aufstellung über steuerfreien Ersatz des Arbeitgebers beifügen)			78	78

171

Einkommensteuertabelle

Grund- und Splittingtabelle
– Auszug –
gültig für den Lohnsteuerjahresausgleich 1988

Bei dem vom Finanzamt durchgeführten Lohnsteuerjahresausgleich wird die Einkommensteuertabelle angewandt. Deshalb wird im folgenden diese Tabelle wiedergegeben. Die Grundtabelle gilt für Ledige, die Splittingtabelle für Verheiratete.

Der Arbeitgeber wendet spezielle Lohnsteuertabellen an (vgl. auch Nr. 4). Sie unterscheiden sich von der Einkommensteuertabelle dadurch, daß in die Lohnsteuertabellen eine Reihe von Freibeträgen eingearbeitet sind (u.a. der Arbeitnehmer-Freibetrag in Höhe von 480 DM, der Werbungskosten-Pauschbetrag, der Sonderausgaben-Pauschbetrag und die Vorsorgepauschale).

Diese Freibeträge und selbstverständlich auch alle sonstigen Steuervorteile, die anhand der Fragenliste ermittelt wurden, dürfen nicht übersehen werden, bevor die Einkommensteuertabelle angewandt wird.

Wir drucken hier die Einkommensteuertabelle ab. Der vorliegende Ratgeber soll ja in erster Linie eine Hilfe für den Lohnsteuerjahresausgleich sein, d.h. der Steuerzahler soll den vom Finanzamt in diesem Verfahren erlassenen Bescheid überprüfen können. Dazu braucht er aber die Einkommensteuertabelle. Die Lohnsteuertabellen dienen nur zur Einbehaltung und Abführung der laufenden Lohnsteuer durch den Arbeitgeber. Dieser Abzug ist aber nur vorläufig, er kann und muß gegebenenfalls durch den Lohnsteuerjahresausgleich korrigiert werden.

Die Tarifgestaltung für 1988 sieht wie folgt aus: Bis zu einem zu versteuernden Einkommen von 4752 DM wird Einkommensteuer nicht erhoben (Grundfreibetrag). Für ein zu versteuerndes Einkommen zwischen 4752 DM und 18000 DM wird eine Einkommensteuer in Höhe von 22% erhoben (Proportionalzone). Für das 18000 DM übersteigende zu versteuernde Einkommen wird die Einkommensteuer nach ansteigenden Steuersätzen von mehr als 22% bis 56% erhoben (progressiver Tarif). Der Spitzensteuersatz von 56% wird bei einem zu versteuernden Einkommen von mehr als 130000 DM erhoben. Die geschilderte Tarifgestaltung liegt den in der nachstehend dargestellten »Grundtabelle« ausgewiesenen Steuerbeträgen zugrunde. Aus dieser Grundtabelle sind die in der nachstehend dargestellten »Splittingtabelle« ausgewiesenen Steuerbeträge in der Weise abgeleitet, daß das zu versteuernde Einkommen zunächst halbiert (gesplittet) wird; für dieses halbe zu versteuernde Einkommen wird die Steuer aus der Grundtabelle abgelesen und sodann verdoppelt. Demnach beträgt der Grundfreibetrag in der Splittingtabelle 9504 DM, die Proportionalzone reicht bis 36 000 DM, und der Spitzensteuersatz wird bei 260 000 DM erreicht.

Die Grundtabelle gilt im wesentlichen für Unverheiratete und getrennt lebende Ehegatten, die Splittingtabelle für Verheiratete, die zusammen leben.

Die Bezeichnung »Einkommen« bedeutet in dieser Tabelle »zu versteuerndes Einkommen«

Ein-kommen bis DM	Einkommensteuer Grund-tabelle	Splitting-tabelle	Ein-kommen bis DM	Einkommensteuer Grund-tabelle	Splitting-tabelle
4 805	–	–	7 613	618	–
4 859	12	–	7 667	630	–
4 913	24	–	7 721	641	–
4 967	36	–	7 775	653	–
5 021	47	–	7 829	665	–
5 075	59	–	7 883	677	–
5 129	71	–	7 937	689	–
5 183	83	–	7 991	701	–
5 237	95	–	8 045	713	–
5 291	107	–	8 099	725	–
5 345	119	–	8 153	737	–
5 399	131	–	8 207	748	–
5 453	143	–	8 261	760	–
5 507	154	–	8 315	772	–
5 561	166	–	8 369	784	–
5 615	178	–	8 423	796	–
5 669	190	–	8 477	808	–
5 723	202	–	8 531	820	–
5 777	214	–	8 585	832	–
5 831	226	–	8 639	843	–
5 885	238	–	8 693	855	–
5 939	249	–	8 747	867	–
5 993	261	–	8 801	879	–
6 047	273	–	8 855	891	–
6 101	285	–	8 909	903	–
6 155	297	–	8 963	915	–
6 209	309	–	9 017	927	–
6 263	321	–	9 071	938	–
6 317	333	–	9 125	950	–
6 371	344	–	9 179	962	–
6 425	356	–	9 233	974	–
6 479	368	–	9 287	986	–
6 533	380	–	9 341	998	–
6 587	392	–	9 395	1 010	–
6 641	404	–	9 449	1 022	–
6 695	416	–	9 503	1 034	–
6 749	428	–	9 557	1 045	–
6 803	440	–	9 611	1 057	–
6 857	451	–	9 665	1 069	24
6 911	463	–	9 719	1 081	24
6 965	475	–	9 773	1 093	48
7 019	487	–	9 827	1 105	48
7 073	499	–	9 881	1 117	72
7 127	511	–	9 935	1 129	72
7 181	523	–	9 989	1 140	94
7 235	535	–	10 043	1 152	94
7 289	546	–	10 097	1 164	118
7 343	558	–	10 151	1 176	118
7 397	570	–	10 205	1 188	142
7 451	582	–	10 259	1 200	142
7 505	594	–	10 313	1 212	166
7 559	606	–	10 367	1 224	166

Ein-kommen bis DM	Einkommensteuer Grund-tabelle	Splitting-tabelle	Ein-kommen bis DM	Einkommensteuer Grund-tabelle	Splitting-tabelle
10421	1235	190	13337	1877	832
10475	1247	190	13391	1889	832
10529	1259	214	13445	1901	856
10583	1271	214	13499	1913	856
10637	1283	238	13553	1925	880
10691	1295	238	13607	1936	880
10745	1307	262	13661	1948	902
10799	1319	262	13715	1960	902
10853	1331	286	13769	1972	926
10907	1342	286	13823	1984	926
10961	1354	308	13877	1996	950
11015	1366	308	13931	2008	950
11069	1378	332	13985	2020	974
11123	1390	332	14039	2031	974
11177	1402	356	14093	2043	998
11231	1414	356	14147	2055	998
11285	1426	380	14201	2067	1022
11339	1437	380	14255	2079	1022
11393	1449	404	14309	2091	1046
11447	1461	404	14363	2103	1046
11501	1473	428	14417	2115	1070
11555	1485	428	14471	2126	1070
11609	1497	452	14525	2138	1092
11663	1509	452	14579	2150	1092
11717	1521	476	14633	2162	1116
11771	1532	476	14687	2174	1116
11825	1544	498	14741	2186	1140
11879	1556	498	14795	2198	1140
11933	1568	522	14849	2210	1164
11987	1580	522	14903	2222	1164
12041	1592	546	14957	2233	1188
12095	1604	546	15011	2245	1188
12149	1616	570	15065	2257	1212
12203	1628	570	15119	2269	1212
12257	1639	594	15173	2281	1236
12311	1651	594	15227	2293	1236
12365	1663	618	15281	2305	1260
12419	1675	618	15335	2317	1260
12473	1687	642	15389	2328	1282
12527	1699	642	15443	2340	1282
12581	1711	666	15497	2352	1306
12635	1723	666	15551	2364	1306
12689	1734	688	15605	2376	1330
12743	1746	688	15659	2388	1330
12797	1758	712	15713	2400	1354
12851	1770	712	15767	2412	1354
12905	1782	736	15821	2423	1378
12959	1794	736	15875	2435	1378
13013	1806	760	15929	2447	1402
13067	1818	760	15983	2459	1402
13121	1829	784	16037	2471	1426
13175	1841	784	16091	2483	1426
13229	1853	808	16145	2495	1450
13283	1865	808	16199	2507	1450

Ein-kommen bis DM	Einkommensteuer Grund-tabelle	Splitting-tabelle	Ein-kommen bis DM	Einkommensteuer Grund-tabelle	Splitting-tabelle
16253	2519	1474	19169	3165	2114
16307	2530	1474	19223	3177	2114
16361	2542	1496	19277	3190	2138
16415	2554	1496	19331	3202	2138
16469	2566	1520	19385	3215	2162
16523	2578	1520	19439	3227	2162
16577	2590	1544	19493	3240	2186
16631	2602	1544	19547	3252	2186
16685	2614	1568	19601	3265	2210
16739	2625	1568	19655	3277	2210
16793	2637	1592	19709	3290	2234
16847	2649	1592	19763	3302	2234
16901	2661	1616	19817	3315	2258
16955	2673	1616	19871	3328	2258
17009	2685	1640	19925	3340	2280
17063	2697	1640	19979	3353	2280
17117	2709	1664	20033	3366	2304
17171	2720	1664	20087	3378	2304
17225	2732	1686	20141	3391	2328
17279	2744	1686	20195	3404	2328
17333	2756	1710	20249	3417	2352
17387	2768	1710	20303	3429	2352
17441	2780	1734	20357	3442	2376
17495	2792	1734	20411	3455	2376
17549	2804	1758	20465	3468	2400
17603	2816	1758	20519	3481	2400
17657	2827	1782	20573	3494	2424
17711	2839	1782	20627	3507	2424
17765	2851	1806	20681	3520	2448
17819	2863	1806	20735	3533	2448
17873	2875	1830	20789	3546	2470
17927	2887	1830	20843	3559	2470
17981	2899	1854	20897	3572	2494
18035	2911	1854	20951	3585	2494
18089	2922	1876	21005	3598	2518
18143	2934	1876	21059	3611	2518
18197	2946	1900	21113	3624	2542
18251	2958	1900	21167	3637	2542
18305	2970	1924	21221	3651	2566
18359	2982	1924	21275	3664	2566
18413	2994	1948	21329	3677	2590
18467	3006	1948	21383	3690	2590
18521	3018	1972	21437	3703	2614
18575	3030	1972	21491	3717	2614
18629	3043	1996	21545	3730	2638
18683	3055	1996	21599	3743	2638
18737	3067	2020	21653	3757	2662
18791	3079	2020	21707	3770	2662
18845	3091	2044	21761	3784	2684
18899	3103	2044	21815	3797	2684
18953	3116	2068	21869	3810	2708
19007	3128	2068	21923	3824	2708
19061	3140	2090	21977	3837	2732
19115	3153	2090	22031	3851	2732

Ein-kommen bis DM	Einkommensteuer Grund-tabelle	Splitting-tabelle	Ein-kommen bis DM	Einkommensteuer Grund-tabelle	Splitting-tabelle
22085	3864	2756	25001	4626	3398
22139	3878	2756	25055	4641	3398
22193	3891	2780	25109	4655	3422
22247	3905	2780	25163	4670	3422
22301	3919	2804	25217	4685	3446
22355	3932	2804	25271	4700	3446
22409	3946	2828	25325	4714	3468
22463	3960	2828	25379	4729	3468
22517	3973	2852	25433	4744	3492
22571	3987	2852	25487	4759	3492
22625	4001	2874	25541	4774	3516
22679	4015	2874	25595	4789	3516
22733	4028	2898	25649	4803	3540
22787	4942	2898	25703	4818	3540
22841	4056	2922	25757	4833	3564
22895	4070	2922	25811	4848	3564
22949	4084	2946	25865	4863	3588
23003	4098	2946	25919	4878	3588
23057	4111	2970	25973	4893	3612
23111	4125	2970	26027	4908	3612
23165	4139	2994	26081	4923	3636
23219	4153	2994	26135	4938	3636
23273	4167	3018	26189	4953	3658
23327	4181	3018	26243	4969	3658
23381	4195	3042	26297	4984	3682
23435	4209	3042	26351	4999	3682
23489	4224	3064	26405	5014	3706
23543	4238	3064	26459	5029	3706
23597	4252	3088	26513	5044	3730
23651	4266	3088	26567	5060	3730
23705	4280	3112	26621	5075	3754
23759	4294	3112	26675	5090	3754
23813	4308	3136	26729	5105	3778
23813	4323	3136	26783	5121	3778
23921	4337	3160	26837	5136	3802
23975	4351	3160	26891	5151	3802
24029	4365	3184	26945	5167	3826
24083	4380	3184	26999	5182	3826
24137	4394	3208	27053	5198	3850
24191	4408	3208	27107	5213	3850
24245	4423	3232	27161	5229	3872
24299	4437	3232	27215	5244	3872
24353	4452	3256	27269	5259	3896
24407	4466	3256	27323	5275	3896
24461	4480	3278	27377	5291	3920
24515	4495	3278	27431	5306	3920
24569	4509	3302	27485	5322	3944
24623	4524	3302	27539	5337	3944
24677	4538	3326	27593	5353	3968
24731	4553	3326	27647	5368	3968
24785	4568	3350	27701	5384	3992
24839	4582	3350	27775	5400	3992
24893	4597	3374	27809	5415	4016
24947	4611	3374	27863	5431	4016

Ein-kommen bis DM	Einkommensteuer Grund-tabelle	Splitting-tabelle	Ein-kommen bis DM	Einkommensteuer Grund-tabelle	Splitting-tabelle
27917	5447	4040	30833	6324	4680
27971	5463	4040	30887	6341	4680
28025	5478	4062	30941	6357	4704
28079	5494	4062	30995	6374	4704
28133	5510	4086	31049	6391	4728
28187	5526	4086	31103	6408	4728
28241	5542	4110	31157	6425	4752
28295	5557	4110	31211	6441	4752
28349	5573	4134	31265	6458	4776
28403	5589	4134	31319	6475	4776
28457	5605	4158	31373	6492	4800
28511	5621	4158	31427	6509	4800
28565	5637	4182	31481	6526	4824
28619	5653	4182	31535	6543	4824
28673	5669	4206	31589	6560	4846
28727	5685	4206	31643	6577	4846
28781	5701	4230	31697	6594	4870
28835	5717	4230	31751	6611	4870
28889	5733	4252	31805	6628	4894
28943	5749	4252	31859	6645	4894
28997	5765	4276	31913	6662	4918
29051	5781	4276	31967	6679	4918
29105	5798	4300	32021	6696	4942
29159	5814	4300	32075	6714	4942
29213	5830	4324	32129	6731	4966
29267	5846	4324	32183	6748	4966
29321	5862	4348	32237	6765	4990
29375	5878	4348	32291	6782	4990
29429	5895	4372	32345	6800	5014
29483	5911	4372	32399	6817	5014
29537	5927	4396	32453	6834	5038
29591	5944	4396	32507	6851	5038
29645	5960	4420	32561	6869	5060
29699	5976	4420	32615	6886	5060
29753	5993	4444	32669	6903	5084
29807	6009	4444	32723	6921	5084
29861	6025	4466	32777	6938	5108
29915	6042	4466	32831	6956	5108
29969	6058	4490	32885	6973	5132
30023	6075	4490	32939	6990	5132
30077	6091	4514	32993	7008	5156
30131	6108	4514	33047	7025	5156
30185	6124	4538	33101	7043	5180
30239	6141	4538	33155	7060	5180
30293	6157	4562	33209	7078	5204
30347	6174	4562	33263	7095	5204
30401	6190	4586	33317	7113	5228
30455	6207	4586	33371	7130	5228
30509	6224	4610	33425	7148	5250
30563	6240	4610	33479	7166	5250
30617	6257	4634	33533	7183	5274
30671	6274	4634	33587	7201	5274
30725	6290	4656	33641	7219	5298
30779	6307	4656	33695	7236	5298

Ein-kommen bis DM	Einkommensteuer Grund-tabelle	Splitting-tabelle	Ein-kommen bis DM	Einkommensteuer Grund-tabelle	Splitting-tabelle
33749	7254	5322	36665	8234	5964
33803	7272	5322	36719	8253	5964
33857	7289	5346	36773	8271	5988
33911	7307	5346	36827	8290	5988
33965	7325	5370	36881	8309	6012
34019	7343	5370	36935	8327	6012
34073	7360	5394	36989	8346	6036
34127	7378	5394	37043	8365	6036
34181	7396	5418	37097	8384	6060
34235	7414	5418	37151	8402	6060
34289	7432	5440	37205	8421	6086
34343	7450	5440	37259	8440	6086
34397	7467	5464	37313	8459	6110
34451	7485	5464	37367	8477	6110
34505	7503	5488	37421	8496	6134
34559	7521	5488	37475	8515	6134
34613	7539	5512	37529	8534	6158
34667	7557	5512	37583	8553	6158
34721	7575	5536	37637	8572	6182
34775	7593	5536	37691	8591	6182
34829	7611	5560	37745	8609	6206
34883	7629	5560	37799	8628	6206
34937	7647	5584	37853	8647	6232
34991	7665	5584	37907	8666	6232
35045	7684	5608	37961	8685	6256
35099	7702	5608	38015	8704	6256
35153	7720	5632	38069	8723	6280
35207	7738	5632	38123	8742	6280
35261	7756	5654	38177	8761	6306
35315	7774	5654	38231	8780	6306
35369	7792	5678	38285	8799	6330
35423	7811	5678	38339	8819	6330
35477	7829	5702	38393	8838	6354
35531	7847	5702	38447	8857	6354
35585	7865	5726	38501	8876	6380
35639	7884	5726	38555	8895	6380
35693	7902	5750	38609	8914	6404
35747	7920	5750	38663	8933	6404
35801	7939	5774	38717	8953	6430
35855	7957	5774	38771	8972	6430
35909	7975	5798	38825	8991	6454
35963	7994	5798	38879	9010	6454
36017	8012	5822	38933	9030	6480
36071	8031	5822	38987	9049	6480
36125	8049	5844	39041	9068	6504
36179	8067	5844	39095	9087	6504
36233	8086	5868	39149	9107	6530
36287	8104	5868	39203	9126	6530
36341	8123	5892	39257	9145	6554
36395	8141	5892	39311	9165	6554
36449	8160	5916	39365	9184	6580
36503	8178	5916	39419	9204	6580
36557	8197	5940	39473	9223	6604
36611	8216	5940	39527	9242	6604

Ein-kommen bis DM	Einkommensteuer Grund-tabelle	Splitting-tabelle	Ein-kommen bis DM	Einkommensteuer Grund-tabelle	Splitting-tabelle
39581	9262	6630	42497	10334	7328
39635	9281	6630	42551	10354	7328
39689	9301	6656	42605	10375	7354
39743	9320	6656	42659	10395	7354
39797	9340	6680	42713	10415	7380
39851	9359	6680	42767	10436	7380
39905	9379	6706	42821	10456	7406
39959	9398	6706	42875	10476	7406
40013	9418	6732	42929	10497	7434
40067	9438	6732	42983	10517	7434
40121	9457	6756	43037	10537	7460
40175	9477	6756	43091	10558	7460
40229	9496	6782	43145	10578	7486
40283	9516	6782	43199	10599	7486
40337	9536	6808	43253	10619	7514
40391	9555	6808	43307	10639	7514
40445	9575	6834	43361	10660	7540
40499	9595	6834	43415	10680	7540
40553	9614	6858	43469	10701	7568
40607	9634	6858	43523	10721	7568
40661	9654	6884	43577	10742	7594
40715	9674	6884	43631	10763	7594
40769	9693	6910	43685	10783	7620
40823	9713	6910	43739	10804	7620
40877	9733	6936	43793	10824	7648
40931	9753	6936	43847	10845	7648
40985	9773	6962	43901	10865	7674
41039	9793	6962	43955	10886	7674
41093	9812	6988	44009	10907	7702
41147	9832	6988	44063	10927	7702
41201	9852	7014	44117	10948	7728
41255	9872	7014	44171	10969	7728
41309	9892	7040	44225	10989	7756
41363	9912	7040	44279	11010	7756
41417	9932	7066	44333	11031	7782
41471	9952	7066	44387	11052	7782
41525	9972	7092	44441	11072	7810
41579	9992	7092	44495	11093	7810
41633	10012	7118	44549	11114	7838
41687	10032	7118	44603	11135	7838
41741	10052	7144	44657	11155	7864
41795	10072	7144	44711	11176	7864
41849	10092	7170	44765	11197	7892
41903	10112	7170	44819	11218	7892
41957	10132	7196	44873	11239	7920
42011	10152	7196	44927	11260	7920
42065	10173	7222	44981	11281	7946
42119	10193	7222	45035	11301	7946
42173	10213	7248	45089	11322	7974
42227	10233	7248	45143	11343	7974
42281	10253	7274	45197	11364	8002
42335	10273	7274	45251	11385	8002
42389	10294	7302	45305	11406	8030
42443	10314	7302	45359	11427	8030

Ein-kommen bis DM	Einkommensteuer Grund-tabelle	Splitting-tabelle	Ein-kommen bis DM	Einkommensteuer Grund-tabelle	Splitting-tabelle
45413	11448	8056	48329	12601	8816
45467	11469	8056	48383	12623	8816
45521	11490	8084	48437	12645	8846
45575	11511	8084	48491	12666	8846
45629	11532	8112	48545	12688	8874
45683	11553	8112	48599	12710	8874
45737	11574	8140	48653	12732	8904
45791	11595	8140	48707	12754	8904
45845	11617	8168	48761	12775	8932
45899	11638	8168	48815	12797	8932
45953	11659	8196	48869	12819	8960
46007	11680	8196	48923	12841	8960
46061	11701	8222	48977	12863	8990
46115	11722	8222	49031	12884	8990
46169	11743	8250	49085	12906	9018
46223	11765	8250	49139	12928	9018
46277	11786	8278	49193	12950	9048
46331	11807	8278	49247	12972	9048
46385	11828	8306	49301	12994	9076
46439	11850	8306	49355	13016	9076
46493	11871	8334	49409	13038	9106
46547	11892	8334	49463	13060	9106
46601	11913	8362	49517	13082	9136
46655	11935	8362	49571	13104	9136
46709	11956	8390	49625	13126	9164
46763	11977	8390	49679	13148	9164
46817	11999	8418	49733	13170	9194
46871	12020	8418	49787	13192	9194
46925	12041	8448	49841	13214	9222
46979	12063	8448	49895	13236	9222
47033	12084	8476	49949	13258	9252
47087	12106	8476	50003	13280	9252
47141	12127	8504	50057	13302	9282
47195	12148	8504	50111	13324	9282
47249	12170	8532	50165	13346	9310
47303	12191	8532	50219	13368	9310
47357	12213	8560	50273	13391	9340
47411	12234	8560	50327	13413	9340
47465	12256	8588	50381	13435	9370
47519	12277	8588	50435	13457	9370
47573	12299	8616	50489	13479	9400
47627	12320	8616	50543	13501	9400
47681	12342	8646	50597	13524	9428
47735	12363	8646	50651	13546	9428
47789	12385	8674	50705	13568	9458
47843	12407	8674	50759	13590	9458
47897	12428	8702	50813	13613	9488
47951	12450	8702	50867	13635	9488
48005	12471	8730	50921	13657	9518
48059	12493	8730	50975	13679	9518
48113	12515	8760	51029	13702	9548
48167	12536	8760	51083	13724	9548
48221	12558	8788	51137	13746	9578
48275	12580	8788	51191	13769	9578

Ein-kommen bis DM	Einkommensteuer Grund-tabelle	Splitting-tabelle	Ein-kommen bis DM	Einkommensteuer Grund-tabelle	Splitting-tabelle
51 245	13 791	9 606	54 161	15 015	10 426
51 299	13 813	9 606	54 215	15 038	10 426
51 353	13 836	9 636	54 269	15 061	10 458
51 407	13 858	9 636	54 323	15 084	10 458
51 461	13 881	9 666	54 377	15 107	10 488
51 515	13 903	9 666	54 431	15 130	10 488
51 569	13 925	9 696	54 485	15 153	10 518
51 623	13 948	9 696	54 539	15 176	10 518
51 677	13 970	9 726	54 593	15 199	10 550
51 731	13 993	9 726	54 647	15 222	10 550
51 785	14 015	9 756	54 701	15 245	10 582
51 839	14 038	9 756	54 755	15 268	10 582
51 893	14 060	9 786	54 809	15 291	10 612
51 947	14 083	9 786	54 863	15 314	10 612
52 001	14 105	9 816	54 917	15 337	10 644
52 055	14 128	9 816	54 971	15 360	10 644
52 109	14 150	9 846	55 025	15 383	10 674
52 163	14 173	9 846	55 079	15 406	10 674
52 217	14 195	9 876	55 133	15 430	10 706
52 271	14 218	9 876	55 187	15 453	10 706
52 325	14 240	9 906	55 241	15 476	10 736
52 379	14 263	9 906	55 295	15 499	10 736
52 433	14 286	9 938	55 349	15 522	10 768
52 487	14 308	9 938	55 403	15 545	10 768
52 541	14 331	9 968	55 457	15 569	10 800
52 595	14 353	9 968	55 511	15 592	10 800
52 649	14 376	9 998	55 565	15 615	10 830
52 703	14 399	9 998	55 619	15 638	10 830
52 757	14 421	10 028	55 673	15 662	10 862
52 811	14 444	10 028	55 727	15 685	10 862
52 865	14 467	10 058	55 781	15 708	10 894
52 919	14 489	10 058	55 835	15 731	10 894
52 973	14 512	10 088	55 889	15 755	10 926
53 027	14 535	10 088	55 943	15 778	10 926
53 081	14 558	10 120	55 997	15 801	10 956
53 135	14 580	10 120	56 051	15 825	10 956
53 189	14 603	10 150	56 105	15 848	10 988
53 243	14 626	10 150	56 159	15 871	10 988
53 297	14 649	10 180	56 213	15 895	11 020
53 351	14 671	10 180	56 267	15 918	11 020
53 405	14 694	10 210	56 321	15 941	11 052
53 459	14 717	10 210	56 375	15 965	11 052
53 513	14 740	10 242	56 429	15 988	11 084
53 567	14 763	10 242	56 483	16 012	11 084
53 621	14 786	10 272	56 537	16 035	11 114
53 675	14 808	10 272	56 591	16 058	11 114
53 729	14 831	10 302	56 645	16 082	11 146
53 783	14 854	10 302	56 699	16 105	11 146
53 837	14 877	10 334	56 753	16 129	11 178
53 891	14 900	10 334	56 807	16 152	11 178
53 945	14 923	10 364	56 861	16 176	11 210
53 999	14 946	10 364	56 915	16 199	11 210
54 053	14 969	10 396	56 969	16 223	11 242
54 107	14 992	10 396	57 023	16 246	11 242

Ein-kommen bis DM	Einkommensteuer Grund-tabelle	Splitting-tabelle	Ein-kommen bis DM	Einkommensteuer Grund-tabelle	Splitting-tabelle
57077	16270	11274	59993	17554	12150
57131	16293	11274	60047	17578	12150
57185	16317	11306	60101	17602	12182
57239	16340	11306	60155	17626	12182
57293	16364	11338	60209	17650	12216
57347	16387	11338	60263	17674	12216
57401	16411	11370	60317	17698	12248
57455	16435	11370	60371	17722	12248
57509	16458	11402	60425	17746	12282
57563	16482	11402	60479	17770	12282
57617	16505	11434	60533	17794	12314
57671	16529	11434	60587	17818	12314
57725	16553	11466	60641	17843	12348
57779	16576	11466	60695	17867	12348
57833	16600	11498	60749	17891	12380
57887	16623	11498	60803	17915	12380
57941	16647	11530	60857	17939	12414
57995	16671	11530	60911	17963	12414
58049	16695	11562	60965	17988	12448
58103	16718	11562	61019	18012	12448
58157	16742	11596	61073	18036	12480
58211	16766	11596	61127	18060	12480
58265	16789	11628	61181	18084	12514
58319	16813	11628	61235	18109	12514
58373	16837	11660	61289	18133	12548
58427	16861	11660	61343	18157	12548
58481	16884	11692	61397	18181	12580
58535	16908	11692	61451	18206	12580
58589	16932	11724	61505	18230	12614
58643	16956	11724	61559	18254	12614
58697	16980	11756	61613	18279	12648
58751	17003	11756	61667	18303	12648
58805	17027	11790	61721	18327	12682
58859	17051	11790	61775	18352	12682
58913	17075	11822	61829	18376	12714
58967	17099	11822	61883	18400	12714
59021	17123	11854	61937	18425	12748
59075	17146	11854	61991	18449	12748
59129	17170	11888	62045	18473	12782
59183	17194	11888	62099	18498	12782
59237	17218	11920	62153	18522	12816
59291	17242	11920	62207	18546	12816
59345	17266	11952	62261	18571	12850
59399	17290	11952	62315	18595	12850
59453	17314	11986	62369	18620	12882
59507	17338	11986	62423	18644	12882
59561	17362	12018	62477	18669	12916
59615	17386	12018	62531	18693	12916
59669	17410	12050	62585	18717	12950
59723	17434	12050	62639	18742	12950
59777	17458	12084	62693	18766	12984
59831	17482	12084	62747	18791	12984
59885	17506	12116	62801	18815	13018
59939	17530	12116	62855	18840	13018

Ein-kommen bis DM	Einkommensteuer Grund-tabelle	Splitting-tabelle	Ein-kommen bis DM	Einkommensteuer Grund-tabelle	Splitting-tabelle
62909	18864	13052	65825	20199	13980
62963	18889	13052	65879	20224	13980
63017	18913	13086	65933	20249	14016
63071	18938	13086	65987	20274	14016
63125	18962	13120	66041	20299	14050
63179	18987	13120	66095	20324	14050
63233	19011	13154	66149	20349	14086
63287	19036	13154	66203	20374	14086
63341	19060	13188	66257	20399	14120
63395	19085	13188	66311	20424	14120
63449	19110	13222	66365	20449	14156
63503	19134	13222	66419	20474	14156
63557	19159	13256	66473	20499	14190
63611	19183	13256	66527	20524	14190
63665	19208	13290	66581	20549	14226
63719	19233	13290	66635	20574	14226
63773	19257	13324	66689	20599	14260
63827	19282	13324	66743	20624	14260
63881	19307	13358	66797	20649	14296
63935	19331	13358	66851	20674	14296
63989	19356	13392	66905	20699	14332
64043	19381	13392	66959	20724	14332
64097	19405	13428	67013	20749	14366
64151	19430	13428	67067	20774	14366
64205	19455	13462	67121	20799	14402
64259	19479	13462	67175	20825	14402
64313	19504	13496	67229	20850	14438
64367	19529	13496	67283	20875	14438
64421	19554	13530	67337	20900	14472
64475	19578	13530	67391	20925	14472
64529	19603	13564	67445	20950	14508
64583	19628	13564	67499	20975	14508
64637	19652	13600	67553	21001	14544
64691	19677	13600	67607	21026	14544
64745	19702	13634	67661	21051	14578
64799	19727	13634	67715	21076	14578
64853	19752	13668	67769	21101	14614
64907	19776	13668	67823	21126	14614
64961	19801	13702	67877	21152	14650
65015	19826	13702	67931	21177	14650
65069	19851	13738	67985	21202	14686
65123	19876	13738	68039	21227	14686
65177	19900	13772	68093	21252	14720
65231	19925	13772	68147	21278	14720
65285	19950	13806	68201	21303	14756
65339	19975	13806	68255	21328	14756
65393	20000	13842	68309	21354	14792
65447	20025	13842	68363	21379	14792
65501	20050	13876	68417	21404	14828
65555	20074	13876	68471	21429	14828
65609	20099	13912	68525	21455	14864
65663	20124	13912	68579	21480	14864
65717	20149	13946	68633	21505	14900
65771	20174	13946	68687	21531	14900

Ein-kommen bis DM	Einkommensteuer Grund-tabelle	Splitting-tabelle	Ein-kommen bis DM	Einkommensteuer Grund-tabelle	Splitting-tabelle
68741	21556	14934	71657	22932	15914
68795	21581	14934	71711	22958	15914
68849	21606	14970	71765	22984	15950
68903	21632	14970	71819	23009	15950
68957	21657	15006	71873	23035	15988
69011	21683	15006	71927	23061	15988
69065	21708	15042	71981	23087	16024
69119	21733	15042	72035	23112	16024
69173	21759	15078	72089	23138	16062
69227	21784	15078	72143	23164	16062
69281	21809	15114	72197	23189	16098
69335	21835	15114	72251	23215	16098
69389	21860	15150	72305	23241	16134
69443	21885	15150	72359	23267	16134
69497	21911	15186	72413	23292	16172
69551	21936	15186	72467	23318	16172
69605	21962	15222	72521	23344	16208
69659	21987	15222	72575	23370	16208
69713	22013	15258	72629	23395	16246
69767	22038	15258	72683	23421	16246
69821	22063	15294	72737	23447	16282
69875	22089	15294	72791	23473	16282
69929	22114	15330	72845	23498	16320
69983	22140	15330	72899	23524	16320
70037	22165	15368	72953	23550	16356
70091	22191	15368	73007	23576	16356
70145	22216	15404	73061	23602	16394
70199	22242	15404	73115	23627	16394
70253	22267	15440	73169	23653	16432
70307	22293	15440	73223	23679	16432
70361	22318	15476	73277	23705	16468
70415	22344	15476	73331	23731	16468
70469	22369	15512	73385	23757	16506
70523	22395	15512	73439	23782	16506
70577	22420	15548	73493	23808	16542
70631	22446	15548	73547	23834	16542
70685	22472	15584	73601	23860	16580
70739	22497	15584	73655	23886	16580
70793	22523	15622	73709	23912	16618
70847	22548	15622	73763	23938	16618
70901	22574	15658	73817	23964	16654
70955	22599	15658	73871	23989	16654
71009	22625	15694	73925	24015	16692
71063	22650	15694	73979	24041	16692
71117	22676	15730	74033	24067	16730
71171	22702	15730	74087	24093	16730
71225	22727	15768	74141	24119	16768
71279	22753	15768	74195	24145	16768
71333	22779	15804	74249	24171	16804
71387	22804	15804	74303	24197	16804
71441	22830	15840	74357	24223	16842
71495	22855	15840	74411	24249	16842
71549	22881	15878	74465	24275	16880
71603	22907	15878	74519	24301	16880

Ein- kommen bis DM	Einkommensteuer Grund- tabelle	Splitting- tabelle	Ein- kommen bis DM	Einkommensteuer Grund- tabelle	Splitting- tabelle
74573	24327	16918	77489	25736	17944
74627	24353	16918	77543	25763	17944
74681	24378	16954	77597	25789	17982
74735	24404	16954	77651	25815	17982
74789	24430	16992	77705	25841	18020
74843	24456	16992	77759	25867	18020
74897	24483	17030	77813	25894	18060
74951	24509	17030	77867	25920	18060
75005	24534	17068	77921	25946	18098
75059	24560	17068	77975	25972	18098
75113	24586	17106	78029	25999	18136
75167	24613	17106	78083	26025	18136
75221	24639	17144	78137	26051	18174
75275	24665	17144	78191	26078	18174
75329	24691	17182	78245	26104	18214
75383	24717	17182	78299	26130	18214
75437	24743	17218	78353	26157	18252
75491	24769	17218	78407	26183	18252
75545	24795	17256	78461	26209	18290
75599	24821	17256	78515	26236	18290
75653	24847	17294	78569	26262	18330
75707	24873	17294	78623	26288	18330
75761	24899	17332	78677	26314	18368
75815	24925	17332	78731	26341	18368
75869	24951	17370	78785	26367	18408
75923	24977	17370	78839	26394	18408
75977	25004	17408	78893	26420	18446
76031	25030	17408	78947	26446	18446
76085	25056	17446	79001	26473	18484
76139	25082	17446	79055	26499	18484
76193	25108	17484	79109	26525	18524
76247	25134	17484	79163	26552	18524
76301	25160	17522	79217	26578	18562
76355	25186	17522	79271	26605	18562
76409	25212	17560	79325	26631	18602
76463	25239	17560	79379	26657	18602
76517	25265	17598	79433	26684	18640
76571	25291	17598	79487	26710	18640
76625	25317	17638	79541	26736	18680
76679	25343	17638	79595	26763	18680
76733	25369	17676	79649	26789	18718
76787	25396	17676	79703	26816	18718
76841	25422	17714	79757	26842	18758
76895	25448	17714	79811	26869	18758
76949	25474	17752	79865	26895	18796
77003	25500	17752	79919	26921	18796
77057	25526	17790	79973	26948	18836
77111	25553	17790	80027	26974	18836
77165	25579	17828	80081	27000	18876
77219	25605	17828	80135	27026	18876
77273	25631	17866	80189	27053	18914
77327	25657	17866	80243	27079	18914
77381	25684	17906	80297	27106	18954
77435	25710	17906	80351	27132	18954

Ein-kommen bis DM	Einkommensteuer Grund-tabelle	Splitting-tabelle	Ein-kommen bis DM	Einkommensteuer Grund-tabelle	Splitting-tabelle
80405	27159	18992	83321	28595	20064
80459	27185	18992	83375	28622	20064
80513	27212	19032	83429	28649	20104
80567	27238	19032	83483	28675	20104
80621	27265	19072	83537	28702	20144
80675	27291	19072	83591	28729	20144
80729	27318	19110	83645	28755	20184
80783	27344	19110	83699	28782	20184
80837	27371	19150	83753	28809	20224
80891	27397	19150	83807	28836	20224
80945	27424	19190	83861	28862	20264
80999	27450	19190	83915	28889	20264
81053	27477	19228	83969	28916	20304
81107	27504	19228	84023	28943	20304
81161	27530	19268	84077	28969	20346
81215	27557	19268	84131	28996	20346
81269	27583	19308	84185	29023	20386
81323	27610	19308	84239	29050	20386
81377	27636	19348	84293	29077	20426
81431	27663	19348	84347	29103	20426
81485	27689	19386	84401	29130	20466
81539	27716	19386	84455	29157	20466
81593	27743	19426	84509	29184	20506
81647	27769	19426	84563	29211	20506
81701	27796	19466	84617	29237	20546
81755	27822	19466	84671	29264	20546
81809	27849	19506	84725	29291	20588
81863	27875	19506	84779	29318	20588
81917	27902	19546	84833	29345	20628
81971	27929	19546	84887	29371	20628
82025	27955	19586	84941	29398	20668
82079	27982	19586	84995	29425	20668
82133	28009	19624	85049	29452	20708
82187	28035	19624	85103	29479	20708
82241	28062	19664	85157	29506	20750
82295	28088	19664	85211	29532	20750
82349	28115	19704	85265	29559	20790
82403	28142	19704	85319	29586	20790
82457	28168	19744	85373	29613	20830
82511	28195	19744	85427	29640	20830
82565	28222	19784	85481	29667	20872
82619	28248	19784	85535	29694	20872
82673	28275	19824	85589	29721	20912
82727	28302	19824	85643	29747	20912
82781	28328	19864	85697	29774	20952
82835	28355	19864	85751	29801	20952
82889	28382	19904	85805	29828	20994
82943	28408	19904	85859	29855	20994
82997	28435	19944	85913	29882	21034
83051	28462	19944	85967	29909	21034
83105	28488	19984	86021	29936	21074
83159	28515	19984	86075	29963	21074
83213	28542	20024	86129	29990	21116
83267	28568	20024	86183	30016	21116

Ein-kommen bis DM	Einkommensteuer Grund-tabelle	Splitting-tabelle	Ein-kommen bis DM	Einkommensteuer Grund-tabelle	Splitting-tabelle
86237	30043	21156	89153	31504	22270
86291	30070	21156	89207	31531	22270
86345	30097	21198	89261	31558	22310
86399	30124	21198	89315	31585	22310
86453	30151	21238	89369	31612	22352
86507	30178	21238	89423	31639	22352
86561	30205	21278	89477	31667	22394
86615	30232	21278	89531	31694	22394
86669	30259	21320	89585	31721	22436
86723	30286	21320	89639	31748	22436
86777	30313	21360	89693	31775	22478
86831	30340	21360	89747	31802	22478
86885	30367	21402	89801	31830	22520
86939	30394	21402	89855	31857	22520
86993	30421	21442	89909	31884	22562
87047	30448	21442	89963	31911	22562
87101	30475	21484	90017	31938	22602
87155	30502	21484	90071	31966	22602
87209	30529	21526	90125	31993	22644
87263	30556	21526	90179	32020	22644
87317	30583	21566	90233	32047	22686
87371	30610	21566	90287	32075	22686
87425	30637	21608	90341	32102	22728
87479	30664	21608	90395	32129	22728
87533	30691	21648	90449	32156	22770
87587	30718	21648	90503	32184	22770
87641	30745	21690	90557	32211	22812
87695	30772	21690	90611	32238	22812
87749	30799	21730	90665	32265	22854
87803	30826	21730	90719	32293	22854
87857	30853	21772	90773	32320	22896
87911	30880	21772	90827	32347	22896
87965	30907	21814	90881	32374	22938
88019	30934	21814	90935	32402	22938
88073	30961	21854	90989	32429	22980
88127	30988	21854	91043	32456	22980
88181	31016	21896	91097	32484	23022
88235	31043	21896	91151	32511	23022
88289	31070	21938	91205	32538	23064
88343	31097	21938	91259	32565	23064
88397	31124	21978	91313	32593	23106
88451	31151	21978	91367	32620	23106
88505	31178	22020	91421	32647	23148
88559	31205	22020	91475	32675	23148
88613	31232	22062	91529	32702	23190
88667	31259	22062	91583	32729	23190
88721	31286	22104	91637	32757	23234
88775	31314	22104	91691	32784	23234
88829	31341	22144	91745	32811	23276
88883	31368	22144	91799	32839	23276
88937	31395	22186	91853	32866	23318
88991	31422	22186	91907	32893	23318
89045	31449	22228	91961	32921	23360
89099	31476	22228	92015	32948	23360

Ein-kommen bis DM	Einkommensteuer Grund-tabelle	Splitting-tabelle	Ein-kommen bis DM	Einkommensteuer Grund-tabelle	Splitting-tabelle
92069	32976	23402	94985	34460	24554
92123	33003	23402	95039	34487	24554
92177	33030	23444	95093	34515	24598
92231	33058	23444	95147	34542	24598
92285	33085	23486	95201	34570	24640
92339	33112	23486	95255	34598	24640
92393	33140	23530	95309	34625	24684
92447	33167	23530	95363	34653	24684
92501	33195	23572	95417	34680	24726
92555	33222	23572	95471	34708	24726
92609	33249	23614	95525	34736	24770
92663	33277	23614	95579	34763	24770
92717	33304	23656	95633	34791	24814
92771	33332	23656	95687	34819	24814
92825	33359	23700	95741	34846	24856
92879	33387	23700	95795	34874	24856
92933	33414	23742	95849	34902	24900
92987	33441	23742	95903	34929	24900
93041	33469	23784	95957	34957	24942
93095	33496	23784	96011	34985	24942
93149	33524	23826	96065	35012	24986
93203	33551	23826	96119	35040	24986
93257	33579	23870	96173	35068	25030
93311	33606	23870	96227	35095	25030
93365	33634	23912	96281	35123	25072
93419	33661	23912	96335	35151	25072
93473	33689	23954	96389	35178	25116
93527	33716	23954	96443	35206	25116
93581	33744	23998	96497	35234	25160
93635	33771	23998	96551	35261	25160
93689	33799	24040	96605	35289	25202
93743	33826	24040	96659	35317	25202
93797	33854	24082	96713	35345	25246
93851	33881	24082	96767	35372	25246
93905	33909	24126	96821	35400	25290
93959	33936	24126	96875	35428	25290
94013	33964	24168	96929	35455	25332
94067	33991	24168	96983	35483	25332
94121	34019	24212	97037	35511	25376
94175	34046	24212	97091	35539	25376
94229	34074	24254	97145	35566	25420
94283	34101	24254	97199	35594	25420
94337	34129	24296	97253	35622	25464
94391	34156	24296	97307	35650	25464
94445	34184	24340	97361	35677	25508
94499	34211	24340	97415	35705	25508
94553	34239	24382	97469	35733	25550
94607	34267	24382	97523	35761	25550
94661	34294	24426	97577	35789	25594
94715	34322	24426	97631	35816	25594
94769	34349	24468	97685	35844	25638
94823	34377	24468	97739	35872	25638
94877	34404	24512	97793	35900	25682
94931	34432	24512	97847	35928	25682

Ein-kommen bis DM	Einkommensteuer Grund-tabelle	Splitting-tabelle	Ein-kommen bis DM	Einkommensteuer Grund-tabelle	Splitting-tabelle
97901	35955	25726	100817	37463	26914
97955	35983	25726	100871	37491	26914
98009	36011	25768	100925	37519	26958
98063	36039	25768	100979	37547	26958
98117	36067	25812	101033	37575	27002
98171	36095	25812	101087	37603	27002
98225	36122	25856	101141	37631	27048
98279	36150	25856	101195	37659	27048
98333	36178	25900	101249	37688	27092
98387	36206	25900	101303	37716	27092
98441	36234	25944	101357	37744	27136
98495	36262	25944	101411	37772	27136
98549	36289	25988	101465	37800	27180
98603	36317	25988	101519	37828	27180
98657	36345	26032	101573	37856	27226
98711	36373	26032	101627	37884	27226
98765	36401	26076	101681	37912	27270
98819	36429	26076	101735	37940	27270
98873	36457	26120	101789	37968	27314
98927	36485	26120	101843	37996	27314
98981	36512	26164	101897	38025	27358
99035	36540	26164	101951	38053	27358
99089	36568	26208	102005	38081	27404
99143	36596	26208	102059	38109	27404
99197	36624	26252	102113	38137	27448
99251	36652	26252	102167	38165	27448
99305	36680	26296	102221	38193	27492
99359	36708	26296	102275	38222	27492
99413	36736	26340	102329	38250	27538
99467	36764	26340	102383	38278	27538
99521	36792	26384	102437	38306	27582
99575	36820	26384	102491	38334	27582
99629	36847	26428	102545	38362	27626
99683	36875	26428	102599	38390	27626
99737	36903	26472	102653	38419	27672
99791	36931	26472	102707	38447	27672
99845	36959	26516	102761	38475	27716
99899	36987	26516	102815	38503	27716
99953	37015	26560	102869	38531	27762
100007	37043	26560	102923	38559	27762
100061	37071	26604	102977	38588	27806
100115	37099	26604	103031	38616	27806
100169	37127	26648	103085	38644	27850
100223	37155	26648	103139	38672	27850
100277	37183	26692	103193	38701	27896
100331	37211	26692	103247	38729	27896
100385	37239	26736	103301	38757	27940
100439	37267	26736	103355	38785	27940
100493	37295	26782	103409	38813	27986
100547	37323	26782	103463	38842	27986
100601	37351	26826	103517	38870	28030
100655	37379	26826	103571	38898	28030
100709	37407	26870	103625	38926	28076
100763	37435	26870	103679	38955	28076

Ein- kommen bis DM	Einkommensteuer Grund- tabelle	Splitting- tabelle	Ein- kommen bis DM	Einkommensteuer Grund- tabelle	Splitting- tabelle
103733	38983	28120	106649	40514	29342
103787	39011	28120	106703	40543	29342
103841	39039	28166	106757	40571	29388
103895	39068	28166	106811	40600	29388
103949	39096	28210	106865	40628	29434
104003	39124	28210	106919	40657	29434
104057	39152	28256	106973	40685	29480
104111	39181	28256	107027	40714	29480
104165	39209	28300	107081	40742	29526
104219	39237	28300	107135	40771	29526
104273	39266	28346	107189	40799	29572
104327	39294	28346	107243	40828	29572
104381	39322	28390	107297	40856	29616
104435	39350	28390	107351	40885	29616
104489	39379	28436	107405	40913	29662
104543	39407	28436	107459	40942	29662
104597	39435	28480	107513	40970	29708
104651	39464	28480	107567	40999	29708
104705	39492	28526	107621	41028	29754
104759	39520	28526	107675	41056	29754
104813	39549	28572	107729	41085	29800
104867	39577	28572	107783	41113	29800
104921	39605	28616	107837	41142	29846
104975	39634	28616	107891	41170	29846
105029	39662	28662	107945	41199	29892
105083	39690	28662	107999	41227	29892
105137	39719	28706	108053	41256	29938
105191	39747	28706	108107	41285	29938
105245	39775	28752	108161	41313	29984
105299	39804	28752	108215	41342	29984
105353	39832	28798	108269	41370	30030
105407	39861	28798	108323	41399	30030
105461	39889	28842	108377	41428	30076
105515	39917	28842	108431	41456	30076
105569	39946	28888	108485	41485	30122
105623	39974	28888	108539	41513	30122
105677	40003	28934	108593	41542	30168
105731	40031	28934	108647	41571	30168
105785	40059	28978	108701	41599	30214
105839	40088	28978	108755	41628	30214
105893	40116	29024	108809	41657	30260
105947	40145	29024	108863	41685	30260
106001	40173	29070	108917	41714	30306
106055	40201	29070	108971	41742	30306
106109	40230	29116	109025	41771	30352
106163	40258	29116	109079	41800	30352
106217	40287	29160	109133	41828	30398
106271	40315	29160	109187	41857	30398
106325	40344	29206	109241	41886	30444
106379	40372	29206	109295	41914	30444
106433	40401	29252	109349	41943	30490
106487	40429	29252	109403	41972	30490
106541	40457	29298	109457	42000	30536
106595	40486	29298	109511	42029	30536

Ein-kommen bis DM	Einkommensteuer Grund-tabelle	Splitting-tabelle	Ein-kommen bis DM	Einkommensteuer Grund-tabelle	Splitting-tabelle
109565	42058	30582	112481	43613	31836
109619	42087	30582	112535	43642	31836
109673	42115	30628	112589	43671	31882
109727	42144	30628	112643	43700	31882
109781	42173	30674	112697	43729	31930
109835	42201	30674	112751	43758	31930
109889	42230	30720	112805	43787	31976
109943	42259	30720	112859	43816	31976
109997	42288	30766	112913	43845	32024
110051	42316	30766	112967	43874	32024
110105	42345	30812	113021	43903	32070
110159	42374	30812	113075	43932	32070
110213	42402	30860	113129	43960	32116
110267	42431	30860	113183	43989	32116
110321	42460	30906	113237	44018	32164
110375	42489	30906	113291	44047	32164
110429	42517	30952	113345	44076	32210
110483	42546	30952	113399	44105	32210
110537	42575	30998	113453	44134	32258
110591	42604	30998	113507	44163	32258
110645	42633	31044	113561	44192	32304
110699	42661	31044	113615	44221	32304
110753	42690	31090	113669	44250	32352
110807	42719	31090	113723	44279	32352
110861	42748	31138	113777	44308	32398
110915	42776	31138	113831	44337	32398
110969	42805	31184	113885	44366	32446
111023	42834	31184	113939	44395	32446
111077	42863	31230	113993	44424	32492
111131	42892	31230	114047	44453	32492
111185	42920	31276	114101	44482	32540
111239	42949	31276	114155	44512	32540
111293	42978	31324	114209	44541	32586
111347	43007	31324	114263	44570	32586
111401	43036	31370	114317	44599	32634
111455	43065	31370	114371	44628	32634
111509	43093	31416	114425	44657	32680
111563	43122	31416	114479	44686	32680
111617	43151	31462	114533	44715	32728
111671	43180	31462	114587	44744	32728
111725	43209	31510	114641	44773	32774
111779	43238	31510	114695	44802	32774
111833	43267	31556	114749	44831	32822
111887	43295	31556	114803	44860	32822
111941	43324	31602	114857	44889	32870
111995	43353	31602	114911	44918	32870
112049	43382	31650	114965	44948	32916
112103	43411	31650	115019	44977	32916
112157	43440	31696	115073	45006	32964
112211	43469	31696	115127	45035	32964
112265	43498	31742	115181	45064	33010
112319	43527	31742	115235	45093	33010
112373	43555	31790	115289	45122	33058
112427	43584	31790	115343	45151	33058

Ein-kommen bis DM	Einkommensteuer Grund-tabelle	Splitting-tabelle	Ein-kommen bis DM	Einkommensteuer Grund-tabelle	Splitting-tabelle
115397	45181	33106	118313	46760	34388
115451	45210	33106	118367	46789	34388
115505	45239	33152	118421	46818	34436
115559	45268	33152	118475	46848	34436
115613	45297	33200	118529	46877	34484
115667	45326	33200	118583	46907	34484
115721	45355	33246	118637	46936	34532
115775	45385	33246	118691	46965	34532
115829	45414	33294	118745	46995	34580
115883	45443	33294	118799	47024	34580
115937	45472	33342	118853	47053	34628
115991	45501	33342	118907	47083	34628
116045	45530	33390	118961	47112	34676
116099	45560	33390	119015	47142	34676
116153	45589	33436	119069	47171	34724
116207	45618	33436	119123	47200	34724
116261	45647	33484	119177	34230	34772
116315	45676	33484	119231	47259	34772
116369	45706	33532	119285	47289	34820
116423	45735	33532	119339	47318	34820
116477	45764	33578	119393	47348	34868
116531	45793	33578	119447	47377	34868
116585	45822	33626	119501	47406	34916
116639	45852	33626	119555	47436	34916
116693	45881	33674	119609	47465	34964
116747	45910	33674	119663	47495	34964
116801	45939	33722	119717	47524	35012
116855	45969	33722	119771	47554	35012
116909	45998	33768	119825	47583	35060
116963	46027	33768	119879	47613	35060
117017	46056	33816	119933	47642	35108
117071	46086	33816	119987	47672	35108
117125	46115	33864	120041	47701	35156
117179	46144	33864	120095	47731	35156
117233	46173	33912	120149	47760	35204
117287	46203	33912	120203	47790	35204
117341	46232	33960	120257	47819	35252
117395	46261	33960	120311	47849	35252
117449	46291	34006	120365	47878	35300
117503	46320	34006	120419	47908	35300
117557	46349	34054	120473	47937	35348
117611	46378	34054	120527	47967	35348
117665	46408	34102	120581	47996	35396
117719	46437	34102	120635	48026	35396
117773	46466	34150	120689	48055	35444
117827	46496	34150	120743	48085	35444
117881	46525	34198	120797	48114	35492
117935	46554	34198	120851	48144	35492
117989	46584	34246	120905	48173	35540
118043	46613	34246	120959	48203	35540
118097	46642	34292	121013	48233	35588
118151	46672	34292	121067	48262	35588
118205	46701	34340	121121	48292	35636
118259	46730	34340	121175	48321	35636

Ein-kommen bis DM	Einkommensteuer Grund-tabelle	Splitting-tabelle	Ein-kommen bis DM	Einkommensteuer Grund-tabelle	Splitting-tabelle
121 229	48 351	35 686	124 145	49 954	36 996
121 283	48 380	35 686	124 199	49 984	36 996
121 337	48 410	35 734	124 253	50 013	37 044
121 391	48 440	35 734	124 307	50 043	37 044
121 445	48 469	35 782	124 361	50 073	37 092
121 499	48 499	35 782	124 415	50 103	37 092
121 553	48 528	35 830	124 469	50 133	37 142
121 607	48 558	35 830	124 523	50 162	37 142
121 661	48 588	35 878	124 577	50 192	37 190
121 715	48 617	35 878	124 631	50 222	37 190
121 769	48 647	35 926	124 685	50 252	37 240
121 823	48 676	35 926	124 739	50 282	37 240
121 877	48 706	35 976	124 793	50 312	37 288
121 931	48 736	35 976	124 847	50 341	37 288
121 985	48 765	36 024	124 901	50 371	37 338
122 039	48 795	36 024	124 955	50 401	37 338
122 093	48 825	36 072	125 009	50 431	37 386
122 147	48 854	36 072	125 063	50 461	37 386
122 201	48 884	36 120	125 117	50 491	37 434
122 255	48 913	36 120	125 171	50 521	37 434
122 309	48 943	36 168	125 225	50 551	37 484
122 363	48 973	36 168	125 279	50 580	37 484
122 417	49 002	36 218	125 333	50 610	37 532
122 471	49 032	36 218	125 387	50 640	37 532
122 525	49 062	36 266	125 441	50 670	37 582
122 579	49 091	36 266	125 495	50 700	37 582
122 633	49 121	36 314	125 549	50 730	37 630
122 687	49 151	36 314	125 603	50 760	37 630
122 741	49 181	36 362	125 657	50 790	37 680
122 795	49 210	36 362	125 711	50 820	37 680
122 849	49 240	36 412	125 765	50 849	37 728
122 903	49 270	36 412	125 819	50 879	37 728
122 957	49 299	36 460	125 873	50 909	37 778
123 011	49 329	36 460	125 927	50 939	37 778
123 065	49 359	36 508	125 981	50 969	37 826
123 119	49 388	36 508	126 035	50 999	37 826
123 173	49 418	36 558	126 089	51 029	37 876
123 227	49 448	36 558	126 143	51 059	37 876
123 281	49 478	36 606	126 197	51 089	37 924
123 335	49 507	36 606	126 251	51 119	37 924
123 389	49 537	36 654	126 305	51 149	37 974
123 443	49 567	36 654	126 359	51 179	37 974
123 497	49 597	36 704	126 413	51 209	38 022
123 551	49 626	36 704	126 467	51 239	38 022
123 605	49 656	36 752	126 521	51 269	38 072
123 659	49 686	36 752	126 575	51 299	38 072
123 713	49 716	36 800	126 629	51 329	38 120
123 767	49 745	36 800	126 683	51 359	38 120
123 821	49 775	36 850	126 737	51 389	38 170
123 875	49 805	36 850	126 791	51 419	38 170
123 929	49 835	36 898	126 845	51 449	38 220
123 983	49 864	36 898	126 899	51 479	38 220
124 037	49 894	36 946	126 953	51 509	38 268
124 091	49 924	36 946	127 007	51 539	38 268

Ein-kommen bis DM	Einkommensteuer Grund-tabelle	Splitting-tabelle	Ein-kommen bis DM	Einkommensteuer Grund-tabelle	Splitting-tabelle
127061	51569	38318	129977	53196	39652
127115	51599	38318	130031	53226	39652
127169	51629	38366	130085	53256	39702
127223	51659	38366	130139	53287	39702
127277	51689	38416	130193	53317	39752
127331	51719	38416	130247	53347	39752
127385	51749	38466	130301	53377	39800
127439	51779	38466	130355	53408	39800
127493	51809	38514	130409	53438	39850
127547	51839	38514	130463	53468	39850
127601	51869	38564	130517	53498	39900
127655	51899	38564	130571	53529	39900
127709	51929	38614	130625	53559	39950
127763	51959	38614	130679	53589	39950
127817	51989	38662	130733	53619	40000
127871	52019	38662	130787	53650	40000
127925	52049	38712	130841	53680	40050
127979	52080	38712	130895	53710	40050
128033	52110	38762	130949	53740	40100
128087	52140	38762	131003	53771	40100
128141	52170	38810	131057	53801	40148
128195	52200	38810	131111	53831	40148
128249	52230	38860	131165	53861	40198
128303	52260	38860	131219	53891	40198
128357	52290	38910	131273	53922	40248
128411	52320	38910	131327	53952	40248
128465	52350	38958	131381	53982	40298
128519	52381	38958	131435	54012	40298
128573	52411	39008	131489	54043	40348
128627	52441	39008	131543	54073	40348
128681	52471	39058	131597	54103	40398
128735	52501	39058	131651	54133	40398
128789	52531	39108	131705	54164	40448
128843	52561	39108	131759	54194	40448
128897	52592	39156	131813	54224	40498
128951	52622	39156	131867	54254	40498
129005	52652	39206	131921	54285	40548
129059	52682	39206	131975	54315	40548
129113	52712	39256	132029	54345	40598
129167	52742	39256	132083	54375	40598
129221	52773	39304	132137	54406	40648
129275	52803	39304	132191	54436	40648
129329	52833	39354	132245	54466	40698
129383	52863	39354	132299	54496	40698
129437	52893	39404	132353	54527	40748
129491	52924	39404	132407	54557	40748
129545	52954	39454	132461	54587	40798
129599	52984	39454	132515	54617	40798
129653	53014	39504	132569	54647	40848
129707	53044	39504	132623	54678	40848
129761	53075	39552	132677	54708	40898
129815	53105	39552	132731	54738	40898
129869	53135	39602	132785	54768	40948
129923	53165	39602	132839	54799	40948

Ein- kommen bis DM	Einkommensteuer Grund- tabelle	Splitting- tabelle	Ein- kommen bis DM	Einkommensteuer Grund- tabelle	Splitting- tabelle
132893	54829	40998	135809	56462	42354
132947	54859	40998	135863	56492	42354
133001	54889	41048	135917	56522	42404
133055	54920	41048	135971	56553	42404
133109	54950	41098	136025	56583	42454
133163	54980	41098	136079	56613	42454
133217	55010	41148	136133	56643	42504
133271	55041	41148	136187	56674	42504
133325	55071	41198	136241	56704	42556
133379	55101	41198	136295	56734	42556
133433	55131	41248	136349	56764	42606
133487	55162	41248	136403	56795	42606
133541	55192	41298	136457	56825	42656
133595	55222	41298	136511	56855	42656
133649	55252	41348	136565	56885	42708
133703	55283	41348	136619	56915	42708
133757	55313	41398	136673	56946	42758
133811	55343	41398	136727	56976	42758
133865	55373	41448	136781	57006	42808
133919	55403	41448	136835	57036	42808
133973	55434	41498	136889	57067	42858
134027	55464	41498	136943	57097	42858
134081	55494	41548	136997	57127	42910
134135	55524	41548	137051	57157	42910
134189	55555	41598	137105	57188	42960
134243	55585	41598	137159	57218	42960
134297	55615	41650	137213	57248	43010
134351	55645	41650	137267	57278	43010
134405	55676	41700	137321	57309	43062
134459	55706	41700	137375	57339	43062
134513	55736	41750	137429	57369	43112
134567	55766	41750	137483	57399	43112
134621	55797	41800	137537	57430	43162
134675	55827	41800	137591	57460	43162
134729	55857	41850	137645	57490	43212
134783	55887	41850	137699	57520	43212
134837	55918	41900	137753	57551	43264
134891	55948	41900	137807	57581	43264
134945	55978	41950	137861	57611	43314
134999	56008	41950	137915	57641	43314
135053	56039	42002	137969	57671	43366
135107	56069	42002	138023	57702	43366
135161	56099	42052	138077	57732	43416
135215	56129	42052	138131	57762	43416
135269	56159	42102	138185	57792	43466
135323	56190	42102	138239	57823	43466
135377	56220	42152	138293	57853	43518
135431	56250	42152	138347	57883	43518
135485	56280	42202	138401	57913	43568
135539	56311	42202	138455	57944	43568
135593	56371	42252	138509	57974	43618
135647	56371	42252	138563	58004	43618
135701	56401	42304	138617	58034	43670
135755	56432	42304	138671	58065	43670

Ein-kommen bis DM	Einkommensteuer Grund-tabelle	Splitting-tabelle	Ein-kommen bis DM	Einkommensteuer Grund-tabelle	Splitting-tabelle
138725	58095	43720	141641	59728	45096
138779	58125	43720	141695	59758	45096
138833	58155	43770	141749	59788	45148
138887	58186	43770	141803	59819	45148
138941	58216	43822	141857	59849	45198
138995	58246	43822	141911	59879	45198
139049	58276	43872	141965	59909	45250
139103	58307	43872	142019	59939	45250
139157	58337	43924	142073	59970	45300
139211	58367	43924	142127	60000	45300
139265	58397	43974	142181	60030	45352
139319	58427	43974	142235	60060	45352
139373	58458	44026	142289	60091	45404
139427	58488	44026	142343	60121	45404
139481	58518	44076	142397	60151	45454
139535	58548	44076	142451	60181	45454
139589	58579	44126	142505	60212	45506
139643	58609	44126	142559	60242	45506
139697	58639	44178	142613	60272	45558
139751	58669	44178	142667	60302	45558
139805	58700	44228	142721	60333	45608
139859	58730	44228	142775	60363	45608
139913	58760	44280	142829	60393	45660
139967	58790	44280	142883	60423	45660
140021	58821	44330	142937	60454	45710
140075	58851	44330	142991	60484	45710
140129	58881	44382	143045	60514	45762
140183	58911	44382	143099	60544	45762
140237	58942	44432	143153	60575	45814
140291	58972	44432	143207	60605	45814
140345	59002	44484	143261	60635	45864
140399	59032	44484	143315	60665	45864
140453	59063	44534	143369	60695	45916
140507	59093	44534	143423	60726	45916
140561	59123	44586	143477	60756	45968
140615	59153	44586	143531	60786	45968
140669	59183	44636	143585	60816	46018
140723	59214	44636	143639	60847	46018
140777	59244	44688	143693	60877	46070
140831	59274	44688	143747	60907	46070
140885	59304	44738	143801	60937	46122
140939	59335	44738	143855	60968	46122
140993	59365	44790	143909	60998	46174
141047	59395	44790	143963	61028	46174
141101	59425	44840	144017	61058	46224
141155	59456	44840	144071	61089	46224
141209	59486	44892	144125	61119	46276
141263	59516	44892	144179	61149	46276
141317	59546	44944	144233	61179	46328
141371	59577	44944	144287	61210	46328
141425	59607	44994	144341	61240	46378
141479	59637	44994	144395	61270	46378
141533	59667	45046	144449	61300	46430
141587	59698	45046	144503	61331	46430

Ein- kommen bis DM	Einkommensteuer Grund- tabelle	Splitting- tabelle	Ein- kommen bis DM	Einkommensteuer Grund- tabelle	Splitting- tabelle
144557	61361	46482	147473	62994	47876
144611	61391	46482	147527	63024	47876
144665	61421	46534	147581	63054	47928
144719	61451	46534	147635	63084	47928
144773	61482	46584	147689	63115	47978
144827	61512	46584	147743	63145	47978
144881	61542	46636	147797	63175	48030
144935	61572	46636	147851	63205	48030
144989	61603	46688	147905	63236	48082
145043	61633	46688	147959	63266	48082
145097	61663	46740	148013	63296	48134
145151	61693	46740	148067	63326	48134
145205	61724	46790	148121	63357	48186
145259	61754	46790	148175	63387	48186
145313	61784	46842	148229	63417	48238
145367	61814	46842	148283	63447	48238
145421	61845	46894	148337	63478	48290
145475	61875	46894	148391	63508	48290
145529	61905	46946	148445	63538	48342
145583	61935	46946	148499	63568	48342
145637	61966	46996	148553	63599	48394
145691	61996	46996	148607	63629	48394
145745	62026	47048	148661	63659	48446
145799	62056	47048	148715	63689	48446
145853	62087	47100	148769	63719	48498
145907	62117	47100	148823	63750	48498
145961	62147	47152	148877	63780	48550
146015	62177	47152	148931	63810	48550
146069	62207	47204	148985	63840	48602
146123	62238	47204	149039	63871	48602
146177	62268	47254	149093	63901	48654
146231	62298	47254	149147	63931	48654
146285	62328	47306	149201	63961	48706
146339	62359	47306	149255	63992	48706
146393	62389	47358	149309	64022	48756
146447	62419	47358	149363	64052	48756
146501	62449	47410	149417	64082	48808
146555	62480	47410	149471	64113	48808
146609	62510	47462	149525	64143	48860
146663	62540	47462	149579	64173	48860
146717	62570	47514	149633	64203	48912
146771	62601	47514	149687	64234	48912
146825	62631	47564	149741	64264	48966
146879	62661	47564	149795	64294	48966
146933	62691	47616	149849	64324	49018
146987	62722	47616	149903	64355	49018
147041	62752	47668	149957	64385	49068
147095	62782	47668	150011	64415	49068
147149	62812	47720	150065	64445	49120
147203	62843	47720	150119	64475	49120
147257	62873	47772	150173	64506	49172
147311	62903	47772	150227	64536	49172
147365	62933	47824	150281	64566	49226
147419	62963	47824	150335	64596	49226

Ein-kommen bis DM	Einkommensteuer Grund-tabelle	Splitting-tabelle	Ein-kommen bis DM	Einkommensteuer Grund-tabelle	Splitting-tabelle
150389	64627	49278	153305	66260	50686
150443	64657	49278	153359	66290	50686
150497	64687	49330	153413	66320	50738
150551	64717	49330	153467	66350	50738
150605	64748	49382	153521	66381	50792
150659	64778	49382	153575	66411	50792
150713	64808	49434	153629	66441	50844
150767	64838	49434	153683	66471	50844
150821	64869	49486	153737	66502	50896
150875	64899	49486	153791	66532	50896
150929	64929	49538	153845	66562	50948
150983	64959	49538	153899	66592	50948
151037	64990	49590	153953	66623	51000
151091	65020	49590	154007	66653	51000
151145	65050	49642	154061	66683	51052
151199	65080	49642	154115	66713	51052
151253	65111	49694	154169	66743	51106
151307	65141	49694	154223	66774	51106
151361	65171	49746	154277	66804	51158
151415	65201	49746	154331	66834	51158
151469	65231	49798	154385	66864	51210
151523	65262	49798	154439	66895	51210
151577	65292	49850	154493	66925	51262
151631	65322	49850	154547	66955	51262
151685	65352	49902	154601	66985	51314
151739	65383	49902	154655	67016	51314
151793	65413	49954	154709	67046	51368
151847	65443	49954	154763	67076	51368
151901	65473	50008	154817	67106	51420
151955	65504	50008	154871	67137	51420
152009	65534	50060	154925	67167	51472
152063	65564	50060	154979	67197	51472
152117	65594	50112	155033	67227	51526
152171	65625	50112	155087	67258	51526
152225	65655	50164	155141	67288	51578
152279	65685	50164	155195	67318	51578
152333	65715	50216	155249	67348	51630
152387	65746	50216	155303	67379	51630
152441	65776	50268	155357	67409	51682
152495	65806	50268	155411	67439	51682
152549	65836	50320	155465	67469	51734
152603	65867	50320	155519	67499	51734
152657	65897	50372	155573	67530	51788
152711	65927	50372	155627	67560	51788
152765	65957	50424	155681	67590	51840
152819	65987	50424	155735	67620	51840
152873	66018	50478	155789	67651	51892
152927	66048	50478	155843	67681	51892
152981	66078	50530	155897	67711	51944
153035	66108	50530	155951	67741	51944
153089	66139	50582	156005	67772	51998
153143	66169	50582	156059	67802	51998
153197	66199	50634	156113	67832	52050
153251	66229	50634	156167	67862	52050

Ein-kommen bis DM	Einkommensteuer Grund-tabelle	Splitting-tabelle	Ein-kommen bis DM	Einkommensteuer Grund-tabelle	Splitting-tabelle
156221	67893	52102	159137	69526	53526
156275	67923	52102	159191	69556	53526
156329	67953	52156	159245	69586	53578
156383	67983	52156	159299	69616	53578
156437	68014	52208	159353	69647	53632
156491	68044	52208	159407	69677	53632
156545	68074	52260	159461	69707	53684
156599	68104	52260	159515	69737	53684
156653	68135	52314	159569	69767	53738
156707	68165	52314	159623	69798	53738
156761	68195	52366	159677	69828	53790
156815	68225	52366	159731	69858	53790
156869	68255	52418	159785	69888	53842
156923	68286	52418	159839	69919	53842
156977	68316	52472	159893	69949	53896
157031	68346	52472	159947	69979	53896
157085	68376	52524	160001	70009	53948
157139	68407	52524	160055	70040	53948
157193	68437	52576	160109	70070	54000
157247	68467	52576	160163	70100	54000
157301	68497	52628	160217	70130	54052
157355	68528	52628	160271	70161	54052
157409	68558	52682	160325	70191	54106
157463	68588	52682	160379	70221	54106
157517	68618	52734	160433	70251	54158
157571	68649	52734	160487	70282	54158
157625	68679	52788	160541	70312	54212
157679	68709	52788	160595	70342	54212
157733	68739	52840	160649	70372	54264
157787	68770	52840	160703	70403	54264
157841	68800	52892	160757	70433	54318
157895	68830	52892	160811	70463	54318
157949	68860	52946	160865	70493	54370
158003	68891	52946	160919	70523	54370
158057	68921	52998	160973	70554	54424
158111	68951	52998	161027	70584	54424
158165	68981	53050	161081	70614	54476
158219	69011	53050	161135	70644	54476
158273	69042	53104	161189	70675	54530
158327	69072	53104	161243	70705	54530
158381	69102	53156	161297	70735	54582
158435	69132	53156	161351	70765	54582
158489	69163	53210	161405	70796	54636
158543	69193	53210	161459	70826	54636
158597	69223	53262	161513	70856	54688
158651	69253	53262	161567	70886	54688
158705	69284	53314	161621	70917	54742
158759	69314	53314	161675	70947	54742
158813	69344	53368	161729	70977	54794
158867	69374	53368	161783	71007	54794
158921	69405	53420	161837	71038	54848
158975	69435	53420	161891	71068	54848
159029	69465	53472	161945	71098	54900
159083	69495	53472	161999	71128	54900

Ein-kommen bis DM	Einkommensteuer Grund-tabelle	Splitting-tabelle	Ein-kommen bis DM	Einkommensteuer Grund-tabelle	Splitting-tabelle
162053	71159	54954	164969	72791	56390
162107	71189	54954	165023	72822	56390
162161	71219	55008	165077	72852	56444
162215	71249	55008	165131	72882	56444
162269	71279	55060	165185	72912	56496
162323	71310	55060	165239	72973	56550
162377	71340	55114	165293	72973	56550
162431	71370	55114	165347	73003	56550
162485	71400	55166	165401	73033	56604
162539	71431	55166	165455	73064	56604
162593	71461	55220	165509	73094	56656
162647	71491	55220	165563	73124	56656
162701	71521	55272	165617	73154	56710
162755	71552	55272	165671	73185	56710
162809	71582	55326	165725	73215	56764
162863	71612	55326	165779	73245	56764
162917	71642	55378	165833	73275	56816
162971	71673	55378	165887	73306	56816
163025	71703	55432	165941	73336	56870
163079	71733	55432	165995	73366	56870
163133	71763	55486	166049	73396	56924
163187	71794	55486	166103	73427	56924
163241	71824	55538	166157	73457	56976
163295	71854	55538	166211	73487	56976
163349	71884	55592	166265	73517	57030
163403	71915	55592	166319	73547	57030
163457	71945	55644	166373	73578	57084
163511	71975	55644	166427	73608	57084
163565	72005	55698	166481	73638	57136
163619	72035	55698	166535	73668	57136
163673	72066	55750	166589	73699	57190
163727	72096	55750	166643	73729	57190
163781	72126	55804	166697	73759	57244
163835	72156	55804	166751	73789	57244
163889	72187	55858	166805	73820	57298
163943	72217	55858	166859	73850	57298
163997	72247	55910	166913	73880	57350
164051	72277	55910	166967	73910	57350
164105	72308	55964	167021	73941	57404
164159	72338	55964	167075	73971	57404
164213	72368	56018	167129	74001	57458
164267	72398	56018	167183	74031	57458
164321	72429	56070	167237	74062	57510
164375	72459	56070	167291	74092	57510
164429	72489	56124	167345	74122	57564
164483	72519	56124	167399	74152	57564
164537	72550	56176	167453	74183	57618
164591	72580	56176	167507	74213	57618
164645	72610	56230	167561	74243	57672
164699	72640	56230	167615	74273	57672
164753	72671	56284	167669	74303	57724
164807	72701	56284	167723	74334	57724
164861	72731	56336	167777	74364	57778
164915	72761	56336	167831	74394	57778

Ein- kommen bis DM	Einkommensteuer Grund- tabelle	Splitting- tabelle	Ein- kommen bis DM	Einkommensteuer Grund- tabelle	Splitting- tabelle
167885	74424	57832	170801	76057	59280
167939	74455	57832	170885	76088	59280
167993	74485	57886	170909	76118	59334
168047	74515	57886	170963	76148	59334
168101	74545	57938	171017	76209	59388
168155	74576	57938	171071	76209	59388
168209	74606	57992	171125	76239	59442
168263	74636	57992	171179	76269	59442
168317	74666	58046	171233	76299	59494
168371	74697	58046	171287	76330	59494
168425	74727	58100	171341	76360	59548
168479	74757	58100	171395	76390	59548
168533	74787	58154	171449	76420	59602
168587	74818	58154	171503	76451	59602
168641	74848	58206	171557	76481	59656
168695	74878	58206	171611	76511	59656
168749	74908	58260	171665	76541	59710
168803	74939	58260	171719	76571	59710
168857	74969	58314	171773	76602	59764
168911	74999	58314	171827	76632	59764
168965	75029	58368	171881	76662	59818
169019	75059	58368	171935	76692	59818
169073	75090	58422	171989	76723	59872
169127	75120	58422	172043	76753	59872
169181	75150	58474	172097	76783	59926
169235	75180	58474	172151	76813	59926
169289	75211	58528	172205	76844	59980
169343	75241	58528	172259	76874	59980
169397	75271	58582	172313	76904	60032
169451	75301	58582	172367	76934	60032
169505	75332	58636	172421	76965	60086
169559	75362	58636	172475	76995	60086
169613	75392	58690	172529	77025	60140
169667	75422	58690	172583	77055	60140
169721	75453	58742	172637	77086	60194
169775	75483	58742	172691	77116	60194
169829	75513	58796	172745	77146	60248
169883	75543	58796	172799	77176	60248
169937	75574	58850	172853	77207	60302
169991	75604	58850	172907	77237	60302
170045	75634	58904	172961	77267	60356
170099	75664	58904	173015	77297	60356
170153	75695	58958	173069	77327	60410
170207	75725	58958	173123	77358	60410
170261	75755	59012	173177	77388	60464
170315	75785	59012	173231	77418	60464
170369	75815	59064	173285	77448	60518
170423	75846	59064	173339	77479	60518
170477	75876	59118	173393	77509	60572
170531	75906	59118	173447	77539	60572
170585	75936	59172	173501	77569	60626
170639	75967	59172	173555	77600	60626
170693	75997	59226	173609	77630	60680
170747	76027	59226	173663	77660	60680

Ein- kommen bis DM	Einkommensteuer Grund- tabelle	Splitting- tabelle	Ein- kommen bis DM	Einkommensteuer Grund- tabelle	Splitting- tabelle
173717	77690	60734	176633	79323	62194
173771	77721	60734	176687	79354	62194
173825	77751	60788	176741	79384	62248
173879	77781	60788	176795	79414	62248
173933	77811	60842	176849	79444	62302
173987	77842	60842	176903	79475	62302
174041	77872	60896	176957	79505	62356
174095	77902	60896	177011	79535	62356
174149	77932	60950	177065	79565	62410
174203	77963	60950	177119	79595	62410
174257	77993	61004	177173	79626	62464
174311	78023	61004	177227	79656	62464
174365	78053	61058	177281	79686	62518
174419	78083	61058	177335	79716	62518
174473	78114	61112	177389	79747	62572
174527	78144	61112	177443	79777	62572
174581	78174	61166	177497	79807	62628
174635	78204	61166	177551	79837	62628
174689	78235	61220	177605	79868	62682
174743	78265	61220	177659	79898	62682
174797	78295	61274	177713	79928	62736
174851	78325	61274	177767	79958	62736
174905	78356	61328	177821	79989	62790
174959	78386	61328	177875	80019	62790
175013	78416	61382	177929	80049	62844
175067	78446	61382	177983	80079	62844
175121	78477	61436	178037	80110	62898
175175	78507	61436	178091	80140	62898
175229	78537	61490	178145	80170	62952
175283	78567	61490	178199	80200	62952
175337	78598	61544	178253	80231	63008
175391	78628	61544	178307	80261	63008
175445	78658	61598	178361	80291	63062
175499	78688	61598	178415	80321	63062
175553	78719	61652	178469	80351	63116
175607	78749	61652	178523	80382	63116
175661	78779	61706	178577	80412	63170
175715	78809	61706	178631	80442	63170
175769	78839	61760	178685	80472	63224
175823	78870	61760	178739	80503	63224
175877	78900	61814	178793	80533	63278
175931	78930	61814	178847	80563	63278
175985	78960	61868	178901	80593	63334
176039	78991	61868	178955	80624	63334
176093	79021	61922	179009	80654	63388
176147	79051	61922	179063	80684	63388
176201	79081	61976	179117	80714	63442
176255	79112	61976	179171	80745	63442
176309	79142	62032	179225	80775	63496
176363	79172	62032	179279	80805	63496
176417	79202	62086	179333	80835	63550
176471	79233	62086	179387	80866	63550
176525	79263	62140	179441	80896	63604
176579	79293	62140	179495	80926	63604

Ein- kommen bis DM	Einkommensteuer Grund- tabelle	Splitting- tabelle	Ein- kommen bis DM	Einkommensteuer Grund- tabelle	Splitting- tabelle
179549	80956	63660	182465	82589	65130
179603	80987	63660	182519	82619	65130
179657	81017	63714	182573	82650	65186
179711	81047	63714	182627	82680	65186
179765	81077	63768	182681	82710	65240
179819	81107	63768	182735	82740	65240
179873	81138	63822	182789	82771	65294
179927	81168	63822	182843	82801	65294
179981	81198	63876	182897	82831	65350
180035	81228	63876	182951	82861	65350
180089	81259	63932	183005	82892	65404
180143	81289	63932	183059	82922	65404
180197	81319	63986	183113	82952	65458
180251	81349	63986	183167	82982	65458
180305	81380	64040	183221	83013	65514
180359	81410	64040	183275	83943	65514
180413	81440	64094	183329	83073	65568
180467	81470	64094	183383	83103	65568
180521	81501	64150	183437	83134	65622
180575	81531	64150	183491	83164	65622
180629	81561	64204	183545	83194	65678
180683	81591	64204	183599	83224	65678
180737	81622	64258	183653	83255	65732
180791	81652	64258	183707	83285	65732
180845	81682	64312	183761	83315	65786
180899	81712	64312	183815	83345	65786
180953	81743	64368	183869	83375	65842
181007	81773	64368	183923	83406	65842
181061	81803	64422	183977	83436	65896
181115	81833	64422	184031	83466	65896
181169	81863	64476	184085	83496	65952
181223	81894	64476	184139	83527	65952
181277	81924	64530	184193	83557	66006
181331	81954	64530	184247	83587	66006
181385	81984	64586	184301	83617	66060
181439	82015	64586	184355	83648	66060
181493	82045	64640	184409	83678	66116
181547	82075	64640	184463	83708	66116
181601	82105	64694	184517	83738	66170
181655	82136	64694	184571	83769	66170
181709	82166	64748	184625	83799	66224
181763	82196	64748	184679	83829	66224
181817	82226	64804	184733	83859	66280
181871	82257	64804	184787	83890	66280
181925	82287	64858	184841	83920	66334
181979	82317	64858	184895	83950	66334
182033	82347	64912	184949	83980	66390
182087	82378	64912	185003	84011	66390
182141	82408	64968	185057	84041	66444
182195	82438	64968	185111	84071	66444
182249	82468	65022	185165	84101	66498
182303	82499	65022	185219	84131	66498
182357	82529	65076	185273	84162	66554
182411	82559	65076	185327	84192	66554

Ein- kommen bis DM	Einkommensteuer Grund- tabelle	Splitting- tabelle	Ein- kommen bis DM	Einkommensteuer Grund- tabelle	Splitting- tabelle
185381	84222	66608	188297	85855	68092
185435	84252	66608	188351	85885	68092
185489	84283	66664	188405	85916	68148
185543	84313	66664	188459	85946	68148
185597	84343	66718	188513	85976	68202
185651	84373	66718	188567	86006	68202
185705	84404	66774	188621	86037	68258
185759	84434	66774	188675	86067	68258
185813	84464	66828	188729	86097	68312
185867	84494	66828	188783	86127	68312
185921	84525	66882	188837	86158	68368
185975	84555	66882	188891	86188	68368
186029	84585	66938	188945	86218	68422
186083	84615	66938	188999	86248	68422
186137	84646	66992	189053	86279	68478
186191	84676	66992	189107	86309	68478
186245	84706	67048	189161	86339	68534
186299	84736	67048	189215	86369	68534
186353	84767	67102	189269	86399	68588
186407	84797	67102	189323	86430	68588
186461	84827	67158	189377	86460	68644
186515	84857	67158	189431	86490	68644
186569	84887	67212	189485	86520	68698
186623	84918	67212	189539	86551	68698
186677	84948	67268	189593	86581	68754
186731	84978	67268	189647	86611	68754
186785	85008	67322	189701	86641	68808
186839	85039	67322	189755	86672	68808
186893	85069	67378	189809	86702	68864
186947	85099	67378	189863	86732	68864
187001	85129	67432	189917	86762	68920
187055	85160	67432	189971	86793	68920
187109	85190	67488	190025	86823	68974
187163	85220	67488	190079	86853	68974
187217	85250	67542	190133	86883	69030
187271	85281	67542	190187	86914	69030
187325	85311	67598	190241	86944	69084
187379	85341	67598	190295	86974	69084
187433	85371	67652	190349	87004	69140
187487	85402	67652	190403	87035	69140
187541	85432	67708	190457	87065	69196
187595	85462	67708	190511	87095	69196
187649	85492	67762	190565	87125	69250
187703	85523	67762	190619	87155	69250
187757	85553	67818	190673	87186	69306
187811	85583	67818	190727	87216	69306
187865	85613	67872	190781	87246	69360
187919	85643	67872	190835	87276	69360
187973	85674	67928	190889	87307	69416
188027	85704	67928	190943	87337	69416
188081	85734	67982	190997	87367	69472
188135	85764	67982	191051	87397	69472
188189	85795	68038	191105	87428	69526
188243	85825	68038	191159	87458	69526

Ein-kommen bis DM	Einkommensteuer Grund-tabelle	Splitting-tabelle	Ein-kommen bis DM	Einkommensteuer Grund-tabelle	Splitting-tabelle
191 213	87 488	69 582	194 129	89 121	71 078
191 267	87 518	69 582	194 183	89 151	71 078
191 321	87 549	69 638	194 237	89 182	71 132
191 375	87 579	69 638	194 291	89 212	71 132
191 429	87 609	69 692	194 345	89 242	71 188
191 483	87 639	69 692	194 399	89 272	71 188
191 537	87 670	69 748	194 453	89 303	71 244
191 591	87 700	69 748	194 507	89 333	71 244
191 645	87 730	69 804	194 561	89 363	71 300
191 699	87 760	69 804	194 615	89 393	71 300
191 753	87 791	69 858	194 669	89 423	71 354
191 807	87 821	69 858	194 723	89 454	71 354
191 861	87 851	69 914	194 777	89 484	71 410
191 915	87 881	69 914	194 831	89 514	71 410
191 969	87 911	69 970	194 885	89 544	71 466
192 023	87 942	69 970	194 939	89 575	71 466
192 077	87 972	70 024	194 993	89 605	71 522
192 131	88 002	70 024	195 047	89 635	71 522
192 185	88 032	70 080	195 101	89 665	71 578
192 239	88 063	70 080	195 155	89 696	71 578
192 293	88 093	70 136	195 209	89 726	71 632
192 347	88 123	70 136	195 263	89 756	71 632
192 401	88 153	70 190	195 317	89 786	71 688
192 455	88 184	70 190	195 371	89 817	71 688
192 509	88 214	70 246	195 425	89 847	71 744
192 563	88 244	70 246	195 479	89 877	71 744
192 617	88 274	70 302	195 533	89 907	71 800
192 671	88 305	70 302	195 587	89 938	71 800
192 725	88 335	70 356	195 641	89 968	71 856
192 779	88 365	70 356	195 695	89 998	71 856
192 833	88 395	70 412	195 749	90 208	71 910
192 887	88 426	70 412	195 803	90 059	71 910
192 941	88 456	70 468	195 857	90 089	71 966
192 995	88 486	70 468	195 911	90 119	71 966
193 049	88 516	70 522	195 965	90 149	72 022
193 103	88 547	70 522	196 019	90 179	72 022
193 157	88 577	70 578	196 073	90 210	72 078
193 211	88 607	70 578	196 127	90 240	72 078
193 265	88 637	70 634	196 181	90 270	72 134
193 319	88 667	70 634	196 235	90 300	72 134
193 373	88 698	70 690	196 289	90 331	72 190
193 427	88 728	70 690	196 343	90 361	72 190
193 481	88 758	70 744	196 397	90 391	72 244
193 535	88 788	70 744	196 451	90 421	72 244
193 589	88 819	70 800	196 505	90 452	72 300
193 643	88 849	70 800	196 559	90 482	72 300
193 697	88 879	70 856	196 613	90 512	72 356
193 751	88 909	70 856	196 667	90 542	72 356
193 805	88 940	70 910	196 721	90 573	72 412
193 859	88 970	70 910	196 775	90 603	72 412
193 913	89 000	70 966	196 829	90 633	72 468
193 967	89 030	70 966	196 883	90 663	72 468
194 021	89 061	71 022	196 937	90 694	72 524
194 075	89 091	71 022	196 991	90 724	72 524

Ein- kommen bis DM	Einkommensteuer Grund- tabelle	Splitting- tabelle	Ein- kommen bis DM	Einkommensteuer Grund- tabelle	Splitting- tabelle
197045	90754	72578	199961	92387	74086
197099	90784	72578	200015	92417	74086
197153	90815	72634	200069	92447	74142
197207	90845	72634	200123	92478	74142
197261	90875	72690	200177	92508	74198
197315	90905	72690	200231	92538	74198
197369	90935	72746	200285	92568	74254
197423	90966	72746	200339	92599	74254
197477	90996	72802	200393	92629	74310
197531	91026	72802	200447	92659	74310
197585	91056	72858	200501	92689	74366
197639	91087	72858	200555	92720	74366
197693	91117	72914	200609	92750	74422
197747	91147	72914	200663	92780	74422
197801	91177	72970	200717	92810	74478
197855	91208	72970	200771	92841	74478
197909	91238	73024	200825	92871	74534
197963	91268	73024	200879	92901	74534
198017	91298	73080	200933	92931	74590
198071	91329	73080	200987	92962	74590
198125	91359	73136	201041	92992	74646
198179	91389	73136	201095	93022	74646
198233	91419	73136	201149	93052	74702
198287	91450	73192	201203	93083	74702
198341	91480	73248	201257	93113	74758
198395	91510	73248	201311	93143	74758
198449	91540	73304	201365	93173	74814
198503	91571	73304	201419	93203	74814
198557	91601	73360	201473	93234	74870
198611	91631	73360	201527	93264	74870
198665	91661	73416	201581	93294	74926
198719	91691	73416	201635	93324	74926
198773	91722	73472	201689	93355	74982
198827	91752	73472	201743	93385	74982
198881	91782	73528	201797	93415	75038
198935	91812	73528	201851	93445	75038
198989	91843	73584	201905	93476	75094
199043	91873	73584	201959	93506	75094
199097	91903	73640	202013	93536	75150
199151	91933	73640	202067	93566	75150
199205	91964	73694	202121	93597	75206
199259	91994	73694	202175	93627	75206
199313	92024	73750	202229	93657	75262
199367	92054	73750	202283	93687	75262
199421	92085	73806	202337	93718	75318
199475	92115	73806	202391	93748	75318
199529	92145	73862	202445	93778	75376
199583	92175	73862	202499	93808	75376
199637	92206	73918	202553	93839	75432
199691	92236	73918	202607	93869	75432
199745	92266	73974	202661	93899	75488
199799	92296	73974	202715	93929	75488
199853	92327	74030	202769	93959	75544
199907	92357	74030	202823	93990	75544

Ein- kommen bis DM	Einkommensteuer Grund- tabelle	Splitting- tabelle	Ein- kommen bis DM	Einkommensteuer Grund- tabelle	Splitting- tabelle
202877	94020	75600	205793	95653	77118
202931	94050	75600	205847	95683	77118
202985	94080	75656	205901	95713	77176
203039	94111	75656	205955	95744	77176
203093	94141	75712	206009	95774	77232
203147	94171	75712	206063	95804	77232
203201	94201	75768	206117	95834	77288
203255	94232	75768	206171	95865	77288
203309	94262	75824	206225	95895	77344
203363	94292	75824	206279	95925	77344
203417	94322	75880	206333	95955	77402
203471	94353	75880	206387	95986	77402
203525	94383	75936	206441	96016	77458
203579	94413	75936	206495	96046	77458
203633	94443	75992	206549	96076	77514
203687	94474	75992	206603	96107	77514
203741	94504	76050	206657	96137	77570
203795	94534	76050	206711	96167	77570
203849	94564	76106	206765	96197	77626
203903	94595	76106	206819	96227	77626
203 857	94625	76162	206873	96258	77684
204011	94655	76162	206927	96288	77684
204065	94685	76218	206981	96318	77740
204119	94715	76218	207035	96348	77740
204173	94746	76274	207089	96379	77796
204227	94776	76274	207143	96409	77796
204281	94806	76330	207197	96439	77852
204335	94836	76330	207251	96469	77852
204389	94867	76386	207305	96500	77910
204443	94897	76386	207359	96530	77910
204497	94927	76444	207413	96560	77966
204551	94957	76444	207467	96590	77966
204605	94988	76500	207521	96621	78022
204659	95018	76500	207575	96651	78022
204713	95048	76556	207629	96681	78078
204767	95078	76556	207683	96711	78078
204821	95209	76612	207737	96742	78136
204875	95139	76612	207791	96772	78136
204929	95169	76668	207845	96802	78192
204983	95199	76668	207899	96832	78192
205037	95230	76724	207953	96863	78248
205091	95260	76724	208007	96893	78248
205145	95290	76780	208061	96923	78304
205199	95320	76780	208115	96953	78304
205253	95351	76838	208169	96983	78362
205307	95381	76838	208223	97014	78362
205361	95411	76894	208277	97044	78418
205415	95441	76894	208331	97074	78418
205469	95471	76950	208385	97104	78474
205523	95502	76950	208439	97135	78474
205577	95532	77006	208493	97165	78532
205631	95562	77006	208547	97195	78532
205685	95592	77062	208601	97225	78588
205739	95623	77062	208655	97256	78588

Ein-kommen bis DM	Einkommensteuer Grund-tabelle	Splitting-tabelle	Ein-kommen bis DM	Einkommensteuer Grund-tabelle	Splitting-tabelle
208 709	97 286	78 644	211 625	98 919	80 176
208 763	97 316	78 644	211 679	98 949	80 176
208 817	97 346	78 700	211 733	98 979	80 232
208 871	97 377	78 700	211 787	99 010	80 232
208 925	97 407	78 758	211 841	99 040	80 290
208 979	97 437	78 758	211 895	99 070	80 290
209 033	97 467	78 814	211 949	99 100	80 346
209 087	97 498	78 814	212 003	99 131	80 346
209 141	97 528	78 870	212 057	99 161	80 402
209 195	97 558	78 870	212 111	99 191	80 402
209 249	97 588	78 928	212 165	99 221	80 460
209 303	97 619	78 928	212 219	99 251	80 460
209 357	97 649	78 984	212 273	99 282	80 516
209 411	97 679	78 984	212 327	99 312	80 516
209 465	97 709	79 040	212 381	99 342	80 574
209 519	97 739	79 040	212 435	99 372	80 574
209 573	97 770	79 098	212 489	99 403	80 630
209 627	97 800	79 098	212 543	99 433	80 630
209 681	97 830	79 154	212 597	99 463	80 688
209 735	97 860	79 154	212 651	99 493	80 688
209 789	97 891	79 210	212 705	99 524	80 744
209 843	97 921	79 210	212 759	99 554	80 744
209 897	97 951	79 268	212 813	99 584	80 802
209 951	97 981	79 268	212 867	99 614	80 802
210 005	98 012	79 324	212 921	99 645	80 858
210 059	98 042	79 324	212 975	99 675	80 858
210 113	98 072	79 380	213 029	99 705	80 914
210 167	98 102	79 380	213 083	99 735	80 914
210 221	98 133	79 438	213 137	99 766	80 972
210 275	98 163	79 438	213 191	99 796	80 972
210 329	98 193	79 494	213 245	99 826	81 028
210 383	98 223	79 494	213 299	99 856	81 028
210 437	98 254	79 550	213 353	99 887	81 086
210 491	98 284	79 550	213 407	99 917	81 086
210 545	98 314	79 608	213 461	99 947	81 142
210 599	98 344	79 608	213 515	99 977	81 142
210 653	98 375	79 664	213 569	100 007	81 200
210 707	98 405	79 664	213 623	100 038	81 200
210 761	98 435	79 722	213 677	100 068	81 256
210 815	98 465	79 722	213 731	100 098	81 256
210 869	98 495	79 778	213 785	100 128	81 314
210 923	98 526	79 778	213 839	100 159	81 314
210 977	98 556	79 834	213 893	100 189	81 370
211 031	98 586	79 834	213 947	100 219	81 370
211 085	98 616	79 892	214 001	100 249	81 428
211 139	98 647	79 892	214 055	100 280	81 428
211 193	98 677	79 948	214 109	100 310	81 484
211 247	98 707	79 948	214 163	100 340	81 484
211 301	98 737	80 006	214 217	100 370	81 542
211 355	98 768	80 006	214 271	100 401	81 542
211 409	98 798	80 062	214 325	100 431	81 598
211 463	98 828	80 062	214 379	100 461	81 598
211 517	98 858	80 118	214 433	100 491	81 656
211 571	98 889	80 118	214 487	100 522	81 656

Ein- kommen bis DM	Einkommensteuer Grund- tabelle	Splitting- tabelle	Ein- kommen bis DM	Einkommensteuer Grund- tabelle	Splitting- tabelle
214541	100552	81712	217457	102185	83256
214595	100582	81712	217511	102215	83256
214649	100612	81770	217565	102245	83314
214703	100643	81770	217619	102275	83314
214757	100673	81826	217673	102306	83370
214811	100703	81826	217727	102336	83370
214865	100733	81884	217781	102366	83428
214919	100763	81884	217835	102396	83428
214973	100794	81940	217889	102427	83484
215027	100824	81940	217943	102457	83484
215081	100854	81998	217997	102487	83542
215135	100884	81998	218051	102517	83542
215189	100915	82056	218105	102548	83600
215243	100945	82056	218159	102578	83600
215297	100975	82112	218213	102608	83656
215351	101005	82112	218267	102638	83656
215405	101036	82170	218321	102669	83714
215459	101066	82170	218375	102699	83714
215513	101096	82226	218429	102729	83772
215567	101126	82226	218483	102759	83772
215621	101157	82284	218537	102790	83828
215675	101187	82284	218591	102820	83828
215729	101217	82340	218645	102850	83886
215783	101247	82340	218699	102880	83886
215837	101278	82398	218753	102911	83944
215891	101308	82398	218807	102941	83944
215945	101338	82454	218861	102971	84000
215999	101368	82454	218915	103001	84000
216053	101399	82512	218969	103031	84058
216107	101429	82512	219023	103062	84058
216161	101459	82570	219077	103092	84116
216215	101489	82570	219131	103122	84116
216269	101519	82626	219185	103152	84174
216323	101550	82626	219239	103183	84174
216377	101580	82684	219293	103213	84230
216431	101610	82684	219347	103243	84230
216485	101640	82740	219401	103273	84288
216539	101671	82740	219455	103304	84288
216593	101701	82798	219509	103334	84346
216647	101731	82798	219563	103364	84346
216701	101761	82856	219617	103394	84402
216755	101792	82856	219671	103425	84402
216809	101822	82912	219725	103455	84460
216863	101852	82912	219779	103485	84460
216917	101882	82970	219833	103515	84518
216971	101913	82970	219887	103546	84518
217025	101943	83026	219941	103576	84576
217079	101973	83026	219995	103606	84576
217133	102003	83084	220049	103636	84632
217187	102034	83084	220103	103667	84632
217241	102064	83142	220157	103697	84690
217295	102094	83142	220211	103727	84690
217349	102124	83198	220265	103757	84748
217403	102155	83198	220319	103787	84748

Ein-kommen bis DM	Einkommensteuer Grund-tabelle	Splitting-tabelle	Ein-kommen bis DM	Einkommensteuer Grund-tabelle	Splitting-tabelle
220373	103818	84804	223289	105451	86360
220427	103848	84804	223343	105481	86360
220481	103878	84862	223397	105511	86418
220535	103908	84862	223451	105541	86418
220589	103939	84920	223505	105572	86476
220643	103969	84920	223559	105602	86476
220697	103999	84978	223613	105632	86534
220751	104029	84978	223667	105662	86534
220805	104060	85034	223721	105693	86590
220859	104090	85034	223775	105723	86590
220913	104120	85092	223829	105753	86648
220967	104150	85092	223883	105783	86648
221021	104181	85150	223937	105814	86706
221075	104211	85150	223991	105844	86706
221129	104241	85208	224045	105874	86764
221183	104271	85208	224099	105904	86764
221237	104302	85266	224153	105935	86822
221291	104332	85266	224207	105965	86822
221345	104362	85322	224261	105995	86880
221399	104392	85322	224315	106025	86880
221453	104423	85380	224369	106055	86938
221507	104453	85380	224423	106086	86938
221561	104483	85438	224477	106116	86996
221615	104513	85438	224531	106146	86996
221669	104543	85496	224585	106176	87054
221723	104574	85496	224639	106207	87054
221777	104604	85552	224693	106237	87110
221831	104634	85552	224747	106267	87110
221885	104664	85610	224801	106297	87168
221939	104695	85610	224855	106328	87168
221993	104725	85668	224909	106358	87226
222047	104755	85668	224963	106388	87226
222101	104785	85726	225017	106418	87284
222155	104816	85726	225071	106449	87284
222209	104846	85784	225125	106479	87432
222263	104876	85784	225179	106509	87342
222317	104906	85840	225233	106539	87400
222371	104937	85840	225287	106570	87400
222425	104967	85898	225341	106600	87458
222479	104997	85898	225395	106630	87458
222533	105027	85956	225449	106660	87516
222587	105058	85956	225503	106691	87516
222641	105088	86014	225557	106721	87574
222695	105118	86014	225611	106751	87574
222749	105148	86072	225665	106781	87632
222803	105179	86072	225719	106811	87632
222857	105209	86130	225773	106842	87690
222911	105239	86130	225827	106872	87690
222965	105269	86186	225881	106902	87748
223019	105299	86186	225935	106932	87748
223073	105330	86244	225989	106963	87806
223127	105360	86244	226043	106993	87806
223181	105390	86302	226097	107023	87864
223235	105420	86302	226151	107053	87864

Ein-kommen bis DM	Einkommensteuer Grund-tabelle	Splitting-tabelle	Ein-kommen bis DM	Einkommensteuer Grund-tabelle	Splitting-tabelle
226205	107084	87920	229121	108717	89488
226259	107114	87920	229175	108747	89488
226313	107144	87978	229229	108777	89546
226367	107174	87978	229283	108807	89546
226421	107205	88036	229337	108838	89604
226475	107235	88036	229391	108868	89604
226529	107265	88094	229445	108898	89662
226583	107295	88094	229499	108928	89662
226637	107326	88152	229553	108959	89720
226691	107356	88152	229607	108989	89720
226745	107386	88210	229661	109019	89778
226799	107416	88210	229715	109049	89778
226853	107447	88268	229769	109079	89836
226907	107477	88268	229823	109110	89836
226961	107507	88326	229877	109140	89896
227015	107537	88326	229931	109170	89896
227069	107567	88384	229985	109200	89954
227123	107598	88384	230039	109231	89954
227177	107628	88442	230093	109261	90012
227231	107658	88442	230147	109291	90012
227285	107688	88500	230201	109321	90070
227339	107719	88500	230255	109352	90070
227393	107749	88558	230309	109382	90128
227447	107779	88558	230363	109412	90128
227501	107809	88616	230417	109442	90186
227555	107840	88616	230471	109473	90186
227609	107870	88674	230525	109503	90244
227663	107900	88674	230579	109533	90244
227717	107930	88732	230633	109563	90302
227771	107961	88732	230687	109594	90302
227825	107991	88790	230741	109624	90362
227879	108021	88790	230795	109654	90362
227933	108051	88848	230849	109684	90420
227987	108082	88848	230903	109715	90420
228041	108112	88906	230957	109745	90478
228095	108142	88906	231011	109775	90478
228149	108172	88964	231065	109805	90536
228203	108203	88964	231119	109835	90536
228257	108233	89024	231173	109866	90594
228311	108263	89024	231227	109896	90594
228365	108293	89082	231281	109926	90652
228419	108323	89082	231335	109956	90652
228473	108354	89140	231389	109987	90710
228527	108384	89140	231443	110017	90710
228581	108414	89198	231497	110047	90770
228635	108444	89198	231551	110077	90770
228689	108475	89256	231605	110108	90828
228743	108505	89256	231659	110138	90828
228797	108535	89314	231713	110168	90886
228851	108565	89314	231767	110198	90886
228905	108596	89372	231821	110229	90944
228959	108626	89372	231875	110259	90944
229013	108656	89430	231929	110289	91002
229067	108686	89430	231983	110319	91002

Ein-kommen bis DM	Einkommensteuer Grund-tabelle	Splitting-tabelle	Ein-kommen bis DM	Einkommensteuer Grund-tabelle	Splitting-tabelle
232037	110350	91060	234953	111983	92640
232091	110380	91060	235007	112013	92640
232145	110410	91120	235061	112043	92698
232199	110440	91120	235115	112073	92698
232253	110471	91178	235169	112103	92756
232307	110501	91178	235223	112134	92756
232361	110531	91236	235277	112164	92816
232415	110561	91236	235331	112194	92816
232469	110591	91294	235385	112224	92874
232523	110622	91294	235439	112255	92874
232577	110652	91352	235493	112285	92932
232631	110682	91352	235547	112315	92932
232685	110712	91412	235601	112345	92992
232739	110743	91412	235655	112376	92992
232793	110773	91470	235709	112406	93050
232847	110803	91470	235763	112436	93050
232901	110833	91528	235817	112466	93108
232955	110864	91528	235871	112497	93108
233009	110894	91586	235925	112527	93168
233063	110924	91586	235979	112557	93168
233117	110954	91644	236033	112587	93226
233171	110985	91644	236087	112618	93226
233225	111015	91704	236141	112648	93284
233279	111045	91704	236195	112678	93284
233333	111075	91762	236249	112708	93344
233387	111106	91762	236303	112739	93344
233441	111136	91820	236357	112769	93402
233495	111166	91820	236411	112799	93402
233549	111196	91878	236465	112829	93460
233603	111227	91878	236519	112859	93460
233657	111257	91938	236573	112890	93520
233711	111287	91938	236627	112920	93520
233765	111317	91996	236681	112950	93578
233819	111347	91996	236735	112980	93578
233873	111378	92054	236789	113011	93636
233927	111408	92054	236843	113041	93636
233981	111438	92112	236897	113071	93696
234035	111468	92112	236951	113101	93696
234089	111499	92172	237005	113132	93754
234143	111529	92172	237059	113162	93754
234197	111559	92230	237113	113192	93814
234251	111589	92230	237167	113222	93814
234305	111620	92288	237221	113253	93872
234359	111650	92288	237275	113283	93872
234413	111680	92346	237329	113313	93930
234467	111710	92346	237383	113343	93930
234521	111741	92406	237437	113374	93990
234575	111771	92406	237491	113404	93990
234629	111801	92464	237545	113434	94048
234683	111831	92464	237599	113464	94048
234737	111862	92522	237653	113495	94106
234791	111892	92522	237707	113525	94106
234845	111922	92582	237761	113555	94166
234899	111952	92582	237815	113585	94166

Ein-kommen bis DM	Einkommensteuer Grund-tabelle	Splitting-tabelle	Ein-kommen bis DM	Einkommensteuer Grund-tabelle	Splitting-tabelle
237 869	113 615	94 224	240 785	115 248	95 816
237 923	113 646	94 224	240 839	115 279	95 816
237 977	113 676	94 284	240 893	115 309	95 874
238 031	113 706	94 284	240 947	115 339	95 874
238 085	113 736	94 342	241 001	115 369	95 934
238 139	113 767	94 342	241 055	115 400	95 934
238 193	113 797	94 400	241 109	115 430	95 992
238 247	113 827	94 400	241 163	115 460	95 992
238 301	113 857	94 460	241 217	115 490	96 052
238 355	113 888	94 460	241 271	115 521	96 052
238 409	113 918	94 518	241 325	115 551	96 110
238 463	113 948	94 518	241 379	115 581	96 110
238 517	113 978	94 578	241 433	115 611	96 170
238 571	114 009	94 578	241 487	115 642	96 170
238 625	114 039	94 636	241 541	115 672	96 228
238 679	114 069	94 636	241 595	115 702	96 228
238 733	114 099	94 696	241 649	115 732	96 288
238 787	114 130	94 696	241 703	115 763	96 288
238 841	114 160	94 754	241 757	115 793	96 346
238 895	114 190	94 754	241 811	115 823	96 346
238 949	114 220	94 812	241 865	115 853	96 406
239 003	114 251	94 812	241 919	115 883	96 406
239 057	114 281	94 872	241 973	115 914	96 466
239 111	114 311	94 872	242 027	115 944	96 466
239 165	114 341	94 930	242 081	115 974	96 524
239 219	114 371	94 930	242 135	116 004	96 524
239 273	114 402	94 990	242 189	116 035	96 584
239 327	114 432	94 990	242 243	116 065	96 584
239 381	114 462	95 048	242 297	116 095	96 642
239 435	114 492	95 048	242 351	116 125	96 642
239 489	114 523	95 108	242 405	116 156	96 702
239 543	114 553	95 108	242 459	116 186	96 702
239 597	114 583	95 166	242 513	116 216	96 760
239 651	114 613	95 166	242 567	116 246	96 760
239 705	114 644	95 226	242 621	116 277	96 820
239 759	114 674	95 226	242 675	116 307	96 820
239 813	114 704	95 284	242 729	116 337	96 880
239 867	114 734	95 284	242 783	116 367	96 880
239 921	114 765	95 344	242 837	116 398	96 938
239 975	114 795	95 344	242 891	116 428	96 938
240 029	114 825	95 402	242 945	116 458	96 998
240 083	114 855	95 402	242 999	116 488	96 998
240 137	114 886	95 462	243 053	116 519	97 056
240 191	114 916	95 462	243 107	116 549	97 056
240 245	114 946	95 520	243 161	116 579	97 116
240 299	114 976	95 520	243 215	116 609	97 116
240 353	115 007	95 580	243 269	116 639	97 176
240 407	115 037	95 580	243 323	116 670	97 176
240 461	115 067	95 638	243 377	116 700	97 234
240 515	115 097	95 638	243 431	116 730	97 234
240 569	115 127	95 698	243 485	116 760	97 294
240 623	115 158	95 698	243 539	116 791	97 294
240 677	115 188	95 756	243 593	116 821	97 352
240 731	115 218	95 756	243 647	116 851	97 352

Ein-kommen bis DM	Einkommensteuer Grund-tabelle	Splitting-tabelle	Ein-kommen bis DM	Einkommensteuer Grund-tabelle	Splitting-tabelle
243701	116881	97412	246617	118514	99014
243755	116912	97412	246671	118545	99014
243809	116942	97472	246725	118575	99074
243863	116972	97472	246779	118605	99074
243917	117002	97530	246833	118635	99134
243971	117033	97530	246887	118666	99134
244025	117063	97590	246941	118696	99194
244079	117093	97590	246995	118726	99194
244133	117123	97650	247049	118756	99252
244187	117154	97650	247103	118787	99252
244241	117184	97708	247157	118817	99312
244295	117214	97708	247211	118847	99312
244349	117244	97768	247265	118877	99372
244403	117275	97768	247319	118907	99372
244457	117305	97826	247373	118938	99432
244511	117335	97826	247427	118968	99432
244565	117365	97886	247481	118998	99490
244619	117395	97886	247535	119028	99490
244673	117426	97946	247589	119059	99550
244727	117456	97946	247643	119089	99550
244781	117486	98004	247697	119119	99610
244835	117516	98004	247751	119149	99610
244889	117547	98064	247805	119180	99670
244943	117577	98064	247859	119210	99670
244997	117607	98124	247913	119240	99728
245051	117637	98124	247967	119270	99728
245105	117668	98182	248021	119301	99788
245159	117698	98182	248075	119331	99788
245213	117728	98242	248129	119361	99848
245267	117758	98242	248183	119391	99848
245321	117789	98302	248237	119422	99908
245375	117819	98302	248291	119452	99908
245429	117849	98362	248345	119482	99968
245483	117879	98362	248399	119512	99968
245537	117910	98420	248453	119543	100026
245591	117940	98420	248507	119573	100026
245645	117970	98480	248561	119603	100086
245699	118000	98480	248615	119633	100086
245753	118031	98540	248669	119663	100146
245807	118061	98540	248723	119694	100146
245861	118091	98598	248777	119724	100206
245915	118121	98598	248831	119754	100206
245969	118151	98658	248885	119784	100266
246023	118182	98658	248939	119815	100266
246077	118212	98718	248993	119845	100324
246131	118242	98718	249047	119875	100324
246185	118272	98776	249101	119905	100384
246239	118303	98776	249155	119936	100384
246293	118333	98836	249209	119966	100444
246347	118363	98836	249263	119996	100444
246401	118393	98896	249317	120026	100504
246455	118424	98896	249371	120057	100504
246509	118454	98956	249425	120087	100564
246563	118484	98956	249479	120117	100564

Ein-kommen bis DM	Einkommensteuer Grundtabelle	Splittingtabelle	Ein-kommen bis DM	Einkommensteuer Grundtabelle	Splittingtabelle
249533	120147	100624	252449	121780	102238
249587	120178	100624	252503	121811	102238
249641	120208	100682	252557	121841	102298
249695	120238	100682	252611	121871	102298
249749	120268	100742	252665	121901	102358
249803	120299	100742	252719	121931	102358
249857	120329	100802	252773	121962	102418
249911	120359	100802	252827	121992	102418
249965	120389	100862	252881	122022	102478
250019	120419	100862	252935	122052	102478
250073	120450	100922	252989	122083	102538
250127	120480	100922	253043	122113	102538
250181	120510	100982	253097	122143	102598
250235	120540	100982	253151	122173	102598
250289	120571	101042	253205	122204	102658
250343	120601	101042	253259	122234	102658
250397	120631	101102	253313	122264	102718
250451	120661	101102	253367	122294	102718
250505	120692	101160	253421	122325	102788
250559	120722	101160	253475	122355	102778
250613	120752	101220	253529	122385	102838
250667	120782	101220	253583	122415	102838
250721	120813	101280	253637	122446	102898
250775	120843	101280	253691	122476	102898
250829	120873	101340	253745	122506	102958
250883	120903	101340	253799	122536	102958
250937	120934	101400	253853	122567	103018
250991	120964	101400	253907	122597	103018
251045	120994	101460	253961	122627	103078
251099	121024	101460	254015	122657	103078
251153	121055	101520	254069	122687	103138
251207	121085	101520	254123	122718	103138
251261	121115	101580	254177	122748	103198
251315	121145	101580	254231	122778	103198
251369	121175	101640	254285	122808	103258
251423	121206	101640	254339	122839	103258
251477	121236	101698	254393	122869	103318
251531	121266	101698	254447	122899	103318
251585	121296	101758	254501	122929	103378
251639	121327	101758	254555	122960	103378
251693	121357	101818	254609	122990	103438
251747	121387	101818	254663	123020	103438
251801	121417	101878	254717	123050	103498
251855	121448	101878	254771	123081	103498
251909	121478	101938	254825	123111	103558
251963	121508	101938	254879	123141	103558
252017	121538	101998	254933	123171	103618
252071	121569	101998	254987	123202	103618
252125	121599	102058	255041	123232	103678
252179	121629	102058	255095	123262	103678
252233	121659	102118	255149	123292	103738
252287	121690	102118	255203	123323	103738
252341	121720	102178	255257	123353	103798
252395	121750	102178	255311	123383	103798

Ein- kommen bis DM	Einkommensteuer		Ein- kommen bis DM	Einkommensteuer	
	Grund- tabelle	Splitting- tabelle		Grund- tabelle	Splitting- tabelle
255365	123413	103858	258281	125046	105484
255419	123443	103858	258335	125076	105484
255473	123474	103918	258389	125107	105546
255527	123504	103918	258443	125137	105546
255581	123534	103978	258497	125167	105606
255635	123564	103978	258551	125197	105606
255689	123595	104038	258605	125228	105666
255743	123625	104038	258659	125258	105666
255797	123655	104098	258713	125288	105726
255851	123685	104098	258767	125318	105726
255905	123716	104160	258821	125349	105786
255959	123746	104160	258875	125379	105786
256013	123776	104220	258929	125409	105848
256067	123806	104220	258983	125439	105848
256121	123837	104280	259037	125470	105908
256175	123867	104280	259091	125500	105908
256229	123897	104340	259145	125530	105968
256283	123927	104340	259199	125560	105968
256337	123958	104400	259253	125591	106028
256391	123988	104400	259307	125621	106028
256445	124018	104460	259361	125651	106088
256499	124048	104460	259415	125681	106088
256553	124079	104520	259469	125711	106150
256607	124109	104520	259523	125742	106150
256661	124139	104580	259577	125772	106210
256715	124169	104580	259631	125802	106210
256769	124199	104640	259685	125832	106270
256823	124230	104640	259739	125863	106270
256877	124260	104700	259793	125893	106330
256931	124290	104700	259847	125923	106330
256985	124320	104762	259901	125953	106392
257039	124351	104762	259955	125984	106392
257093	124381	104822	260009	126014	106452
257147	124411	104822	260063	126044	106452
257201	124441	104882	260117	126074	106512
257255	124472	104882	260171	126105	106512
257309	124502	104942	260225	126135	106574
257363	124532	104942	260279	126165	106574
257417	124562	105002	260333	126195	106634
257471	124593	105002	260387	126226	106634
257525	124623	105062	260441	126256	106694
257579	124653	105062	260495	126286	106694
257633	124683	105122	260549	126316	106754
257687	124714	105122	260603	126347	106754
257741	124744	105184	260657	126377	106816
257795	124774	105184	260711	126407	106816
257849	124804	105244	260765	126437	106876
257903	124835	105244	260819	126467	106876
257957	124865	105304	260873	126498	106936
258011	124895	105304	260927	126528	106936
258065	124925	105364	260981	126558	106996
258119	124955	105364	261035	126588	106996
258173	124986	105424	261089	126619	107058
258227	125016	105424	261143	126649	107058

Ein-kommen bis DM	Einkommensteuer Grund-tabelle	Splitting-tabelle	Ein-kommen bis DM	Einkommensteuer Grund-tabelle	Splitting-tabelle
261197	126679	107118	262601	127465	107904
261251	126709	107118	262655	127496	107904
261305	126740	107178	262709	127526	107964
261359	126770	107178	262763	127556	107964
261413	126800	107238	262817	127586	108024
261467	126830	107238	262871	127617	108024
261521	126861	107300	262925	127647	108086
261575	126891	107300	262979	127677	108086
261629	126921	107360	263033	127707	108146
261683	126951	107360	263087	127738	108146
261737	126982	107420	263141	127768	108206
261791	107012	127420	263195	127798	108206
261845	127042	107480	263249	127828	108266
261899	127072	107480	263303	127859	108266
261953	127103	107542	263357	127889	108328
262007	127133	107542	263411	127919	108328
262061	127163	107602	263465	127949	108388
262115	127193	107602	263519	127979	108388
262169	127223	107662	263573	128010	108448
262223	127254	107662	263627	128040	108448
262277	127284	107722	263681	128070	108508
262331	127314	107722	263735	128100	108508
262385	127344	107782	263789	128131	108570
262439	127375	107782	263843	128161	108570
262493	127405	107844	263897	128191	108630
262547	127435	107844	263951	128221	108630

Register